INIMAGINABLE

UN MUNDO SIN CRISTIANISMO

JEREMIAH J. JOHNSTON

PRÓLOGO DE STEVE GREEN

PATMOS

Inimaginable: Un mundo sin cristianismo

Publicado por Editorial Patmos,
Miami, FL. 33169

Publicado originalmente en inglés por Bethany House Publishers 11400 Hampshire Avenue South Bloomington, Minnesota 554378 www.bethanyhouse.com, con el título *Unimaginable*

Traducido por Heidi van Zandweghe
Editado por Grupo Scribere
Adaptación de portada e interior por Adrián Romano

ISBN: 978-1-58802-960-7

Categoría: Vida cristiana

Impreso en Brasil | *Printed in Brazil*

"Con un amplio alcance y repleto de conocimiento, este libro creativo y convincente nos presenta el desastre de un mundo sin cristianismo. Una obra reveladora que debe leerse con un bolígrafo en la mano para remarcar varios puntos importantes para recordar. Increíblemente influyente y persuasivo."

Lee Strobel, autor de los éxitos en ventas *El caso de Cristo* y *El caso de la fe*

"Este libro sobresaliente es una llamada de atención para un mundo que se niega a aceptar el impacto de la vida, la muerte y la resurrección de Jesucristo y para una iglesia que con demasiada frecuencia se ha olvidado de quiénes somos y en qué creemos."

Sheila Walsh, coconductora, Life Today [Vida hoy]

"En el ambiente políticamente correcto de hoy, el cristianismo es el chivo expiatorio del secularismo militante por defecto, al que se le atribuye la culpa de todos los problemas sociales. Una simple revisión de la historia en la era moderna expone este esfuerzo calculado de demonizar al cristianismo. *Inimaginable* documenta la influencia abrumadoramente positiva del cristianismo en el mundo y, en contraste, describe el horror que han infligido las fuerzas anticristianas sobre la humanidad. De una forma sorprendente, Johnston refuta esos registros."

David Limbaugh, autor de éxitos en ventas, abogado y comentarista

"Un libro sofisticado que invita a la reflexión y está basado en una profunda suposición; este libro nos deleita al mismo tiempo que nos instruye."

Doctor Rodney Stark, distinguido profesor de Ciencias Sociales y codirector del Instituto de Estudios Religiosos de la Universidad de Baylor

"Concebido de una manera brillante y fabulosamente escrito, *Inimaginable* es un libro espléndido tanto para cristianos como para no cristianos... Sinceramente recomiendo a Johnston por este trabajo sobresaliente."

David S. Dockery, presidente de la Universidad Internacional de Trinity y de Trinity Evangelical Divinity School

"Durante medio siglo, Estados Unidos se ha alejado cada vez más de la herencia cristiana. Aparentemente, muchos estadounidenses ignoran el valor de este patrimonio y el fundamento que estableció, sin el cual no se habría construido esta gran nación. Me complace recomendar este libro verdaderamente fascinante y cautivador."

Mike Huckabee, exgobernador de Arkansas

"Un libro oportuno, muy bien investigado y fascinante... la respuesta definitiva a la afirmación de que el cristianismo es 'venenoso' para el mundo."

Sean McDowell, doctorado, profesor de la Universidad de Biola, orador y autor de quince libros, incluido *A New Kind of Apologist* [Una nueva clase de apologista]

"Este libro se une a: '¿Y qué si Jesús nunca hubiera nacido?' y '¿Quién es este hombre?' en las afirmaciones históricas de los efectos positivos de la fe cristiana. Fácil de leer y minuciosamente documentado, *Inimaginable* muestra cómo los valores fundamentales a los cuales los seres humanos les dan gran importancia, se identifican con el cristianismo. Cuando percibimos el rechazo de esos valores encontramos muerte, destrucción y desesperación. Lejos de ser un perjuicio para el mundo o la fuente de todos los males, el cristianismo es fundamental para nuestros conceptos de libertad, igualdad y dignidad humana."

Thom S. Rainer, presidente y director general de LifeWay, Recursos Cristianos

"Gran parte de la forma en que interpretamos la realidad está determinada por la forma en que vemos el mundo; y la cosmovisión cristiana les ha dado forma a millones de vidas alrededor del mundo. Si su intención es justificar aquello que usted cree como cristiano, o simplemente quiere investigar la verdad para entenderla mejor, este libro lo ayudará de una forma nueva y muy significativa."

J. Warner Wallace, detective de casos sin resolver, investigador superior en Colson Center, dedicado a desarrollar una visión cristiana sólida y autor de *Cold-Case Christianity* [El cristianismo sin resolver], *God's Crime Scene* [La escena del crimen de Dios] y *Forensic Faith* [La fe forense]

"*Inimaginable* es un libro repleto de esperanza donde el autor demuestra no solo la relevancia de Cristo en nuestra cultura, sino también el poder espiritual que está al alcance de la mano para restaurar los corazones a través del Salvador ¡Bravo!"

Janet Parshall, presentadora de programas de entrevistas sindicado a nivel nacional

"¡Increíble! Este libro es como un FastPass [un pase rápido para poder disfrutar las atracciones de Disney sin hacer filas] hacia el viaje épico conocido como fe cristiana. Un libro que debe leer cualquiera que quiera enseñarle a 'todo el que os demande razón de la esperanza que hay en vosotros' (1 Pedro 3:15). Los detalles académicos del autor alientan a padres, estudiantes, maestros y pastores a indagar profundamente estos temas."

Doctor Jay Strack, presidente y fundador de Student Leadership University

"La cultura occidental está bajo ataque y podría no sobrevivir. Por eso *Inimaginable* es fundamental para este momento de la historia. Lo animo a usted a que lo comparta con alguien que piensa que la fe cristiana es obsoleta e irrelevante, porque lo que viene después del cristianismo puede ser el final de todos nosotros."

Phil Cooke, doctorado, cineasta y autor de *Unique: Telling Your Story in the Age of Brands and Social Media* [Único: Cómo hacer que su mensaje alcance a los demás en la era de las marcas y las redes sociales]

"¡El evangelio marca una diferencia de manera enorme! El libro presenta una apologética solida para una cultura que da por sentado el legado de la fe cristiana, además de ofrecer una visión clara del poder transformador que el evangelio puede aportar en cualquier sociedad."

Paul Copan, profesor de la Cátedra de la Familia Pledger sobre Filosofía y Ética, Universidad Atlántica de Palm Beach; coeditor de *The Dictionary of Christianity and Science* [Diccionario de cristianismo y ciencia]

"*Inimaginable* contiene ideas sobre la historia y la cultura humana que, según mi apreciación, no han sido percibidas anteriormente. Algunos de los conceptos que expone son simplemente aterradores. Los ateos y los nihilistas de hoy no saben que están jugando con fuego, un fuego que podría destruir a nuestra civilización ¿Qué hizo que la esclavitud terminara? ¿Qué generó que ya no fuera aceptado el abuso sistemático de niños y mujeres? ¿Qué fue lo que logró que dejara de abundar la ignorancia y la superstición? Lea este libro y encontrará las respuestas."

Craig A. Evans, doctorado, DHabil, es el John Bisagno distinguido profesor de Orígenes Cristianos, Universidad Bautista de Houston

"Con una brillante investigación académica y un estilo imaginativo, Jeremiah Johnston nos pide que consideremos lo inimaginable: ¿y si el cristianismo no hubiera ganado la guerra de competencias de ideologías? ¿Qué pasaría si no continuara siendo de influencia para cambiar el mundo? Este libro perspicaz lo ayudará a entender por qué el cristianismo tiene sentido para nosotros y para el mundo."

Justin Brierley, presentador del programa de radio y podcast *Unbelievable* [Increíble] y editor principal de la revista *Premier Christianity*

"En un mundo que se empeña en alejar la religión de la vida, el doctor Johnston demuestra que, si no hubieran existido seguidores de Jesús que marcaron la diferencia, muchos de los factores más importantes de este mundo no habrían tenido lugar. Ya sea que usted es ateo, agnóstico o ha asistido a la iglesia durante toda su vida, lo animo a que lea este libro y comprenda la importancia y el poder transformador del cristianismo."

Gregg Matte, pastor, Primera Iglesia Bautista de Houston

"Un relato notablemente claro sobre el impacto del cristianismo en la cultura y en cada individuo, muchas veces subestimado. Como educador, considero que este atractivo texto es fundamental para cualquier persona interesada en el efecto histórico, social y personal del poderoso mensaje del cristianismo."

Doctor Carlos Campo, presidente de la Universidad de Ashland; presidente de la Alianza de Educación Hispana para la Conferencia Nacional Hispánica de Liderazgo Cristiano

"Inimaginable es uno de esos libros extraordinarios que combina maravillosamente estudios innovadores sobre los orígenes del cristianismo con reflexiones que invitan a pensar sobre el lugar que ocupa la religión en el mundo contemporáneo. De una manera audaz, Johnston presenta el caso sólido e inquebrantable que afirma, en términos de ética, valores sociales, e igualdad humana, que el mundo es un lugar mejor gracias a las contribuciones del cristianismo."

Paul Foster, profesor de Nuevo Testamento y Cristianismo Primitivo, School of Divinity, Universidad de Edimburgo

"Alguien preguntó una vez: ¿qué ocurriría si mañana despierta y solamente tiene las cosas que le agradeció a Dios el día de hoy? Tenemos la tendencia de aprovecharnos de los factores que nos dan estabilidad en la vida y la comunidad. Si el cristianismo nunca hubiera existido, ¿qué sería lo que la gente extrañaría, anhelaría o porqué se preocuparía? *Inimaginable* no solo lo obligará a agradecerle a Dios por su influencia, también lo inspirará a reflejar el corazón de Cristo en un mundo en el que existe una gran necesidad de un Salvador."

Susie Larson, conductora de radio y autora de *Your Powerful Prayers* [Sus oraciones poderosas]

"Es esencial que entendamos la influencia de Cristo y la fe cristiana en nuestra civilización y cultura. Nuestro testimonio en el mundo está en juego, y una de las razones más importantes por las que creemos y compartimos nuestro mensaje es el impacto masivo del cristianismo en las vidas de millones de personas. Recomiendo ampliamente la lectura de este libro."

Jack Graham, Pastor, Prestonwood Baptist Church

"Jeremiah Johnston lo lleva en un recorrido panorámico a través de la historia para revelar que Jesucristo ha infundido nuestras vidas con su bondad de una manera que nunca antes habría imaginado. ¡No me alcanzan las palabras para recomendar suficientemente este libro!"

Frank Turek, Crossexamined.org y coautor de *I Don't Have Enough Faith to Be an Atheist* [No tengo suficiente fe para ser ateo]

"El mismo estudioso de siempre que se mantiene atento a la sociedad del mundo real y a la cultura, Jeremiah Johnston, ha producido un volumen que aborda las innumerables bendiciones que proporciona el cristianismo. Me recordó automáticamente los reclamos de los 'nuevos ateos' de los últimos años que argumentan que la religión nunca produce buenos resultados. ¡Lea este libro y obtendrá más respuestas de las que jamás necesitará!"

Gary R. Habermas, distinguido profesor y director de investigación, Departamento de Filosofía, Universidad Liberty

"Jeremiah Johnston nos muestra de una forma brillante cómo ha sido y cómo sería un mundo sin cristianismo. Me sorprendió de nuevas maneras poder apreciar cuán miserables han sido las vidas de la mayoría de los oponentes más conocidos del cristianismo. No se transforme en un miserable oponente del cristianismo. Lea este libro."

Doctor Peter J. Williams, director, Tyndale House, Cambridge, Reino Unido

"Muchos dicen que el cristianismo es obsoleto e intolerante, basados en un libro de mitos antiguos. Jeremiah Johnston describe de una manera atractiva y bíblica que, de la política a la educación y a la esperanza de una vida eterna a través de Jesucristo, el cristianismo es en realidad la mayor influencia del mundo para siempre."

Janet Mefferd, presentadora de radio, *Janet Mefferd Today y Janet Mefferd Live* [Janet Mefferd hoy y Janet Mefferd en vivo]

"Los estudios basados en hipótesis son siempre fascinantes, pero *Inimaginable* es especialmente increíble. Contemplar un mundo sin cristianismo nos recuerda de nuevo todo lo que el evangelio del Señor Jesucristo ha logrado y todo lo que Su Iglesia ha hecho por el bien de la humanidad."

Doctor Jason K. Allen, presidente, Seminario Teológico Bautista del Medio Oeste

"Los lectores de Johnston tienen motivos para estar contentos con su nuevo trabajo que destaca el impacto cultural de la fe cristiana. Las secciones sobre la eugenesia, la esclavitud y el racismo, y el histórico rechazo cristiano de estos males son particularmente relevantes. Es mi deseo que tomemos en serio sus palabras en esta época que vivimos."

Doctora Holly Ordway, titulada, Universidad Bautista de Houston; autora de *Apologetics and the Christian Imagination* [Apologética y la imaginación cristiana]

"Jeremiah Johnston es uno de los jóvenes apologistas cristianos más brillantes de la actualidad. *Inimaginable* demostrará ser un recurso invaluable para los creyentes que desean poder defender la fe de una forma más efectiva. Recomiendo enfáticamente este libro."

Doctor Harold Rawlings, director asistente de la Fundación Rawlings

"*Inimaginable* es una lectura esencial. Mi amigo leal, Jeremiah, nos da una clara y convincente defensa del impacto positivo del cristianismo en la historia y la sociedad. Es un libro que fortalecerá a los creyentes y responderá a los escépticos. Léalo y compártalo inmediatamente."

Philip Nation, autor de *Habits for Our Holinesss* [Hábitos para nuestra santidad]

"Durante las últimas décadas, la sociedad occidental ha transitado el camino para purgarse de la influencia cristiana. Si esa tendencia continúa, ¿estarán satisfechos los progresistas con lo que obtengan? Interesante e informativo, este volumen oportuno considera cómo sería nuestro mundo e incluso la sociedad occidental moderna sin el impacto enormemente positivo del cristianismo. ¡Me encanta el concepto! Lectores cristianos y no cristianos por igual obtendrán una convicción similar a la del ateo militante, Richard Dawkins: 'Es probable que el cristianismo sea la barrera que impide que el mundo se convierta en un lugar donde la libertad y la justicia se conviertan en algo del pasado.'"

Michael R. Licona, doctorado, profesor asociado de Teología, Universidad Bautista de Houston

"Más de cien de los principales ateos, agnósticos, seculares y filósofos han mantenido entrevistas conmigo. En conjunto, su acusación más frecuente es que los cristianos no saben cómo pensar críticamente. Jeremiah Johnston no solo refuta esa equivocación, sino que presenta los cambios positivos, trascendentales e irrefutables que el cristianismo ha traído a nuestro mundo. Todo cristiano necesita conocer las verdades cruciales de este libro."

Dr. Jerry Johnston, jerryjohnston.com

Para mi amigo Cary Summers, presidente del Museo de la Biblia, cuya vida es un ejemplo del impacto y la diferencia que hace la fe en el mundo.

CONTENIDO

Parte III: El mundo con cristianismo

PRÓLOGO

Justo antes de que comenzara este siglo, los editores de la revista *Life* [Vida] publicaron un *ranking* de lo que llamaron los "100 eventos y personas más importantes de los últimos 1000 años." Los diez principales incluían cosas como el telescopio de Galileo, la declaración de la independencia, el viaje de Colón, pero en el número nueve destacaron "Hitler llega al poder." Nombrar ese evento como *importante* no pareciera ser correcto; *impactante* es la palabra que lo caracteriza mejor. Aun así, el evento número uno del último milenio según la revista *Life* fue "Gutenberg imprime la Biblia." Esa sí que fue una buena elección.

De todos los libros impresos en una imprenta de Gutenberg, la Biblia fue por lejos el más importante e influyente. Y continúa beneficiando al mundo inmensamente.

Algunos argumentarán que estaríamos mejor sin la Biblia o sin el cristianismo. No podría estar más en desacuerdo. La realidad es que siempre habrá conflictos entre las diferentes visiones del mundo, así como siempre habrá diferencias políticas. La pregunta es, ¿bajo qué cosmovisión deberíamos construir nuestra sociedad? Toda sociedad está construida basada en alguna. Imagine por un momento si los fundadores de Estados Unidos hubieran tenido una cosmovisión hindú; nuestra nación se vería muy diferente. ¿Y si hubieran tenido una cosmovisión musulmana o una cosmovisión atea? Todo lo que tiene que hacer es mirar a las sociedades que están influenciadas principalmente por esas cosmovisiones para tener una idea de cómo sería nuestro país.

Nuestros fundadores, en su mayor parte, tenían una cosmovisión bíblica. Eso no quiere decir que todos fueran cristianos (más allá de que la mayoría lo eran), pero la Biblia tenía un efecto innegable sobre ellos. Tampoco podemos decir que entendieran todo. Esta nación nunca ha sido perfecta y nunca lo será. Pero lo que construyeron generó que se convirtiera en una de las naciones más libres, poderosas y ricas de la tierra.

La intención del Museo de la Biblia en Washington D. C., es mostrar la manera en que la Biblia impactó cada ámbito de la vida. Nuestros esfuerzos educativos solo representan una idea superficial, ya que ningún edificio, ni siquiera un museo de última generación de ocho pisos y 430 000 pies cuadrados [aproximadamente 130 000 metros cuadrados], podría contener toda su historia. En el piso que está dedicado a su impacto, mostramos la influencia de la Biblia en todo, desde la nación más poderosa de la tierra hasta una vida individual. Teniendo en cuenta los miles de millones de personas que han sido transformados por la Biblia, el museo podría llenarse por completo con esas historias.

En este fascinante libro, el doctor Jeremiah J. Johnston nos lleva a través de una gira por el mundo y a lo largo de la historia en la que considera la manera en que la Biblia y la fe cristiana han impactado sobre la humanidad. ¿Cómo sería nuestro mundo sin el cristianismo? Sencillamente, *inimaginable*.

Por supuesto, muchas personas en la sociedad cada vez más secularizada de hoy piensan que la Biblia quedó obsoleta y que el cristianismo está desactualizado. Estas creencias no son nuevas. El llamado "nuevo ateísmo" de hoy tiene sus raíces en el siglo XIX, cuando surgieron muchas ideas equivocadas, pero en realidad comenzó incluso mucho antes que eso. Las personas de todas las edades necesitan conocer esta información. Y esta es la razón por la cual estoy encantado de que esté disponible el libro del doctor Johnston que resulta formidablemente estimulante y además está muy bien desarrollado.

El doctor Johnston muestra en primer lugar cómo era el mundo antes de que Jesús y el movimiento cristiano aparecieran en escena. No era un lugar agradable. La pobreza, la esclavitud, la prostitución y el abuso de mujeres y niños eran condiciones totalmente comunes. Era un mundo en el que regía el sufrimiento y el temor. Reinaba el racismo y una gran desigualdad, y la vida humana carecía de valor.

¿Qué fue lo que en verdad cambió ese mundo? El doctor Johnston explica que la evidencia es clara: Jesús y su movimiento le dieron al mundo una nueva dirección que dio como resultado una gran mejora en la calidad de vida. Pero antes de destacar los muchos beneficios del cristianismo, él presenta seis capítulos importantes que, en términos gráficos e inquietantes, nos muestran lo que ha sucedido en tiempos modernos cuando el cristianismo fue dejado de lado para darle lugar a una nueva cosmovisión basada en el ateísmo y sus múltiples consecuencias científicas y sociales. Una y otra vez, el doctor Johnston investiga las fuentes originales de las "nuevas" ideas del siglo XIX y muestra que en la mayoría de los casos estuvieron basadas en ideas y prácticas precristianas de la antigüedad tardía. Lejos de representar avances en la ciencia y esclarecimiento, estas ideas equivocadas reflejan el pensamiento deformado y malvado de una época pasada.

La depravación de hombres como Friedrich Nietzsche extendió las bases de los regímenes nazi y comunista del siglo XX. Estos regímenes, inspirados por políticas y éticas anticristianas, fueron responsables de la muerte de alrededor de 150 millones de personas. Teniendo en cuenta sus muchos discursos sobre ciencia y educación, si los nuevos ateos se salen con la suya, nos llevarán nuevamente hacia una era oscura. Volver a las filosofías, ideologías y ciencia falsa del siglo XIX no sería un progreso sino una trágica regresión.

La tercera parte de este importante libro describe los beneficios que Jesús y el movimiento cristiano han aportado a la humanidad. El doctor Johnston muestra cuán revolucionarias fueron la predicación y el ministerio de Jesús según las normas de su tiempo. El mundo romano simplemente no pudo resistir el mensaje de Jesús que cambiaría sus vidas, y en el lapso de tres siglos, este movimiento no violento arrasó con el Imperio romano. Las doctrinas del racismo fueron dejadas de lado, las crucifixiones y los crueles combates de gladiadores en la arena terminaron, la dignidad de la vida fue llevada a nuevos niveles, comenzó a planearse la emancipación de los esclavos y se plantaron las bases de la ciencia moderna. Fue el comienzo de innumerables bendiciones otorgadas al mundo por la Iglesia cristiana. ¿Por qué alguien querría que se acabara algo así?

Estoy impresionado por la profundidad y amplitud de la investigación planteada en este libro. El doctor Johnston aborda temas complejos e importantes. Detrás de las declaraciones y conclusiones se encuentra una investigación cuidadosa, como lo demuestran las primeras ediciones, las ediciones en el idioma original y otras fuentes técnicas citadas en la sección de notas. La lectura de este gran libro me llevó de regreso a la escuela para continuar aprendiendo. ¡Qué gran lujo!

El doctor Johnston escribe como líder, un líder para la Iglesia y la academia. Se comunica a los lectores como estadista, y se dirige de manera directa y efectiva a cada uno de los desafíos de nuestro tiempo. Bajo su liderazgo, la sociedad Christian Thinkers formó alianzas estratégicas y le abrió las puertas a un ministerio fructífero y efectivo. *Inimaginable* es un libro para nuestro tiempo; es un libro que debemos leer con urgencia.

Steve Green,
Presidente de Hobby Lobby
Director del Museo de la Biblia

INTRODUCCIÓN

Era nuestro segundo día en Turquía, y estábamos conduciendo por una carretera que no se encontraba en muy buen estado, de pronto algo llamó mi atención: *¡no hay ninguna cruz!*

Hace 2000 años, la actual Turquía fue la cuna del cristianismo. En Antioquía (conocida en turco como *Antakya*) fue donde por primera vez se empezó a llamar cristianos a los seguidores de Jesús. El Credo de Nicea, la declaración fundamental de la fe cristiana, fue adoptado en el noroeste de Turquía en el 325 d.C. Este fue el país donde se fundaron las siete iglesias mencionadas en Apocalipsis a lo largo de la costa del Egeo, por no decir que era uno de los primeros lugares de adoración del Libro de los Hechos. Pero durante mi visita, me costó mucho encontrar algún vestigio de la alguna vez próspera comunidad cristiana de Turquía. El cristianismo ha sido expulsado por los conflictos, la guerra, el genocidio y el movimiento islámico Yihad.

En otro viaje que realicé, esta vez hacia Cuba, conocí un lugar donde la distribución de Biblias había sido prohibida durante más de cuarenta años. Recientemente el gobierno levantó la restricción como parte de un "programa experimental." Había ido a Cuba con otros investigadores y líderes para celebrar la inauguración de una exposición itinerante del Museo de la Biblia. Durante cinco semanas, los cubanos tuvieron la completa libertad de apreciar artefactos bíblicos y manuscritos antiguos, incluida la primera Biblia completa en español. La inauguración de la exposición incluyó una presentación pública de cantantes, bailarines y actores cubanos que le rindieron homenaje a la narración de la Biblia. Nos sentamos entre el pueblo cubano mientras celebraban, y algunos se veían abrumados por la emoción. Fue un impresionante recordatorio del impacto que el cristianismo tiene en la sociedad, especialmente en cada persona en individual.

Mark Zuckerberg, el multimillonario fundador de Facebook y una vez autodenominado ateo, conmocionó a muchos de sus seguidores en un reciente día de Navidad cuando escribió en su estado de Facebook "celebrando la Navidad" y declaró que ahora cree que "la religión es muy importante." Cinco meses después, como orador principal de Harvard, Zuckerberg (un desertor de Harvard) habló sobre la importancia de la oración e incluso citó una plegaria judía, *Mi Shebeirach*, que repite cada vez que se enfrenta a grandes desafíos y cuando acuesta a su hija cada noche.[1]

En América del Norte, todavía tenemos libertad de religión y adoración de la forma que queramos y donde deseemos profesarla. Todavía podemos encontrar biblias en los cajones de las mesas de luz de algunas habitaciones de hotel. En esta instancia, las iglesias todavía parecen ser la base de muchas comunidades. Pero increíblemente, hay una creciente e innegable hostilidad hacia el cristianismo y sus seguidores. De forma parecida a los terroristas del 11 de septiembre que estaban decididos a destruir las bases de la seguridad de Estados Unidos, vemos el debilitamiento de la ética judeocristiana en nuestra nación. Existen innumerables expresiones de esto, como *El espejismo de Dios* de Richard Dawkins, un éxito en ventas de 3 millones de copias, o la serie de HBO *Tiempo real*, de Bill Maher, o las innumerables demandas legales para eliminar escenas de la natividad o símbolos cristianos de los edificios del gobierno, que intentan borrar el legado de nuestra nación. En las escuelas públicas, "Navidad" ha sido reemplazada por "vacaciones de invierno." Es una reminiscencia de la parábola de Malcolm Muggeridge de una rana que está dentro de un caldero que se va calentando gradualmente hasta que finalmente hierve; la mayoría parece no darse cuenta de lo que está sucediendo.

Las semillas de este libro fueron plantadas cuando mi esposa, Audrey, y yo disfrutábamos de uno de nuestros pasatiempos favoritos: las maratones de series de televisión. La serie de Amazon Prime *The Man in the high Castle* [El hombre en el castillo] es una inquietante secuela que se sitúa en un mundo distópico en la década de 1960 en Estados Unidos. Presenta cómo sería este país y la vida cotidiana si las potencias del Eje, principalmente Japón y Alemania, hubieran ganado la Segunda Guerra Mundial y gobernaran en Estados Unidos. Ciertos giros de la trama en la serie me trajeron a la mente las diversas formas en que Jesús y el movimiento cristiano han cambiado el mundo y la civilización de una manera radical. Audrey mencionó algo sorprendente luego de uno de nuestros intercambios. "Jeremiah, la mayoría de las personas, ya sean cristianas o no, tienen muy poca idea de esto. La gente necesita conocer la importancia que tiene Jesús en nuestro mundo."

El problema es que parece que cada vez más personas quieren que el cristianismo desaparezca. Dicen que no tiene lugar en la vida moderna. Probablemente usted conocerá el dicho "puede ser que obtenga lo que quiere, pero puede que no quiera lo que obtiene." El conocido ateo, Richard Dawkins, incluso podría estar de acuerdo con esto. Dawkins, que escribió *El espejismo de Dios*, comentó en una entrevista que mantuvo en 2010 con *The Times* de Londres: "Hasta donde yo sé, no hay cristianos, que hagan explotar edificios. Nunca he escuchado que haya habido algún terrorista suicida cristiano. Tampoco conozco ninguna denominación cristiana importante que crea que el castigo por la apostasía sea la muerte." Luego, Dawkins admitió: "Tengo sentimientos encontrados sobre el descenso del cristianismo, en la medida en que el cristianismo podría ser un baluarte contra algo peor."[2]

Creo que "el factor Jesús" es mucho más que un baluarte contra las distorsiones peligrosas del teísmo, como vemos en la violencia islámica y en el extremismo. El cristianismo y una vida vivida de acuerdo con la Biblia nos protegen contra una gran cantidad de situaciones negativas. Probablemente no tendríamos el nivel de vida que disfrutamos en Occidente si el cristianismo desapareciera. Sin cristianos y sin ética y cosmovisión cristiana, ¿cuánto tiempo más habría libertad, paz y moralidad? Incluso el concepto de verdad y de lo absoluto está desapareciendo en la sociedad sumamente subjetiva, postmoderna y poscristiana de hoy. El cristianismo, como se expresa en el Antiguo y en el Nuevo Testamento, es necesario para que prospere la libertad. Sin embargo, recién en los comienzos de la Biblia comenzaron a afianzarse las ideas de libertad universal, es decir, la libertad como un derecho para todas las personas.

Por supuesto, muchos probablemente afirmarían que el cristianismo, aunque no se le parece ni un poco al tóxico islamismo radical, impide el progreso, y que los muchos acontecimientos positivos que se presenciaron en la historia desde el surgimiento de la Iglesia cristiana simplemente continuarían existiendo y, de hecho, probablemente se acelerarían. Afirmaciones como esta, sin embargo, no reflejan los hechos de la historia y por qué la Europa pagana, primitiva y violenta fue transformada en los primeros siglos de la era común y avanzó más que las culturas de oriente en cuanto a educación, tecnología, ciencia, y derechos humanos. Estas creencias tampoco reconocen lo que sucedió en Alemania y Rusia, por ejemplo, cuando los agresivos líderes anticristianos ganaron fuerza y se pusieron a trabajar para desmantelar la cultura cristiana. En realidad, no es necesario que imaginemos el horror de lo que llena el vacío cultural cuando el cristianismo se derrumba. Existen muchos ejemplos aleccionadores.

Desafortunadamente, uno de los efectos a largo plazo de las redes sociales es que ahora vivimos en una sociedad que prefiere citas aisladas en vez de frases con contenido, lo que conduce a una gran confusión y, por lo general, da lugar a un juicio apresurado. Todo esto puede generar que el observador casual pueda sentirse abrumado o arrullado por el silencio, pero las escalas de la verdad se inclinan a nuestro favor.

En los últimos años hubo una gran fascinación sobre lo que se denomina historia contrafactual o alternativa. Es decir, una teoría que intenta comprender cómo sería el pasado y el presente si un determinado evento en la historia hubiera sido diferente. Varios libros han explorado estas posibilidades, incluido un volumen intrigante titulado: *What If?* [¿Qué hubiera pasado si...?] que se caracteriza por ensayos de historiadores militares. Explora, por ejemplo, cuáles serían las consecuencias de la derrota de los griegos en manos de los persas en el año 480 a.C., en lugar de una victoria griega, o la muerte prematura de Alejandro Magno, que quizás hubiera significado que el Imperio persa no fuera desmantelado o que se difundiera el idioma y la cultura griega en la antigüedad tardía.[3] Solamente estos dos "¿Qué hubiera pasado si...?" habrían tenido grandes consecuencias para Occidente. Es razonable suponer que el surgimiento de la democracia y la búsqueda de la ciencia y la alfabetización en Occidente simplemente no se habrían producido.

Otro ensayo que se encuentra en el libro *What if* [¿Qué hubiera pasado si...?] plantea la pregunta de qué podría haber sucedido en 1242 si los invasores mongoles de Europa hubieran acabado con el último de los ejércitos cristianos y reducido el continente a la completa ruina.[4] En realidad, justo antes de la batalla de Viena, el líder de los mongoles, el hijo de Genghis Kan Ogodei, murió, y la costumbre mongola exigía que los hombres de combate regresaran a su país para elegir al nuevo kan. Ellos se retiraron de Europa y nunca regresaron.

Adolf Hitler reflexionó sobre la historia contrafactual en su libro *Mein Kampf*.[5] En uno de los capítulos, el futuro *führer* se preguntaba si Alemania podría haber adquirido un gran poder sin la necesidad de recurrir a la Gran Guerra (Primera Guerra Mundial) iniciada en 1914, si el Káiser Guillermo II hubiera tomado decisiones diferentes.[6] En otro capítulo, después de observar de qué forma tan pobre el gobierno alemán promovía el esfuerzo en la guerra, Hitler se convenció de que si él hubiera estado a cargo de la campaña, Alemania podría haber ganado la guerra.[7]

Este libro explora cómo sería el mundo si no hubiera surgido el cristianismo y qué sucederá si el cristianismo se derrumba. Algunos dirán que esto no se puede saber; que necesitaríamos un universo paralelo. Pero creo que al menos podemos tener una idea bastante certera de cómo sería un mundo sin cristianismo. Después de todo, hasta que Jesucristo comenzó su ministerio a fines del siglo XX del primer siglo de la era común, el cristianismo no existía. Podemos estudiar ese mundo. Además, hoy hay lugares en todo el mundo donde el cristianismo tiene muy poco efecto visible. En su famoso Sermón del Monte, Jesús dijo: "Porque él hace salir su sol sobre malos y buenos, y hace llover sobre justos e injustos."[8] También reafirmaré cómo el cristianismo ha bendecido al mundo hasta tal punto que incluso si usted no es una persona de fe, las comodidades cotidianas y la mayoría de los derechos que ahora disfruta no existirían sin la obra de Dios en el mundo a través de la fe de sus hijos.

Ya mencioné mi reciente travesía a Santiago y a La Habana, Cuba, una experiencia que fue emocionante e inquietante al mismo tiempo. Aparte de algunas catedrales católicas, Cuba es un ejemplo moderno de lo que sucede cuando una sociedad se aleja de Dios. La World Watch List [la lista que informa cuáles son los países donde persiguen más a los cristianos] más reciente de Open Doors EUA documenta la persecución de más de 215 millones de cristianos que viven en cincuenta países donde el cristianismo es ilegal o donde los cristianos son perseguidos, atacados o marginados.[9] ¿Cómo son esos lugares? Y, por supuesto, podemos ver otros ejemplos que sirven como crueles recordatorios. Podemos ver la Alemania de Hitler y los estados comunistas del siglo pasado, donde el ateísmo es o ha sido la cosmovisión oficial y el cristianismo ha sido dejado de lado.

En el 2007, el difunto Christopher Hitchens publicó el libro *Dios no es bueno*. Si su pensamiento no queda claro al leer el título, el subtítulo del libro no deja lugar a dudas: *Alegato contra la religión* [en inglés el subtítulo se traduce como: la religión lo envenena todo].[10] Muchas personas creen esto y, de hecho, apelan a esta declaración para justificar su ateísmo. Pero sostengo que la evidencia muestra que la creencia en Dios, específicamente como se entiende en la teología judeocristiana, de hecho, ha beneficiado enormemente a la humanidad. En particular, este libro mostrará la excepcional cosmovisión judeocristiana, que ha bendecido a la civilización con valores y oportunidades inherentes otorgadas por Dios para todas las personas.

El veneno al que se refiere Hitchens no proviene de la creencia en Dios, sino que proviene del pecado humano. Es el pecado el que envenena todo, incluso la religión. Esta es la tragedia de la condición humana. La naturaleza caída de la humanidad significa que el amor, el arte, la sociedad, la política, la educación, los deportes, la comida y la bebida, todo lo que hacemos y producimos, puede estar y, a menudo, está corrompido o envenenado en un grado u otro. Pero lo más trágico de todo es que el pecado humano resulta en una corrupción teológica, en una tergiversación grosera de Dios, tanto en referencia a su ser y a su naturaleza, como en referencia a su voluntad para la humanidad.[11]

Después de hablar en iglesias, conferencias y numerosos eventos en América del Norte y en Reino Unido (por no hablar de mis propias experiencias cuando enseñaba en la universidad), lo que me preocupa es que, en toda la historia de la Iglesia, el siglo XXI cuenta con algunas de las personas mejor educadas que alguna vez se sentaron en sus bancos, y a la vez son los menos comprometidos y los más analfabetos de la Biblia. Cuando leo Jueces 2:10, es difícil que no me sienta desafiado cuando pienso en la fe irreflexiva representada por tantos cristianos hoy en día: "Y se levantó después de ellos otra generación que no conocía a Jehová, ni la obra que él había hecho por Israel." Este pasaje sigue inmediatamente después de la muerte de Josué y los milagros históricos del éxodo de Israel y la herencia de la tierra prometida. Solamente en una generación, el declive espiritual llevó a Israel y al pueblo de Dios a la complacencia, y la complacencia condujo a la apostasía y finalmente a la rebelión contra Dios. Esto debería hacernos detener y preguntarnos: "¿En qué lugar de la historia estamos nosotros? ¿Nos hemos olvidado de las obras de Dios? ¿O simplemente no las conocemos?"

Como profesor, puedo hablar desde mi experiencia en el aula universitaria moderna. Cada vez más profesores son ateos, incluso *nihilistas* (los que creen que la religión no vale nada), y enseñan que la vida misma no tiene sentido. ¿Nos hemos olvidado tan rápidamente del mensaje de Jesús en el evangelio de Juan? "El ladrón no viene sino para hurtar y matar y destruir; yo he venido para que tengan vida, y para que la tengan en abundancia."[12]

Esta noción de vida abundante es la que develaremos en las páginas de este libro. Note que Jesús no vino al mundo para que simplemente tengamos una vida ordinaria, sino para que pudiéramos tener una vida extraordinaria. Mi oración es que *Inimaginable* nos recuerde el factor Jesús en nuestro mundo: la forma en que Jesús, a través de su Espíritu Santo, ha trabajado a través de sus seguidores para hacer del mundo un lugar mejor.

Permita que la evidencia hable por sí sola. Júzguelo usted mismo. ¿No estamos mejor porque Jesús vino a la tierra, murió para salvarnos de nuestros pecados y resucitó de entre los muertos, y así fundo un movimiento que cambió el mundo?

PARTE 1

EL MUNDO **ANTES** DEL CRISTIANISMO

CAPÍTULO 1

El sentido de lo divino

La carta antigua comienza con saludos muy afectuosos.

> *Hilarión a su hermana Alis, muchos saludos. También a mi señora Berous, y a Apollonarion.*

Hilarión, el que escribió la carta, era un trabajador migrante del año 1 a.C. Se dirigó a su esposa, Alis, como *hermana*, una expresión de cariño que sugiere que Hilarión realmente amaba a Alis.[13] (Los matrimonios en la antigüedad normalmente estaban arreglados con anticipación y no siempre existía amor verdadero entre los cónyuges.) La "señora Berous" podría ser la madre o la hermana de Alis, mientras que Apollonarion podría ser el marido de Berous.[14]

Hilarión y otros de su equipo de trabajo se encontraban en Alejandría, Egipto, a unas 200 millas al norte de su casa en Oxirrinco. Su intención era la de asegurarle a su esposa, que estaba embarazada, que no debía preocuparse por él.

> *Sabed que seguimos estando en Alejandría. No os preocupéis. Voy a permanecer en Alejandría.*

En ese momento, Oxirrinco era una comunidad agrícola próspera situada junto a un canal al oeste del río Nilo. En aquel entonces, si hubiéramos querido redactar una carta, tendríamos que haber contratado a un escriba y, a juzgar por la caligrafía común y corriente de esta carta, es probable que Hilarión haya contratado a un redactor que no estuviera muy bien capacitado, alguien a quien un trabajador migrante podía pagarle. Entonces Hilarión no era un hombre pobre, pero tampoco era rico, y estaba aprovechando la oportunidad de ganar más dinero en la costa del Mediterráneo.[15]

> *Te pido y te ruego que cuides de nuestro pequeño, y en cuando recibamos la paga, tengo intención de enviártela.*

Es muy probable, que el embarazo de Alis ya estuviera avanzado cuando Hilarión se fue de Oxirrinco para trabajar en el norte de Alejandría. Debido a su decisión de permanecer en Alejandría más de lo planeado originalmente, se dio cuenta de que su esposa podía dar a luz antes de su regreso.

> *Si entre todo lo que puede suceder*[16] *tienes un hijo y es varón, tenlo, pero si es hembra, abandónala.*

¡¿Abandonarla?! El impactante encargo de Hilarión a su esposa, de abandonar a la recién nacida en caso de que fuera una niña, refleja una práctica común de infanticidio para los griegos y los romanos. Las niñas, al igual que los niños, iban a trabajar a muy temprana edad y ayudaban a su familia a salir adelante. Aun así, las niñas no deseadas, y los bebés con defectos de nacimiento y deformidades eran abandonados para morir a causa de la exposición a los elementos o a los animales salvajes. (Ante este gran peligro, sin embargo, sabemos que los primeros cristianos recorrían las calles de noche para rescatar a los

niños abandonados antes de que los perros salvajes u otros animales pudieran atacarlos. Hablaré sobre este tema más adelante.) En algunos casos, los niños no deseados, luego eran vendidos como esclavos o para ejercer la prostitución. Lo más probable es que Hilarión le haya hecho ese encargo a su esposa porque su familia no iba a poder pagar la dote que se esperaría cuando su hija fuera entregada en matrimonio. Sin embargo, en el mundo romano del primer siglo (el mundo en el que nació Jesús), matar a un niño no deseado no era gran cosa. Séneca, un filósofo y contemporáneo de Jesús, describió el infanticidio en sus propios términos: "Asfixiamos los fetos monstruosos, y hasta ahogamos los niños si son débiles y deformes." El latín de Séneca es igual de enigmático *(portentosos fetus exstinguimus... debiles, monstrosique)* ya que demuestra que los niños considerados extraños o monstruosos eran sacrificados.[17] Cicerón (106-143 a.C.) apela a lo que la Ley de las Doce Tablas decretó más de trescientos años antes: "Mate el padre al momento, como ordenan las Doce Tablas al hijo que le naciere monstruoso."[18]

Después de haber expresado todo esto, la carta de Hilarión para Alis termina con una frase afectuosa, en respuesta a un mensaje que evidentemente le había transmitido un vecino o amigo.

> *A través de Afrodisias me has dicho que no te olvide. ¿Cómo podría olvidarte? Te ruego, por tanto, que no te preocupes.*

De hecho, en verdad sí había mucho de qué preocuparse en el mundo antiguo. Si tenemos en cuenta los valores de nuestra época, eso era el infierno en la tierra. La pobreza, la enfermedad, la muerte prematura, la violencia doméstica, la injusticia económica, la esclavitud y la corrupción política eran situaciones comunes de la vida. No había ninguna idea de justicia, igualdad, misericordia, democracia (como la conocemos hoy), educación o protección de los débiles y marginados.

Todo esto comenzó a cambiar cuando las personas comenzaron a vivir con un sentido de lo divino, un sentido de la presencia de Dios.

El mundo espiritual: La chispa que encendió a la civilización

Esta es una pregunta similar a la típica que se pregunta comúnmente; si primero fue el huevo o la gallina. Qué ocurrió primero, ¿la civilización o la religión?

Los antropólogos e historiadores han sostenido durante mucho tiempo la idea de que la civilización le dio origen a la religión. La hipótesis sostiene que la civilización condujo inevitablemente a la jerarquía social, cuyo liderazgo al más alto nivel justificó su poder y riqueza al jugar un rol sacerdotal e intercesor entre la humanidad de abajo y los dioses de arriba. Al actuar como intercesor, el sacerdote o rey-sacerdote podía justificar la recaudación de impuestos y demandar cualquier otra clase de apoyo por parte de sus súbditos. A cambio, el sacerdote o rey-sacerdote les proporcionaba la certeza de que, gracias a la ayuda que él les brindaba, los dioses estarían satisfechos y actuarían a favor del pueblo.

Para continuar con el argumento, la religión organizada, incluida la creencia en el poder divino, no fue más que un subproducto del surgimiento de la civilización hace muchos años. Una vez que la religión tomó el control, siguió formando parte de la civilización humana, incluso a medida que la civilización mostraba avances en aspectos sociales y tecnológicos. Su lugar en la jerarquía de la sociedad humana estaba tan arraigado que no pudieron hacerla a un lado hasta tiempos relativamente modernos.[19]

Sin embargo, un descubrimiento en el sudeste de Turquía ha planteado serios interrogantes sobre esta visión sostenida durante tanto tiempo. En un lugar llamado Göbekli Tepe, los arqueólogos descubrieron un templo que aparentemente data de aproximadamente el año 10000 a.C., que es aproximadamente la misma época en que se cree que comenzó la civilización humana. Lo que ha impresionado a los arqueólogos, antropólogos e historiadores es que no hay evidencia de que este templo haya surgido como un subproducto de la civilización. De hecho, la evidencia sugiere lo contrario. Es decir, fue la construcción del templo lo que atrajo a las personas y, luego se desarrolló la civilización. En otras palabras, creer en Dios o en dioses precedió a la construcción del templo, que a su vez precedió al surgimiento de las ciudades y la civilización.[20] El hecho de creer en Dios o en dioses generó una sentida necesidad de construir un templo como una forma de conectarse con lo divino. Construir el templo requería socializar y cooperar mucho más allá de las demandas de la agricultura, el pastoreo del ganado o la caza. La construcción del templo llevó a la sociedad humana a un nuevo nivel y creó lo que hoy conocemos como civilización. La religión no es un subproducto de la sociedad primitiva. Por el contrario, la religión le dio vida a la civilización y reunió a las personas.

La mayoría de las sociedades en la antigüedad tardía, incluidos los griegos, los romanos y los egipcios, eran politeístas; ellos creían en más de un dios. Lo que no es tan conocido es que la evidencia sugiere que en la lejana antigüedad, en los comienzos de la civilización humana, la mayoría de las personas eran monoteístas y rendían culto a un solo Dios. El politeísmo vino después y representa una corrupción del monoteísmo. Incluso el pueblo judío, conocido a través de su extensa historia de fe monoteísta, muchas veces se inclinaba hacia el politeísmo (o al menos una forma de henoteísmo, según el cual consideraban al Señor como su dios *principal*, pero no necesariamente su único dios). Una y otra vez, los profetas judíos del Antiguo Testamento exhortaban al pueblo judío a volver a su fe monoteísta.[21]

El trabajo arqueológico realizado en todas partes, en cada rincón del mundo, encuentra templos en cada ciudad antigua que investiga.

De hecho, uno puede decir con seguridad que no existió una ciudad o civilización en la historia de la humanidad que no tuviera al menos un templo o edificio cuyo propósito principal fuera uno religioso.

Hoy, podemos diferir en la manera de abordar, entender y experimentar este profundo sentido de lo divino, pero está claro que a través de los años los seres humanos han invertido una gran cantidad de tiempo y recursos en la búsqueda divina para lograr una mejor comprensión y una conexión más cercana.

El mundo moral: Lo que le dio origen a la ley

El sentido de la realidad divina de la humanidad no solo sirvió como un estímulo para crear la civilización, sino que también parece haber conducido a la creación y expresión de la ley. Y la *ley* está compuesta por la moral y la ética. La ley se puede entender en términos puramente utilitarios si tenemos en cuenta que es buena para nosotros, y que protege y promueve la justicia y la equidad. Y sin duda la utilidad fue un factor fundamental para la creación de la ley. Pero la ley trasciende más allá de la mera utilidad. Una y otra vez encontramos en la ley antigua la creencia de que la ley, junto con la moralidad, está basada en la verdad divina o en la voluntad divina. Esta es la razón por la cual la ley y la ética humana hablan de lo que las personas *deberían* hacer, independientemente de los factores utilitarios. Hablamos de obligaciones morales, incluso si el beneficio de estas obligaciones no nos resulta obvio, ya sea a nosotros o a los demás. ¿Por qué es así?

Una de las primeras expresiones de la ley, y la más conocida, es el famoso Código de Hammurabi.[22] Hammurabi y su código de leyes datan del siglo XVIII a.C. El código comienza con un extenso preámbulo, en el cual se aclara que la ley está basada en los dioses y expresa la voluntad de estos para la humanidad. Hammurabi declara que Marduk (una de las principales deidades de la antigua Babilonia) le ordenó establecer la ley y gobernar. Luego del preámbulo siguen cerca de 300 leyes. Muchas de estas leyes son paralelas a la ley más conocida y algo posterior de Moisés que se encuentra en la Biblia. Al final de su código de ley, Hammurabi afirma: "Por orden de Shamash, el gran juez de cielos y tierra, brille mi equidad en el país."[23]

La ley de Moisés, parte del pacto que Dios hizo con Israel, también está basada en la voluntad divina, pero el preámbulo en este caso es mucho más corto. De hecho, consta de un solo versículo. Al pie del monte Sinaí, el Dios de Israel le habla a Israel: "Yo soy Jehová tu Dios, que te saqué de la tierra de Egipto, de casa de servidumbre."[24] Inmediatamente después le siguen los Diez Mandamientos tan conocidos.

El punto que quiero remarcar aquí es que la civilización humana, que por su propia naturaleza requiere una ley, no solo se basa en creer en lo divino, sino que también fue generada por esa creencia. Sin un sentido de lo divino, ¿habrían creado la civilización los seres humanos? Sin un sentido de lo divino, ¿habrían creado códigos de leyes que le dieran expresión a la moral y a la ética, códigos que van más allá de los meros beneficios utilitarios?

Estas preguntas son un tema muy polémico en la actualidad. Varios filósofos y especialistas en ética han señalado, con buena razón en mi opinión, que las obligaciones morales sobre las cuales descansa la ley son "ininteligibles aparte de la idea de Dios."[25] Sugiero que las culturas antiguas entendieron esto muy bien. Las leyes morales no fueron "descubiertas" y "acordadas" a través del debate. No fueron derivadas democráticamente. Más bien reflejaban la voluntad divina. Todos los seres humanos entendían lo que era correcto e incorrecto, ya sea que fomentara sus intereses personales o no.

Nuestro sentido de lo divino nos condujo hacia la civilización, la ley, la moralidad y la ética. Pero sin el impacto de Jesús y la iglesia que él fundó, este sentido de lo divino podría llevar a la humanidad hasta cierto punto.

CAPÍTULO 2

Un mundo de sufrimiento

No comparto la idea de que los muertos pueden hablarnos desde la tumba. Pero los epitafios de la época grecorromana indican cuán desesperanzados se sentían muchos cuando enfrentaban la muerte.[26]

> No hay un barco que te lleve al Hades, ni el barquero Caronte, ni el juez Éaco, ni el perro Cerbero. Todos los que estamos abajo, que estamos muertos, nos convertimos en huesos y cenizas.[27]

> Cuando vivía, los vivos me exaltaban; pero ahora estoy muerto. ¡Esta piedra habla por mí![28]

> Tu cuerpo en su seno, Calisto, la tierra ha escondido, pero el recuerdo de tu virtud le has dejado a tus amigos.[29]

Algunos epitafios son filosóficos. Un hombre muerto les pregunta a los transeúntes, con cierto grado de arrogancia:

> ¿Qué somos nosotros o qué decimos que es esta vida al final? Solo que un hombre ha vivido entre nosotros y ahora ya no existe. Solo quedan la piedra y la inscripción, y ninguna otra huella. Ahora, ¿qué es la vida? No es algo sobre lo que debas molestarte en preguntar.[30]

De su difunta esposa, un afligido esposo sostiene:

> Su hermoso rostro y su elogiada figura ahora no son más que una sombra insustancial, sus huesos solo son cenizas.[31]

Dolor y enfermedad

La enfermedad y el sufrimiento humano en el mundo antiguo están bien documentados, no solo en la literatura disponible, sino también en el registro arqueológico. Gracias al trabajo de arqueólogos y curadores, los visitantes modernos de lugares como Epidauro y Corinto en Grecia pueden observar los restos del templo llamado Asclepion, un santuario médico donde los pueblos antiguos esperaban ser sanados. El nombre de estos centros de curación proviene de Asclepio, una figura mitológica generalmente considerada como el hijo del dios Apolo y una madre mortal llamada Coronis. Asclepio se hizo conocido como el dios de la medicina. Obtuvo ese don cuando recibió por parte de la diosa Atenea la sangre de Medusa, una aterradora mujer con cabeza de serpiente de la antigua Grecia. La sangre extraída de las venas del costado derecho de Medusa, contenía propiedades curativas.[32] O eso creía la gran mayoría.

Si visita Epidauro podrá apreciar numerosas piezas esculpidas de piedra o cerámica que simbolizaban tributos y expresiones de gratitud por la sanidad. Se pueden ver ojos, orejas, manos, pies, genitales, senos, y mucho más. Los arqueólogos e historiadores argumentan correctamente que estos elementos representaban una aparente sanidad, o al menos la esperanza de sanidad de ceguera, sordera, debilidad o parálisis de las extremidades y esterilidad. Mayormente invocaban a Asclepio para que sanara la infertilidad.

Desesperados por sanidad

La búsqueda para obtener sanidad de las enfermedades y el alivio del dolor en la antigüedad era impresionante, y no es difícil entender por qué. Los restos literarios y arqueológicos sugieren que, en un día cualquiera, alrededor de un cuarto de la población del Imperio romano se enfermaba, resultaba herido o necesitaba ayuda médica.[33] Distintas excavaciones de tumbas donde habían sido enterradas tres o cuatro generaciones de una familia, demostraban con frecuencia que solo un tercio de los miembros de una familia cualquiera llegaba a la edad adulta, y muchos de los que alcanzaban la edad adulta no llegaban ni siquiera a los cuarenta años. Muy pocas personas vivían hasta los sesenta y setenta años. Debo señalar, también, que aquí estoy describiendo los restos esqueléticos de los ricos, no de los pobres. Si solo un tercio de los miembros de una familia adinerada alcanzaban la edad adulta, debemos suponer que la longevidad de los pobres probablemente era mucho menor.

No es sorprendente que grandes multitudes siguieran a Jesús, a veces con gran insistencia, con la esperanza de sanar. En una ocasión, Jesús no tuvo otra alternativa que dirigirse a la multitud desde un bote, apartado de la orilla.[34] La clara conclusión es que Jesús necesitó crear una barrera entre él y la multitud para poder enseñar sin interrupciones. Esto también es ilustrado en otra ocasión, cuando una multitud empuja a Jesús y una mujer desesperada se agarra de su ropa con la esperanza de sanar.[35] En otro caso, cuatro hombres quitaron una parte del techo de la casa en la que Jesús estaba sentado y enseñaba, para llevar a su amigo paralítico delante de la presencia de Jesús.[36] Con una multitud tan grande dentro y alrededor de la casa, esa fue la única forma que encontraron de tener acceso a Jesús.

Hace algunos años, un investigador del Nuevo Testamento en Oxford sugirió que Jesús atraía a grandes multitudes no tanto porque era un buen maestro o porque su mensaje era provocador, sino porque se había hecho conocido como un sanador efectivo.[37] Las personas ricas y pobres, desesperadas por sanarse, buscaban a Jesús, incluso después de su muerte y resurrección. Se ha argumentado que una de las principales razones por las cuales la iglesia cristiana se expandió de la forma en que lo hizo en el Imperio romano en los primeros tres siglos, a pesar de la oposición y en ocasiones a la persecución mortal, fue debido a las sanidades asombrosas que tenían lugar "en el nombre de Jesús."[38]

Estas sanidades, incluidos los exorcismos, fueron ampliamente consideradas como milagros y como evidencia de la verdad del mensaje cristiano. Durante el tiempo de las actividades públicas de Jesús, también sabemos de al menos un exorcista profesional que intentó invocar el nombre de Jesús.[39] Esto es notable y, que yo sepa, no hubo otro caso igual. De hecho, existe una sorprendente cantidad de evidencia física de la antigüedad tardía que demuestra que los judíos y los paganos invocaban el nombre de Jesús para sanar.[40] En otras palabras, la reputación de Jesús era tan impactante que personas de todos los ámbitos de la vida y de todas las creencias religiosas recurrían a Él para sanarse.

Superstición por encima de la ciencia

Nuevamente, nada de esto nos sorprende ni en lo más mínimo. En la antigüedad tardía, el conocimiento médico era muy limitado. Las enfermedades muchas veces se explicaban en referencia a la superstición. Además, las personas estaban convencidas de que la fiebre, la ceguera y los impedimentos del habla eran causados por espíritus malignos.[41]

Hipócrates (460-370 a.C.), del que derivó el Juramento Hipocrático,[42] creía que todas las enfermedades podían atribuirse a una de cuatro causas: calor, frío, flema y bilis.[43]

Los bustos médicos de cerámica de torsos humanos que se hacían en la antigüedad tardía demuestran que los médicos de la época no estaban seguros de dónde se encontraban los órganos y estaban aún menos seguros de cómo funcionaban.[44] En general, los médicos de esa época no tenían una reputación favorable. Aquellos que estén familiarizados con los evangelios cristianos recordarán el comentario con respecto a la mujer con hemorragias, que gastó todo su dinero en médicos, pero solo empeoró.[45] Plinio el Viejo (d.C. 23-79) le advirtió a su hijo que no tuviera nada que ver con los médicos.[46] En resumen, prácticamente no existían remedios médicos para curar enfermedades y dolencias, la mayoría de las cuales hoy en día se curan fácilmente.

Recientemente asistí a una exhibición en el Museo de Historia Natural de Houston. En la exhibición se encontraban muchos objetos recuperados de las antiguas ciudades de Herculano y Pompeya, las principales ciudades romanas que quedaron enterradas bajo cenizas volcánicas cuando el monte Vesubio estalló en el 79 d.C. Las cenizas preservaron gran parte de la cultura física, que incluye herramientas, armas e instrumentos médicos. Los instrumentos de bronce estaban bien hechos e incluían escalpelos. Pero incluso con herramientas sorprendentemente sofisticadas como estas, los ciudadanos antiguos sabían poco o nada sobre las causas de la mayoría de las enfermedades.

Una de las enfermedades más temidas era la lepra, que se menciona en la Biblia varias veces. Se dice que Jesús curó o "limpió" a algunas personas que sufrían lepra.[47] Algunos escépticos afirman que la lepra verdadera, o la enfermedad de Hansen, no apareció en el este del Mediterráneo sino hasta principios de la Edad Media. Pero un reciente descubrimiento arqueológico resolvió el debate. En el año 2000, se descubrió una tumba del primer siglo en Akeldama, Jerusalén, en la que se encontraron los restos sellados de un hombre en un nicho. Gracias a la falta de oxígeno, el cuerpo no se había descompuesto por completo. Se recuperó parte del cuero cabelludo del hombre, y una biopsia posterior mostró la presencia de *mycobacterium tuberculosis*, que es la que causa la tuberculosis, y *mycobacterium leprae*, la bacteria que causa la enfermedad de Hansen.[48] Este notable descubrimiento demostró sin lugar a dudas que había leprosos en tiempos bíblicos.

El examen forense de restos esqueléticos humanos del mundo grecorromano muestra que las personas sufrían de varios tipos de parásitos y con frecuencia morían por infecciones dentales. Podemos inferir de las referencias a enfermedades en la literatura antigua la presencia de malaria, que causaba fiebre (lo que probablemente causó la muerte de Alejandro Magno), escarlatina, sarampión, tifus, diabetes y quizás incluso la peste bubónica. En algunos casos, las plagas terminaron con la vida de un tercio de la población (como en Grecia en el siglo v a.C.). Durante el reinado del emperador Tito (39-81 d.C.), el historiador romano Suetonio comentó que ocurrió una serie de desastres, que incluyó "una plaga de esas que prácticamente no se había visto nunca antes."[49] Lamentablemente, un siglo más tarde, una plaga, probablemente viruela, aniquiló a un tercio de la población en Roma y sus alrededores.[50]

Trabajos recientes en torno al conocido mar de Galilea en Israel, han demostrado que, con toda probabilidad, la malaria era bastante común a lo largo de la costa sur. Los cuatro Evangelios mencionan que Jesús sanó a personas que sufrían fiebre; probablemente tenían malaria.[51]

En su desesperación por encontrar alivio para aplacar el dolor, la enfermedad y la muerte, muchas personas recurrían a la magia y todas las prácticas disparatadas relacionadas. Los magos profesionales requerían que sus clientes tomaran ciertas pociones, que hicieran o evitaran hacer ciertas cosas, que comieran o bebieran ciertos brebajes, y luego pronunciaran sobre ellos un hechizo o conjuro. Se creía que las partes del cuerpo, mechones de cabello, uñas usadas en la crucifixión y otros especímenes espeluznantes recogidos de cementerios y lugares de ejecución tenían poderes curativos.[52] Los antiguos hacían casi cualquier cosa para encontrar la cura para aliviar el dolor y la enfermedad.

La muerte y el infierno

La muerte era el mayor de todos los temores. La esperanza de vida era tan solo de veinte años, y los últimos días de las personas antes de morir solían ser muy dolorosos.[53] Los romanos también le temían a la muerte porque no estaban seguros de qué era lo que vendría después. Algunos creían que la esencia espiritual de los seres humanos simplemente permanecía flotando en el inframundo o, en el caso de personas muy justas, eran transportadas a un lugar de descanso y comodidad (diversamente llamado las Islas de los Bienaventurados o los Campos Elíseos). Otros temían que su destino fuera el infierno (diversamente llamado Hades o Tártaro).[54]

Los griegos y los romanos tenían pocas esperanzas para la vida siguiente porque la idea de la resurrección era explícitamente negada en su teología. Según Esquilo (siglo v a.C.), el dios Apolo enfatizaba que los seres humanos no podían experimentar la resurrección:

> Cuando el polvo ha absorbido la sangre de un hombre muerto,
> ya no puede volverse a levantar.[55]

La posición de Apolo parece ser suficientemente clara. En *Euménides*, el hijo de Zeus explica por qué la resurrección no es posible:

> No ha enseñado mi padre encantamientos que lo consigan, él, que, por encima y por debajo de la tierra, manda y lo pone todo en movimiento, y cuyas fuerzas son siempre iguales.[56]

En el mundo grecorromano, la muerte significaba el final. No había esperanza, solo tristeza. Esta es la razón por la cual el ministerio de Jesús fue completamente notable. Él no solo predijo su propia muerte y resurrección corporal (Marcos 9:31), sino que les encargó a sus discípulos que predicaran el reino de Dios y que "resucitaran a los muertos" (Mateo 10:8). No es de extrañar que más de treinta veces en los Evangelios leemos acerca de las grandes multitudes que seguían a Jesús. Los Evangelios registran que Jesús personalmente levantó a tres personas de entre los muertos. En un caso, levantó a la hija de Jairo, el gobernante de una sinagoga. Al llegar a la casa de la familia poco después de que la niña hubiera exhalado su último aliento, Jesús exclama: *Talita cum* ("niña, a ti te digo, levántate"). Leemos que inmediatamente se puso de pie, lo que indudablemente sorprendió a los testigos que se encontraban allí, en el siglo I.[57]

Jesús también levantó al hijo único de una viuda, y en el proceso, rompió las barreras culturales. Mientras se encontraban en la procesión fúnebre del niño, extendió su mano y tocó el féretro, en el que yacía el cuerpo del niño, y el niño fallecido se sentó. Tocar a un cadáver o cualquier cosa relacionada con la muerte implicaba que el accionar de Jesús fuera visto como impuro. Pero nada de eso importó. Jesús quería aliviar el sufrimiento.[58] Podría decirse que el milagro más deslumbrante que realizó Jesús fue cuando levantó a Lázaro. Lázaro había estado muerto durante cuatro días, tan muerto como uno puede estar. Aun así, Jesús le ordena, "¡Lázaro, ven fuera!" Y la Escritura dice: "Y el que había muerto salió, atadas las manos y los pies con vendas."[59] Impactante.

No es difícil imaginar por qué el movimiento cristiano primitivo se extendió tan rápidamente por el mundo mediterráneo. Los discípulos de Jesús fueron testigos apasionados de la vida abundante y del cuerpo resucitado que Él había prometido. Pedro y Juan afirmaron: "Porque no podemos dejar de decir lo que hemos visto y oído."[60]

CAPÍTULO 3
Un mundo de temor

Es una tendencia habitual. Cuando miramos a través de la historia, proyectamos nuestras propias ideas modernas en el pasado. Suponemos que la forma en que pensamos hoy es la misma forma en que pensaban nuestros antepasados, o al menos que se asemeja bastante. Pero eso rara vez es así, especialmente si nos ubicamos hace cientos de años atrás. Las personas de la antigüedad tardía entendían su mundo de manera muy distinta a como los vemos hoy nosotros como observadores a la distancia. En ninguna parte es más obvia esta diferencia que en las ideas y suposiciones sobre los dioses.

Hoy, salvo raras excepciones como la India, la mayoría de la gente habla de un solo Dios, ya sea que crean en Dios o no. La mayoría también piensa en Dios como alguien bondadoso. Si Dios existe, es probable que sea amable y amoroso. Ese es el pensamiento general. De hecho, esta misma suposición es la razón por la cual algunas personas dudan de la existencia de Dios. No pueden explicar el mal y el sufrimiento que hay en el mundo contrastado con la idea de la existencia de un Dios amoroso y bondadoso.

Pero las personas en la antigüedad no pensaban de esta manera. El sufrimiento y el mal que veían a su alrededor no les era motivo para argumentar que no existieran los dioses. Por el contrario, para ellos la mayoría del sufrimiento y el mal en el mundo era provocado *por los dioses*. Por extraño que parezca (desde nuestro punto de vista moderno), el sufrimiento y el mal eran vistos como evidencia de la existencia de dioses y semidioses. Las cosas malas sucedían *a causa de los dioses*. ¿Cómo podía ser?

Las personas pensaban de esta manera porque no creían que los dioses fueran bondadosos. Los dioses grecorromanos eran celosos, mezquinos, vengativos, lujuriosos y se ofendían fácilmente. La esencia de estos dioses se basaba en el poder y la inmortalidad.[61] La mayoría eran malintencionados, entre ellos mismos y con las personas en general. Los seres humanos temían que, si eran demasiado exitosos, eso llamaría la inconveniente atención de un dios cuya intención era la de mantener siempre a los mortales en su lugar. Demasiado éxito podía llevar al orgullo y a la arrogancia. Y la arrogancia humana podía verse fácilmente como *hibris* [desmesura], que conduciría al abuso de poder y posición y, de esa forma, permitir un desastre a manos de los dioses. En cierto modo, los dioses eran sobrehumanos más que seres divinos. Es por eso que les resultó tan fácil a los griegos y romanos de la antigüedad tardía imaginar que los humanos con virtud y grandes logros pudieran ser elevados a un estado divino.

Normalmente, los dioses grecorromanos no amaban a los seres humanos. Cuando expresaban amor, generalmente estaba relacionado con la lujuria erótica. Varios semidioses (incluidos Hércules y Dionisio) fueron descendientes de Zeus (también conocido como Júpiter), y seducían o violaban a mujeres mortales. Los dioses se engañaban entre sí, se traicionaban unos a otros y, a veces, se herían entre sí. El matrimonio entre Zeus y Hera, por ejemplo, era cualquier cosa menos feliz.[62]

Las personas en aquel entonces no podían buscar ayuda y compasión de parte de los dioses de manera constante. A través de ofrendas, que eran poco más que sobornos y formas de aumentar la vanidad de los dioses, las personas podían obtener favores. Pero en general, podían esperar casi ningún consuelo de parte de los dioses.

Qué diferente es esto para los seguidores del verdadero Dios. Los sacrificios del Antiguo Testamento tuvieron lugar para expiar el pecado y también para disfrutar del compañerismo de Dios. Pero cuando Jesús vino a la tierra, se convirtió en el cordero del sacrificio prometido. La expiación no se obtendría a través de la sangre de los animales, sino de la "preciosa sangre de Cristo."[63] En el paganismo, el sacrificio tenía como objetivo principal influenciar a los dioses, apaciguarlos u obtener algo a cambio. En uno de los himnos homéricos, escuchamos que los seres humanos sufren: "... soportando tanto a manos de los dioses... descuidados e indefensos, incapaces de encontrar para sí mismos ni una cura para la muerte ni un baluarte contra la vejez."[64]

¿El bien o el mal?

Para toda la religiosidad y para los tantos dioses y semidioses de la antigüedad tardía, había poca moralidad. Eso puede parecer extraño. Pero una vez más estamos dejando que nuestras ideas modernas de Dios, ideas que se definen por la comprensión judeocristiana de Dios, formen nuestro pensamiento. Los dioses de esa época no eran particularmente morales. Cometían crímenes, se mentían entre sí, cometían adulterio, y cuando se trataba de los seres humanos, no les afectaba causarles daño. De hecho, los dioses de los griegos y los romanos parecían tan lujuriosos e indignos de confianza como los seres humanos.

Reconocer esta realidad explica lo que para nosotros parece ser la paradoja de tanta religión y libertinaje sexual a la par. La yuxtaposición no resultaba incómoda. Ninguna ciudad de la antigüedad ilustra este punto más gráficamente que Pompeya y Herculano, gracias a la erupción del Vesubio en el verano del año 79 d.C. Al momento en que fueron enterradas bajo las cenizas, estas ciudades estaban llenas de templos, altares, santuarios y nichos para exhibir a sus dioses. Prácticamente todos los edificios públicos y casas privadas exponían ídolos y amuletos religiosos. Los habitantes de Pompeya y Herculano, como lo hacían las personas que habitaban todas las otras ciudades en el Imperio romano, adoraban a las principales deidades (conocidas como los doce grandes) y una variedad de deidades locales menores. Los dioses eran adorados públicamente y en privado, en el trabajo y en el hogar. Podemos hacer referencia al comentario de Pablo en Atenas: "He notado que ustedes son muy religiosos."[65]

Sin embargo, a pesar de todo este interés en los dioses: la adoración, los sacrificios, las comidas y bebidas especiales, las oraciones públicas y privadas, la construcción y mantenimiento de innumerables templos y santuarios; el impacto en las personas con respecto a la moral y la ética eran insignificantes. Los dioses no esperaban que sus seguidores fueran honestos, caritativos, honrados o justos. Los dioses esperaban que sus devotos atendieran *a los dioses*, y les mostraran honor y respeto. La forma en que los seres humanos trataban a otros seres humanos, en la mayoría de los casos, les preocupaba muy poco a los dioses.[66]

Si realiza un recorrido por Pompeya y Herculano, verá muchas muestras gráficas de desnudez y actividad sexual, incluidas todas las perversidades imaginables. Estas escenas involucran tanto a los dioses como a las personas.[67] En la Roma del primer siglo, el adulterio y la pedofilia no eran consideradas incompatibles con la devoción a los dioses. Como aparentemente rivalizaba con los mismos dioses, el falo parece haber sido el principal foco de atención. El órgano masculino aparece expuesto en todas partes; en el arte y en diversos objetos y utensilios, incluso en los entornos religiosos.[68]

Un gran número de grafitis, que se cuentan por decenas de miles (sí, tenían grafitis en aquel entonces), representan temas sexuales fuertes tanto en palabras como en dibujos. En las paredes de un burdel en Pompeya se pueden ver pinturas eróticas cuyo propósito, como si fuera un menú de restaurante moderno que cuenta con imágenes de las distintas opciones de alimentos, les promociona a los clientes potenciales cuáles son los servicios proporcionados.

El miedo a los muertos

Los antiguos griegos y romanos también sufrían un miedo a los muertos muy enfermizo. Se creía ampliamente que las personas que morían de una manera violenta o injusta, o que en la vida habían sido malvadas, podían regresar como espíritus enojados e intentar acechar o incluso herir a los que estaban vivos. De hecho, la mayoría creía que los espíritus malignos, o demonios, que poseían a las personas no eran más que los espíritus de los malvados e inquietos muertos.[69] Varios textos antiguos equiparan explícitamente a los demonios con los espíritus de los muertos (y generalmente con los muertos malvados). Esto probablemente fue asumido por Jesús y los autores del Nuevo Testamento.[70]

En el año 41 d.C., el cruel y odiado emperador Calígula fue brutalmente asesinado y sus restos fueron quemados y enterrados apresuradamente sin ningún tipo de respeto. El jardín donde fue enterrado estaba perturbado por fantasmas y apariciones temerosas. Los terrores no cesaron hasta que la casa que estaba al lado del jardín fue quemada completamente.[71] Otros eran turbados por sueños que involucraban a Nerón, el odiado emperador que fue condenado por el senado en el año 68 d.C. y que posteriormente se suicidó.[72] Incluso algunos creyeron que el malvado emperador había vuelto a la vida y que pronto volvería a gobernar Roma una vez más.

La literatura grecorromana cuenta historias de los turbados muertos que acechaban a los vivos y debían ser apaciguados de una manera u otra.[73] Es muy probable que hayan pensado que el demonizado hombre descrito en los Evangelios, que vivió entre las tumbas y se nombró a sí mismo *Legión*, estaba poseído por los espíritus turbados de legionarios romanos cuyos restos físicos yacían enterrados en las inmediaciones. El muchacho poseído que fue arrojado al fuego o al agua proporciona un vívido ejemplo de un espíritu maligno que desea dañar, e incluso matar a su huésped humano.[74]

Los pueblos de la antigüedad tardía seguían varias prácticas extrañas con la esperanza de darle paz a los muertos. Un entierro apropiado y respetuoso, por supuesto, era una práctica estándar y por lo general era suficiente para apaciguar a los difuntos. Pero a veces se requería tomar medidas más extremas. En el caso de los combatientes caídos, les cortaban las manos a los muertos y las colocaban debajo de sus brazos. Pensaban que esta práctica, denominada *armpitting* [axila en inglés], debilitaba el espíritu, es decir que en caso de que apareciera, no tendría poder para causar daño. Otra práctica común denominada *os resectum*, consistía en cortar un dedo del fallecido y colocarlo en un lugar seguro. Se creía que esta práctica les traía paz a los muertos y los ayudaba en el trayecto hacia el siguiente mundo.[75]

Las maldiciones y el mal de ojo

En estos días, es fácil reírse de que a alguien le hayan echado el "mal de ojo." Ciertamente, recibir una mirada mezquina puede resultar incómodo. Pero es muy común que un mal de ojo sea una reacción inocente a algo irritante. Incluso los perros y los gatos son capaces de echar el mal de ojo, a juzgar por las fotos que he visto en línea.

En la antigüedad, sin embargo, si alguien "ojeaba" a otra persona, significaba que estaba tratando de maldecirla. Las personas estaban tan obsesionadas de protegerse de las maldiciones que compraban "ojos" hechos de vidrio, cerámica o metal diseñados para rechazar las fuerzas negativas, o contrataban a expertos en magia que afirmaban conocer encantos y fórmulas que les proporcionarían protección.[76] En el Sermón del Monte, Jesús bien pudo haberse mostrado en contra de esta práctica: "Pero si tu ojo es maligno, todo tu cuerpo estará en tinieblas. Así que, si la luz que en ti hay es tinieblas, ¿cuántas no serán las mismas tinieblas?"[77] La implicación es que, si uno le "echa el mal de ojo" a otra persona, su propio ojo estará en tinieblas en lugar de estar en la luz.[78] Pablo habló sobre un "hechizo malvado" en Gálatas 3:1: "¡Oh gálatas insensatos! ¿quién os fascinó...?" Pablo está enfatizando el punto de que el evangelio de Jesucristo libera a las personas de temerle a los poderes del mal.

Una gran cantidad de textos relacionados con la magia han sobrevivido desde la antigüedad. En distintos papiros, cuencos "mágicos", láminas (o *lemellae*) y tablillas delgadas (generalmente hechas de plomo), los investigadores han encontrado escritos con el fin de proteger contra los poderes del mal y otros para maldecir y dañar a otras personas. Los hechizos se inscribían en tablillas de plomo, que se doblaban (generalmente dos veces), y luego los fijaban con clavos de hierro en un lugar escondido. Se creía que el clavo en sí mismo tenía algún tipo de poder. La perforación de la tabla con el clavo supuestamente sellaba el hechizo. Se los llamaba hechizos vinculantes. En general los escondían en algún lugar de la casa de la persona a la que uno deseaba dañar o influenciar a través de la maldición o hechizo. Por supuesto, existían los contrahechizos a través de los cuales uno podía evitar el daño intencionado y en algunos casos hasta enviar el espíritu maligno de regreso al remitente.[79] Algunas de estas tablillas, así como los papiros y las láminas, contenían bocetos como si fueran caricaturas, para identificar las áreas del cuerpo que debían ser atacadas. Los arqueólogos también han descubierto varias figuras de cerámica que habían sido perforadas con alfileres y clavos a través de los ojos, las manos, los pies y los genitales.

Para protegerse de estas maldiciones, así como de los espíritus malignos ambulantes, las personas llevaban amuletos que contenían hechizos y apelaban a varias deidades para su protección. Los amuletos judíos solían contener pasajes breves de la Escritura.

Algunos de los hechizos eran "encantamientos de amor", pero creados de una manera muy perversa. Hemos encontrado ejemplos en los que un hombre enamorado y posesivo contrataba a un mago para componer un hechizo que ejerciera control sobre la mujer deseada, generalmente a través del insomnio. En un momento dado, estos amuletos solían expresar: "Que ella (nombre de la mujer), a quien (nombre de la madre de la mujer a encantar) dio a luz, permanezca despierta hasta que consienta."[80]

La muerte de los dioses y los salvadores

Los habitantes del Imperio romano tenían mucho que temer. Les temían a los dioses, a los muertos y a los espíritus malignos y las maldiciones. Y sus grandes héroes, sus emperadores divinos, no les daban gran consuelo, porque ellos, como todos los mortales, morían y algunas veces fracasaban de una manera increíble.

Como *pontifex maximus* (sumo sacerdote), los emperadores debían servir como mediadores entre los mortales de abajo y la divinidad inmortal de arriba. Se creía que, en el advenimiento del emperador, reconocido como "hijo de dios" y "salvador", comenzaron a surgir las buenas nuevas o el evangelio en el mundo. Es importante destacar que la primera frase que aparece en el Evangelio de Marcos, el primer Evangelio escrito, desafía de una manera arriesgada el papel de los emperadores: "Principio del evangelio de Jesucristo, Hijo de Dios." Con lo determinante que es esta afirmación, muchos habrán podido percibirla. En la década de los 60 en el siglo I, cuando el Evangelio de Marcos probablemente comenzó su circulación pública, la doctrina imperial romana del divino César comenzó a resultar muy dudosa. Después de la muerte de estos llamados hijos de dios, se suponía que el senado romano debía votar por la deificación. Pero un emperador tras otro fracasó miserablemente. La deificación *post mortem* de los césares se convirtió en una burla en algunos círculos. De hecho, no mucho después de la muerte del emperador Claudio, Séneca escribió una sátira que tituló *Apocolocyntosis divi Claudii,* o la "Calabacificación del divino Claudio."[81]

El creciente cinismo no es difícil de entender.[82] Julio César (100-44 a.C.), el fundador de la dinastía Julio-Claudia, estaba hambriento de poder, era arrogante y no tenía absolutamente ninguna moral, sin embargo, era un líder notable. Después de un breve reinado como dictador (48-44 a.C.) y solo un mes después de haber obtenido el poder absoluto, César fue brutalmente asesinado por sus colegas, muchos de los cuales habían sido sus amigos íntimos en algún momento. Después de trece años de haber compartido el poder de una manera complicada y luego de iniciar una guerra civil, el sobrino nieto de César, Octavio (63 a.C.-14 d.C.), surgió como el nuevo emperador, aclamado como Augusto.

César Augusto resultó ser el más grande de los primeros doce emperadores de Roma. Persuadió al senado para deificar a Julio. Después de un largo reinado mayormente exitoso, Augusto mismo fue deificado poco después de su muerte. Pero el gran Augusto no tenía grandes cualidades físicas. Era pequeño y sufría varios problemas de salud. Aunque públicamente se creía que mantenía la moral y estaba dedicado a su (tercera) esposa, Livia, Augusto era conocido por ser mujeriego y pasaba tiempo lejos de Roma para poder compartir libremente más momentos con su amante.

Tiberio (42 a.C.-37 d.C.), hijo de Livia, sucedió a Augusto. Comparado con su padrastro, el emperador de mediana edad no tenía gran inspiración. Le molestaba el hecho de que su madre fuera más popular que él. Para ocultar su pedofilia de Roma, se mudó a la isla de Capri. Aunque era un administrador capaz y notablemente exitoso para colaborar con el enriquecimiento del tesoro de Roma, Tiberio era despreciado. Sus más cercanos no veían la hora de que el anciano muriera. De hecho, no siguieron esperando más. En su lecho de muerte, el emperador se quedó sin aliento y dejó de respirar. Todos supusieron que había muerto. De pronto sus ojos se abrieron y volvió a respirar. Sorprendido, Gaius Caligula, su sucesor, junto con otros más apilaron almohadas y mantas encima del jadeante Tiberio y lo sofocaron. Nadie solicitó su deificación.

Calígula (12-41 d.C.) demostró ser tan perverso e insano que hizo que Tiberio fuera visto como un santo. Después de un comienzo prometedor, el joven emperador comenzó a comportarse de forma monstruosa; asesinaba a sus rivales y conspiradores imaginarios y, casi de no creer, violaba a las esposas de los invitados en los banquetes reales. La forma en que Calígula se burlaba del comandante de su guardaespaldas significó su ruina. Una tarde de enero, mientras regresaba del teatro al palacio, Calígula fue atacado por sus propios protectores, y fue el mismo comandante quien dio el primer golpe. El emperador fue hecho pedazos y su cuerpo fue enterrado a toda prisa y sin ceremonias. No hace falta decir que nadie solicitó su deificación.

El bien educado y pasado por alto Claudio (10 a.C.-54 d.C.) fue nombrado como el nuevo emperador. Su gobierno fue justo, si no idóneo, y era mucho más querido que sus dos predecesores. Para los estándares romanos, su apariencia física y peculiaridades eran vergonzosas. Cojeaba a causa de un pie zambo. Su nariz moqueaba y a menudo babeaba desde su barbilla. Era tartamudo. No podía dar un discurso a menos que el texto estuviera delante de él. Su esposa, Agrippina, y su hijastro, Nerón, asesinaron despiadadamente a Claudio colocando veneno en su cena ("la cena de los dioses", bromeó Nerón).

Agrippina obtuvo lo que quería, pero con el tiempo se dio cuenta de que no quería lo que obtuvo. Al asesinar a su marido, dejó suelto a Nerón (37-68 d.C.) en el mundo. Cuando era adolescente, él escuchaba a sus asesores, pero a los veinte años dejó de escucharlos. Sus actos se volvieron tan monstruosos como los de Calígula. Quería construir un palacio más grande y casualmente, en el año 64, un incendio consumió las mismas propiedades que esperaba adquirir. ¡Solo que el fuego también quemó cerca de la mitad de la ciudad de Roma! Para aplacar el rumor de que él había sido el que inició el incendio, Nerón culpó a los miembros de una nueva secta llamada cristianismo e hizo que fueran torturados y asesinados de una manera escalofriante. Ni Roma ni Nerón estaban preparados para la revuelta judía que estalló en Jerusalén en el año 66. El emperador sacó a Vespasiano de su retiro forzado y lo envió a él y a las legiones a Judea. Pero incluso con una guerra en curso, el apoyo de los súbditos hacia Nerón continuó decreciendo, hasta que finalmente, en el año 68, el Senado lo condenó como un enemigo del Estado. Por temor a ser arrestado, torturado y asesinado, Nerón se suicidó. Nadie sugirió que este maníaco fuera deificado.

Lo que siguió a continuación prácticamente generó que el imperio se pusiera de rodillas. Galba (3 a.C.-69 d.C.) tomó el poder y fue asesinado varios meses después. Otón (32-69 d. C.), que había apoyado a Galba, tomó el poder, pero después de tres meses vio la escritura en la pared y se suicidó. Vitelio (15-69 d.C.) vio la oportunidad y tomó el poder, pero después de un breve reinado, también fue asesinado. La doctrina imperial del emperador divino, el salvador del mundo y el comienzo de las buenas nuevas, comenzaba a parecer absurdo. No es necesario aclarar que ninguno de estos hombres fue deificado.

Finalmente, después de un emperador fracasado tras otro, el exitoso pero modesto general Vespasiano (9-79 d.C.) fue proclamado emperador. Él le entregó el mando de las legiones romanas en Judea a su hijo Tito, quien terminó exitosamente la guerra cuando atacó Jerusalén y destruyó el famoso templo de la ciudad. Padre e hijo regresaron a Roma a fines del año 70, y en el 71 celebraron un gran triunfo, que incluyó circular trofeos confiscados del templo judío. Después de un gobierno prácticamente sin incidentes y no demasiado sofisticado, Vespasiano se enfermó y murió. Se dice que a medida que se iba acercando a la muerte, el emperador, siempre listo para hacer una buena broma, expresó: "¡Qué bárbaro, creo que me estoy convirtiendo en un dios!"[83] Con el apoyo de su hijo y sucesor, Tito, y debido a su modestia y simpatía, el senado votó por la deificación de Vespasiano. Él fue apenas el segundo emperador que fue deificado desde Augusto y Claudio, y los ritos de este último habían sido suspendidos por Nerón. (Le tocó a Vespasiano revivirlos).

Vespasiano fue sucedido por sus hijos Tito (39-81 d.C.) y luego Domiciano (51-96 d.C.). Ninguno de los dos gobiernos fue demasiado exitoso. En el caso de Tito ocurrió de este modo a causa de su muerte prematura después de un reinado de solo dos años. En honor a su hermano, Domiciano no solo convenció al senado de que deificara a Tito, sino que también construyó un magnífico arco en el foro romano, que sigue existiendo hasta el día de hoy. Como se ofendía fácilmente, Domiciano solía reaccionar de forma exagerada a las críticas y exigía una severa retribución por las faltas de respeto que había recibido. Al final, la elite romana ya no lo soportó más. El emperador fue asesinado después de gobernar durante quince años. Él no fue deificado.

"Dioses" mortales

Estos emperadores no aliviaban a la gente de sus miedos. No les transmitieron seguridad de estar en paz con los dioses a los romanos. Como "dioses", los emperadores demostraron que eran frágiles y mortales. De los doce emperadores, seis fueron asesinados, dos se suicidaron, varios de ellos probablemente estuvieron involucrados en asesinatos, mientras que solo cinco lograron ser elevados a la condición de dioses (y solo durante muy poco tiempo en el caso de Claudio). Este registro prácticamente no inspiraba confianza.

Hace mucho tiempo, el filósofo Ludwig Feuerbach (1804-1872) afirmó que "Dios no hizo, como dice la Biblia, al hombre a su imagen; por el contrario, el hombre... hizo a Dios a su imagen."[84] No es para nada extraño pensar que muchos lo hicieron en el mundo antiguo, no solo los griegos y romanos. El mundo previo al cristianismo estaba impregnado de dioses y de religión. Pero los dioses fueron producto de la invención humana que reflejaban los valores y la moral de quienes los creaban. Estos dioses traían muy poco consuelo. A menudo solo aumentaron el miedo y la miseria humana. En el próximo capítulo consideraremos la miseria que los humanos se generaron unos a otros.

CAPÍTULO 4

Un mundo de desigualdad

Nunca olvidaré el viaje que realicé para conocer las grandiosas ruinas antiguas de Éfeso. Una ciudad portuaria con una población de 250 000 habitantes en su época, fue el hogar de una de las siete maravillas del mundo antiguo, el Templo de Artemisa, con 127 columnas que se elevan a 60 pies (aproximadamente 18 metros) de alto.[85] Mis estudiantes universitarios se divierten cuando les muestro la diapositiva de una imagen en la que estoy posando junto a Audrey con unas zapatillas Nike y la diosa griega de la victoria, que, aunque parezca mentira, se parece a la pipa de Nike.

La ciudad de Éfeso ocupa un lugar destacado en el Libro de los Hechos y fue un destino destacado en el segundo y tercer viaje misionero de Pablo. De hecho, este lugar fue tan importante que Pablo no solo pasó más de tres años predicando en Éfeso, sino que Lucas registra en Hechos 19:10 que "… de manera que todos los que habitaban en Asia, judíos y griegos, oyeron la palabra del Señor Jesús." A pesar de todo su esplendor y gloria antigua, la ciudad de Éfeso tiene un lado oscuro: el mercado de esclavos. Durante 200 años (100 a.C.-100 d.C.), Éfeso fue la sede de la trata de esclavos romana y, como tal, era el mayor mercado de esclavos del imperio. A cualquier persona de la modernidad le resultaría escalofriante la manera en que se desarrollaba el mercado. Los posibles compradores podían inspeccionar el "inventario" (a los individuos). Casi siempre estaban desnudos. Los esclavos eran valorados por su apariencia, edad, estado físico, educación, conjunto de habilidades y, también por el estado de sus dientes. El precio de un esclavo podía subir o bajar dependiendo del mercado, que se veía modificado según la oferta y la demanda. El precio no solo fluctuaba, sino que al igual que como ocurre hoy día cuando uno va a comprar un vehículo, los precios variaban. Las chicas atractivas eran vendidas entre 2000 y 6000 denarios en la república, y más tarde en el imperio, se pagaba de 25 000 a 50 000 denarios por los niños.[86] Estas son sumas enormes de dinero si consideramos que el salario de un año para un trabajador calificado era de alrededor de 360 denarios.

Esta práctica malvada era y sigue siendo asombrosa. Audrey y yo nos arrodillamos y oramos en el gran teatro de Éfeso, y el Señor me recordó la declaración de Pablo el apóstol. En uno de los enunciados más audaces y revolucionarios del Imperio romano del primer siglo, Saulo de Tarso, más conocido como el apóstol Pablo, declaró: "Ya no hay judío ni griego; no hay esclavo ni libre; no hay varón ni mujer; porque todos vosotros sois uno en Cristo Jesús."[87] Desde la perspectiva romana y judía, cada parte de esta asombrosa declaración es problemática.

En el tiempo de Pablo, las personas estaban divididas por raza, si eran libres o esclavos, y por género. Lo que Pablo escribió en su carta que circuló entre las iglesias que fundó en la región de Galacia en Asia Menor (la actual Turquía) habría sido rotundamente rechazado por la gran mayoría de los habitantes del Imperio romano, incluido el pueblo judío. Muchos deben haber pensado que las ideas de Pablo eran irrisorias.

¿Esclavo o libre?

En la antigua Grecia, las personas ricas y poderosas tenían esclavos. Incluso los que no eran tan ricos tenían esclavos (y algunas veces se quejaban de que les costaba alimentarlos).[88] Los esclavos podían ser golpeados, humillados en público, explotados sexualmente, y vendidos o intercambiados.[89] Aristóteles, el gran filósofo, consideraba a un esclavo como "una propiedad con vida."[90] En otra parte escribió: "El esclavo es una herramienta viva y esta un esclavo sin vida."[91] Por supuesto, la función principal del esclavo era trabajar en la granja y ayudar con las tareas domésticas de la casa o el comercio.[92]

El mundo romano, mucho más que su contraparte griego más antiguo en el este, llegó a depender en gran medida del trabajo de los esclavos. Los esclavos eran utilizados en todas las partes del imperio, incluso en Italia, y fuera de los límites del imperio. Los esclavos eran locales e importados. Algunos niños eran vendidos como esclavos por padres pobres y desesperados. Muchos eran apropiados en las guerras, como parte del botín. La campaña de siete años de Julio César solo en Galia generó más de 1 millón de esclavos para el imperio.[93]

Aunque la demografía de la antigüedad es difícil de estimar, algunos creen que en el primer siglo a.C., prácticamente el cuarenta por ciento de la población en el Imperio romano estaba conformado por esclavos o sirvientes. En los siglos II y III d.C., el porcentaje debe haber disminuido a tan solo el quince por ciento. Aun así, si la población del imperio en el siglo II d.C. era de aproximadamente 50 millones, es posible que hubo alrededor de 7,5 millones de esclavos.[94]

Las ropas que usaban los esclavos eran distintivas para que su condición fuera reconocida al instante cuando estaban en público. Los esclavos en general se encargaban del negocio de sus amos, que incluían curtiembres, tiendas, panaderías y burdeles, donde los gerentes, proxenetas y prostitutas también eran esclavos.[95] La explotación sexual de esclavos, tanto hombres como mujeres, era legal y común.[96] Ningún dueño podía ser acusado legalmente de violar a su esclavo o esclava.[97] La ley exigía que los esclavos fugitivos fueran perseguidos, capturados y devueltos a sus dueños.[98]

No hay duda de que la explotación sexual, incluida la prostitución forzada, era uno de los aspectos más atroces de la esclavitud en el Imperio romano. Por esta misma razón, ningún sacerdote judío, sin importar cuán eminente fuera, podía servir como sumo sacerdote si una de sus antepasadas mujeres había sido esclava alguna vez. Implícitamente quería decir que, si la antepasada del sacerdote hubiera sido esclava, se supondría que había sido violada y que la línea de descendencia del sacerdote podía no ser puramente judía y levítica, descalificando así su servicio como sumo sacerdote.[99]

Lo peor del Imperio romano no era solo su economía de esclavos, sino que era una máquina de esclavos que molía el trabajo humano. El historiador romano, Diodoro (siglo I a.C.), escribió que los esclavos que trabajaban en las minas "Trabajaban día y noche sin reposo, encadenados... Trabajan así, sin descanso... A todos se obliga a trabajar a fuerza de repetidos golpes, hasta que agotados de cansancio expiran en medio de su sufrimiento."[100]

La realidad de la esclavitud en el mundo de la antigüedad tardía se refleja en algunas de las parábolas de Jesús. Los esclavos trabajaban en los campos, servían a sus amos y podían ser castigados. La afirmación del apóstol Pablo de que en Cristo Jesús no hay "esclavos ni libres" debe haber afectado a los romanos de su tiempo haciéndolos ver ridículos y peligrosamente subversivos. Ellos creían que las grandes desigualdades que involucraban a la esclavitud eran adecuadas y naturales y que nunca nada las cambiaría.

¿Rico o pobre?

El abismo entre ricos y pobres en el mundo grecorromano era muy grande. Muy pocos eran ricos. Había una especie de clase media, pero era muy pequeña. La mayoría de las personas pasaban desapercibidas en la agricultura, y muchos se congregaban en ciudades en busca de trabajos diarios o caridad. Las mujeres pobres, especialmente las mujeres que habían sido abandonadas cuando eran bebés o niñas, en general se mantenían gracias a la prostitución.

En el mundo griego, se celebraba la riqueza y prácticamente no había compasión por los pobres. Incluso los poetas, sorprendentemente, les dieron expresión a estos valores.[101] "El hombre es su dinero: no hay ningún pobre honrado ni estimado," declaró Alceo de Mitilene.[102] En sintonía con esta filosofía, Teognis de Megara escribió: "Para la multitud de la humanidad, existe una sola virtud: el dinero."[103]

Algunos poetas y dramaturgos, sin embargo, estaban dispuestos a admitir que el dinero corrompe. En su obra titulada *Pluto* (que trata acerca de la riqueza), Aristófanes describe a un personaje que confiesa: "No hay un solo hombre íntegramente honrado. Todos se dejan seducir por el brillo del dinero."[104] Los lectores de la Biblia recordarán inmediatamente la advertencia: "… porque raíz de todos los males es el amor al dinero."[105] El versículo a menudo se cita erróneamente como "el dinero es la raíz de todos los males," pero incluso cuando es citado incorrectamente, el versículo tiene una aplicación clara y atemporal.

Los romanos a veces no hacían distinción entre los pobres y los esclavos, y los consideraban a ambos con el mismo desprecio. Cicerón (siglo I a.C.) da una expresión elocuente sobre este pensamiento: "Vulgares y sórdidas se consideran las ganancias de todos los mercenarios que venden el trabajo de sus brazos, no su capacidad artística, porque el mismo salario en ellos constituye el precio del contrato de servicio."[106]

En un mundo donde reinaba la pobreza en todas partes, no es extraño que hubiera mendigos en cualquier lugar. Pero los mendigos veían con poca simpatía a los ricos y poderosos. Séneca (c. 4 a.C.-65 d.C.) manifestaba en referencia a los mendigos: "A algunos no les daré, aunque estén en necesidad, porque, incluso si yo les diera, seguirían estando en necesidad."[107] El historiador griego Polibio (c. 200-118 a.C.), que admiraba mucho a Roma, sostuvo sin rodeos: "Ningún romano le dará nada a nadie."[108] No existía la caridad ni la justicia social entre los griegos y los romanos. Algunos paganos hacían obras humanitarias, pero eso solía ser la excepción, no la regla.

Jesús se encontraba con mendigos en sus actividades públicas. Algunos eran pobres, estaban enfermos o eran discapacitados. En sus parábolas, Jesús habló de un mayordomo deshonesto que había perdido su posición y confesaba "mendigar, me da vergüenza."[109] La parábola de Jesús del rico y del pobre proporciona una imagen gráfica del contraste extremo entre la riqueza y la pobreza. Mientras que el rico viste ropas finas y se deleita con manjares a diario, su pobre prójimo está cubierto de úlceras y comparte con los perros la comida desechada.[110] A Juvenal (siglo II d.C.) le producía espanto el hecho de mendigar, ya que describió a un mendigo hambriento como alguien que debe "morder un pedazo de pan mugriento y para perros."[111]

La prevalencia de la pobreza y las demás condiciones penosas relacionadas, como la prostitución, fue impresionante en el mundo de la antigüedad tardía. Sin embargo, los ricos griegos y romanos no parecían sentirse demasiado incómodos por eso. La gran mayoría creía que la pobreza era culpa de los pobres.

¿Hombre o mujer?

En una obra de teatro publicada por Sófocles en algún momento del siglo V a.C., un personaje afirma: "¡Oh mujer, el mejor adorno de una mujer lo constituye el silencio! Así como las hojas adornan los árboles, la lana es la belleza de las ovejas, la melena la gloria de los caballos y la barba el orgullo del hombre, ¡así es el silencio el mejor adorno de las mujeres!"[112] Sin duda, es un personaje ficticio el que agrupa estas similitudes, pero tenemos suficientes motivos para suponer que expresaba una opinión ampliamente difundida de que las mujeres no eran iguales a los hombres. Un sentimiento similar, en un tono más fuerte, se encuentra en un fragmento de una obra perdida del Demócrito contemporáneo del siglo v antes de Cristo: "Una mujer no debe argumentar; esto es terrible. Ser gobernado por una mujer es la mayor atrocidad que le puede ocurrir a un hombre."[113] Unos pocos, o probablemente ninguno, habría estado en desacuerdo en ese momento.

¿Y qué hay del mundo judío? El sabio del siglo ii a.C. Yeshua ben Sira parecía estar muy de acuerdo con los sentimientos del mundo grecorromano. El escribió que una "esposa silenciosa es un don del Señor."[114] Aunque reconocía que una esposa fiel y trabajadora era una bendición, el sabio no perdió la oportunidad de describir y condenar a las esposas irritables, malvadas y ebrias de su imaginación.[115]

Algunos de los sabios judíos posteriores, conocidos como rabinos, también revelaron su machismo. En un comentario antiguo sobre el Libro de Deuteronomio, se recuerda que una autoridad manifestó: "Una mujer no puede hablar en nombre de un hombre."[116] El rabino Judá, bajo cuya autoridad se compiló la Mishná a comienzos del siglo iii d.C., fue recordado por haber dicho: "Hay tres bendiciones que uno debe decir todos los días: 'Bendito sea Aquel que no me hizo gentil; bendito sea Aquel que no me hizo un hombre malvado sin educación; bendito sea Aquel que no me hizo mujer.'"[117] Todavía incluso más llamativa fue la opinión de un rabino posterior: "¡Mejor quemar la Torá que enseñarle a una mujer!"[118]

En ninguna parte se expresaba de forma más cruda la brecha de género que en lo que podría denominarse la "planificación familiar." Al comienzo de este libro, presenté una carta del trabajador migrante Hilarión, que le ordenaba a su esposa embarazada que, si tenía una niña, el bebé debía ser abandonado o expuesto probablemente para que muriera. En un documento legal que data del año 8 a.C., una mujer recientemente viuda pero embarazada afirma que "conserva el derecho de abandonar al bebé que lleva en su vientre y unirse a otro hombre."[119] Quiere decir que el bebé, ya sea que fuera nena o varón, podía ser un obstáculo para su nuevo matrimonio. Si llegaba a ser así, abandonaría al bebé, independientemente de su sexo. En casos como este, incluso los bebés varones estaban en peligro. Pero la mayoría de las veces eran las niñas las que eran abandonadas a su suerte.

Para Aristóteles, abandonar a los niños deformados no era una opción, sino un requisito. Él no era el único que pensaba de esa manera. La ley romana de las Doce Tablas *(Leges Duodecim Tabularum)*, que su edición más antigua data del siglo v a.C., requería que los padres dieran muerte a cualquier niño que naciera deformado. Una de estas leyes dice: "Mata con presteza a un niño espantosamente deforme."[120]

La práctica generalizada del abandono infantil también está confirmada por la condena explícita de esa práctica en los primeros textos cristianos. Según la *Didaché* (principios del siglo II): "No mates al hijo por aborto, ni quites la vida al recién nacido."[121] La misma solicitud se encuentra en la *Epístola de Bernabé* (de mediados del siglo II): "No matarás a tu hijo en el seno de la madre ni, una vez nacido, le quitarás la vida."[122] La *Didaché* también habla de aquellos "Perseguidores de los buenos, aborrecedores de la verdad, amadores de la mentira... que no se compadecen de los pobres, no se ocupan de los afligidos, no reconocen a su creador, [que son] asesinos de sus hijos, corruptores de la obra de Dios."[123] El claro mensaje es que debido a que los malvados no conocen a Dios, que creó a la humanidad a su propia imagen, no piensan en otra cosa que matar niños y destruir lo que Dios formó en el útero.

Estas duras críticas pueden reflejar la expresión más antigua que se encuentra en Sabiduría de Salomón, que condena a los "asesinos despiadados de sus propios hijos."[124] En el contexto literario aparente de esta obra apócrifa, es el rey Salomón el que habla, y tal vez sería entendido como una referencia a la práctica pagana de sacrificar niños que tuvo lugar en el antiguo Cercano Oriente. Pero en el tiempo de la escritura de Sabiduría de Salomón (siglo I a.C.), el sacrificio de niños era poco común.[125] Puede ser que el autor aludiera al aborto y la exposición infantil como practicaban los griegos y los romanos contemporáneos.

Encontramos que, en el mundo grecorromano, las mujeres de la antigüedad tardía tenían una gran desventaja. De bebés tenían muchas más probabilidades de ser abandonadas. De niñas o adolescentes enfrentaban el riesgo de abuso sexual, o la prostitución; ya como mujeres crecidas debían someterse bajo el dominio de sus esposos, que podían abusar de ellas, descuidarlas e incluso abandonarlas; y en su vejez, especialmente si enviudaban, enfrentaban la posibilidad de quedar en la pobreza.

¿Creyente o ateo?

¿Había libertad religiosa en el mundo grecorromano? Si y no. En verdad, había una serie de dioses de los cuales podían elegir y también había distintos tipos de cultos. Con la excepción del pueblo judío que estaba exento gracias a su alianza con Roma que data del siglo II a.C., se esperaba que todas las personas en el Imperio romano adorasen al menos a algunos de los dioses, y algunos de estos dioses debían ser adorados, al menos de vez en cuando. En resumen, el ateísmo no era una opción, al menos no una opción segura.

Unos pocos filósofos y escritores en el mundo grecorromano cuestionaron la existencia de los dioses tradicionales, es decir, los dioses del Olimpo (Zeus, Hera, y otros). Se rumoreaba que Epicuro (siglo IV a.C.), enseñaba públicamente que los dioses existían, pero no les prestaban atención a los asuntos humanos, en realidad era ateo, pero mantenía esta opinión en privado por temor a la crítica pública.[126] Su cautela tenía fundamento. Después de todo, Sócrates (siglo V a.C.) se vio obligado a beber cicuta, tras haber sido condenado por enseñarle ateísmo a la juventud de Atenas.[127] Un colega de Sócrates, Teodoro, adquirió el sobrenombre de "el ateo" después de haber sido desterrado de Atenas, "por ateísmo y por corromper a la juventud."[128] No es sorprendente que Platón, el famoso alumno de Sócrates, discutiera la cuestión de la existencia de los dioses en un ambiente académico.[129] Se alegó que Critias era el autor de una obra en la que un personaje afirmaba que los dioses habían sido una invención diseñada para disuadir el crimen que de otro modo pasaría desapercibido y, por lo tanto, no recibiría ningún castigo.[130] Ya sea que Critias haya escrito o no esta obra, se metió en muchos problemas.

Al final de la era, poco había cambiado. A juzgar por los comentarios de Filón de Alejandría (alrededor del año 20 a.C.-50 d.C.), posiblemente hubo ateos en su época.[131] Pero quienes quiera que fueran, eran discretos y en la gran mayoría aparentemente intentaron permanecer en el anonimato.[132] Su cautela no es sorprendente, si consideramos la persecución que sufrieron los cristianos por su negativa a reconocer la existencia de los dioses grecorromanos. En los primeros tres siglos de la iglesia cristiana, los cristianos eran constantemente acusados de ateísmo, porque no reconocían la existencia de los dioses grecorromanos y se negaban a adorar al emperador como "hijo de dios."[133] Los primeros mártires cristianos incluyeron a Ignacio (que murió en c.110), Policarpo (que murió en c.155) y Justino Mártir (que murió en c. 165).

En el caso de Policarpo, el obispo de Esmirna a mediados del siglo II en Asia Menor (Izmir en la Turquía moderna) fue acusado de "ateísmo" por negarse a confesar la divinidad del emperador o adorar a los dioses de los griegos y los romanos. Según el *Martirio de Policarpo*, escrito poco después de su muerte, la multitud pagana gritaba contra los cristianos: "¡Fuera con los ateos! ¡Encuentren a Policarpo!"[134] Cuando Policarpo fue llevado ante el procónsul romano, este último le exigió: "Jura por la divinidad de César."[135] Por supuesto que Policarpo se negó. El procónsul exigía que Policarpo jurara en nombre de César y humillara a Cristo. Su negativa a jurar por la divinidad de César se habría interpretado como una prueba para acusarlo de ateísmo. En el juicio que siguió, la multitud gritaba: "Este es el maestro de Asia, el padre de los cristianos, el destructor de nuestros dioses, quien enseña a muchos a no sacrificar ni adorar."[136] Como el obispo continuó negándose, fue ejecutado.

Durante la gobernación de Plinio el Joven (c.110-112) en Bitinia y Ponto en Asia Menor, los cristianos eran arrestados, interrogados, torturados y, en algunos casos, ejecutados.[137] Desde mediados del siglo II, los paganos acusaban regularmente a los cristianos de ateísmo. En su *Primera Apología* (c.155), Justino Mártir respondió a esta acusación: "De ahí que se nos dé también nombre de ateos; y, si de esos supuestos dioses se trata, confesamos ser ateos; pero no respecto del Dios verdaderísimo,"[138] "No somos ateos, nosotros que adoramos al creador de este universo," argumentaba Justino, ¿qué hombre sensato no aceptará esto?[139] Además añadió que "quienes vivieron conforme al Verbo, son cristianos, aun cuando fueron tenidos por ateos."[140] En su *Segunda Apología* (c.171), Justino reclamó que Crescens, el filósofo pagano, describía injustamente a los cristianos como "ateos e impíos."[141] Tatian también reclamaba que los griegos excluían a los cristianos "de los derechos cívicos como si fuéramos los más impíos de los hombres."[142] Atenágoras dedicó varios capítulos de su disculpa para contrarrestar la acusación de que los cristianos eran ateos.[143]

La acusación de que los cristianos eran ateos se remonta al primer siglo e incluso está declarado en el Libro de los Hechos. Recordamos la acusación que Demetrio el orfebre, que se especializaba en figuritas de la diosa Artemisa, arremete contra Pablo: "pero veis y oís que este Pablo, no solamente en Efeso, sino en casi toda Asia, ha apartado a muchas gentes con persuasión, diciendo que no son dioses los que se hacen con las manos." Demetrio continúa advirtiendo que la predicación de Pablo podía poner fin a su oficio y que el templo de Artemisa se desacreditara.[144] Esto generó una gran confusión y los cristianos fueron arrestados.

Lo que podemos observar es que, a pesar de todos los reclamos de tolerancia religiosa e inclusividad, el mundo grecorromano no era tan tolerante después de todo. En efecto, la política implícita era: "Puede adorar a cualquier dios que desee, pero también debe reverenciar y apoyar a nuestros dioses." Los derechos religiosos y la igualdad se extendían a aquellos que seguían sus políticas. Los cristianos, y los ateos, no las seguían y por eso eran perseguidos.

Un nuevo entendimiento de Dios

El mundo grecorromano de la antigüedad tardía era un mundo de desigualdad. Era un mundo de esclavitud opresiva, pobreza extrema y explotación económica, maltrato cruel hacia las mujeres y fanáticos supersticiosos e intolerantes. Transitar por un mundo de esas características sin duda no habrá sido fácil. La mayoría enfrentaba una vida de adversidades, y vivían por muy pocos años. Era un mundo desesperado por obtener un cambio, un mundo que necesitaba un nuevo mensaje y una nueva visión.

Una de las curiosas declaraciones de Policarpo en su martirio fue que Cristo no le había hecho "ningún daño" y, de hecho, lo había salvado.[145] A primera vista, la afirmación parece redundante, al menos para nosotros los modernos. Pero si recordamos que en la antigüedad tardía los dioses grecorromanos eran mayormente considerados caprichosos, faltos de amor, y en ocasiones celosos y vengativos, la confesión de Policarpo habría sorprendido a sus acusadores de una forma sorprendente y hasta incluso sugestiva. Detrás de su confesión nacía una nueva comprensión de la divinidad: Dios ama y se preocupa por todas las personas.

CAPÍTULO 5

Un mundo de esclavitud: El racismo

Saulo de Tarso, en el tiempo en que era un devoto fariseo, no era igualitario. Él no creía en la igualdad entre los judíos y los gentiles (no judíos). No creía en la igualdad de los sexos, y no tenía ningún problema con que algunas personas fueran esclavas mientras que otras eran libres. Como se discutió anteriormente, la mayoría de los romanos tenían estas mismas creencias, así que Saulo, un judío y ciudadano romano, encajaba perfectamente en ese contexto. Pero después de que se encontró con Jesucristo resucitado, el verdadero Hijo de Dios, su pensamiento cambió radicalmente. Su nombre también fue modificado, y se convirtió en *Pablo*, el apóstol.

Uno de los mayores descubrimientos de Pablo en su nueva fe fue que en Jesucristo hay igualdad y hermandad. Es por eso que afirmó con valentía: "Ya no hay judío ni griego; no hay esclavo ni libre; no hay varón ni mujer; porque todos vosotros sois uno en Cristo Jesús."[146] En la redención que ofrece Cristo, la familia humana es restaurada. Todos son hermanos y hermanas. En consecuencia, el racismo, el sexismo y todo lo demás que causa división quedan excluidos. Somos "todos uno en Cristo Jesús."

Este principio cristiano le pareció una enseñanza muy extraña de escuchar al pueblo del Imperio romano. Como mencioné anteriormente, la esclavitud era muy aceptada. Un cuarto de todos los que vivían en el imperio eran esclavos. Sorprendentemente, algunos historiadores sostienen que no había racismo en la antigüedad.[147] Pero no solo existe abundante evidencia de ello, sino que coincide con el racismo moderno de muchas maneras.[148]

De los estereotipos al racismo

Es común escuchar el dicho que afirma que los ojos son una ventana al alma. No podría argumentar en contra de este adagio, especialmente porque sabemos que se basa en algo que expresó Jesús: "... lámpara del cuerpo es el ojo..."[149] Sin embargo, creo que al igual que nuestros ojos, lo que sale de nuestra boca, nuestras palabras, revela lo que está en nuestro corazón y en nuestra alma.

Para los antiguos griegos, una sola palabra en los registros que han sido conservados puede ser la evidencia más antigua de racismo: la palabra *bárbaro*, que usaban regularmente cuando se referían a cualquiera que no fuese griego. La palabra griega *barbaroi* (plural) imita la manera en que sonaban los demás idiomas para los griegos, un sonido de balbuceo, algo así como "bar-bar."[150] La palabra *barbaros* (singular) vino a significar una persona que no solo hablaba de manera extraña e ininteligible, sino que no era "civilizada" a los ojos de los griegos.[151]

Otro ejemplo de lenguaje racista proviene de un escritor del siglo III a.C. que pretendía ser Aristóteles el gran filósofo, y afirmó que "los que viven en el norte son valientes y de cabello grueso, y los del sur son cobardes y tienen el cabello finito.[152] Ptolomeo (activo c. 146-170 a.C.) profundizó este tema aún más, y explicó que las tierras extranjeras eran guiadas por diferentes constelaciones astrales, lo que daba como resultado que algunas personas fueran "más, inescrupulosas, despreciables cobardes, traicioneras, serviles, y en general inconstantes," mientras que otras personas, como los judíos y otros del Medio Oriente, "que nacen y viven bajo otras estrellas", en general son "audaces, ateos e intrigantes."[153]

La fisonomía, que trataba de deducir el carácter de una persona en base a ciertas características físicas (el color de la piel, la forma de la cabeza, los rasgos faciales y similares) era una forma común de racismo en la antigüedad tardía. Por ejemplo, se escribió que "el cabello rizado indica que un hombre es muy engañoso y codicioso," mientras que el cabello rubio de los alemanes "era un indicativo de una persona violenta con costumbres salvajes."[154] Además, a los egipcios se los consideraba astutos, a los celtas ignorantes, y a los tracios, un grupo de tribus indoeuropeas, borrachos perezosos.

Las ideas relacionadas con la eugenesia ya se discutían en Platón (hacia 429-347 a.C.) y en Aristóteles (384-322 a.C.). Platón habló metafóricamente de la necesidad de mantener "puro" el precioso "metal" de Grecia.[155] Y Aristóteles recomendaba el aborto y el abandono infantil, para que la calidad de la población griega no decayera.[156] También era nefasta la justificación de Aristóteles para avalar la esclavitud: "Los esclavos son infrahumanos u hombres inferiores, mientras que los amos son superiores."[157]

A primera vista, muchos de los profetas y colaboradores de las Escrituras de la antigua Israel parecen ser tan racistas como sus contemporáneos. En los libros de Moisés, que describen la fundación del pueblo de Israel y su pacto especial con Dios, escuchamos repetidas veces que las naciones eran conducidas fuera de la tierra prometida (la tierra de Canaán, que con el tiempo se convirtió en Israel).[158] Una y otra vez leemos que Israel, aunque no haya sido un pueblo poderoso o especialmente merecedor, es el pueblo elegido de Dios.[159]

Pero, ¿será que la tradición de que Israel sea un pueblo "elegido" es un ejemplo de racismo? Yo digo que no. Dios escogió a los israelitas no porque fueran especiales o mejores que otros.[160] Lo que diferencia a los israelitas (el pueblo judío) no son ellos mismos, sino su Dios.[161] En la famosa escena del monte Sinaí donde Dios perdona a Israel y renueva su pacto con el pueblo, Dios le dice a Moisés: "Tendré misericordia del que tendré misericordia, y seré clemente para con el que seré clemente."[162] La elección tiene que ver con Dios, no con Israel.

Egipto y otras naciones fueron condenadas por esclavizar o atacar a Israel. Pero las críticas dirigidas contra ellas no tenían un fundamento racial. No fueron juzgadas porque fueran inferiores, o porque el color de su piel era diferente, o porque hablaban un idioma extranjero, o por cualquier otra cosa. Las naciones, incluso la misma Israel, fueron criticadas y juzgadas por su comportamiento, por actuar injustamente. Pero los profetas de Israel hablaban de la redención de las naciones, incluida Egipto. Según Isaías, después de que Egipto fue castigada, sus habitantes "se convertirán a Jehová, y [Él] les será clemente y los sanará."[163] Isaías también bendijo a Asiria. Esto es notable si recordamos que en el momento en que el profeta Isaías hablaba, las mayores amenazas de Israel eran Asiria al norte y Egipto al sur. Sin embargo, Isaías declara la Palabra del Señor: "Bendito el pueblo mío Egipto, y el asirio obra de mis manos, e Israel mi heredad."[164]

El sabio y famoso rey Salomón de Israel, hijo de David, construyó el primer templo en Jerusalén. Cuando estuvo terminado, Salomón pronunció una oración de dedicación, en la que le pedía a Dios que escuchara las oraciones de los gentiles que iban al templo: "Asimismo el extranjero, que no es de tu pueblo Israel, que viniere de lejanas tierras... y viniere a orar a esta casa, tú oirás en los cielos, en el lugar de tu morada, y harás conforme a todo aquello por lo cual el extranjero hubiere clamado a ti."[165] El espíritu ecuménico de esta oración es asombroso. Esto no tiene nada que ver con la ideología del racismo.

No hay duda de que en la conciencia nacional de Israel estaba profundamente arraigada la convicción de que eran personas especiales, un pueblo escogido, un pueblo con futuro. En algunas de las últimas interpretaciones y teología rabínicas, aparece alguna expresión de la ideología racista, pero no ocurre en el caso de la enseñanza de los que escribieron la Escritura. El fuerte racismo que detectamos en la literatura de la antigüedad clásica no está presente en la antigua Escritura de Israel.

Esta Escritura, reforzada por la enseñanza de Jesús y sus discípulos, anuló las ideas racistas de la antigüedad clásica. Durante siglos, ninguna persona de influencia abogó a favor del racismo. En realidad, ninguna persona hasta la Ilustración. Luego, el racismo protagonizó un regreso con venganza y preparó el escenario para otros desarrollos muy negativos.

El racismo desaparece y reaparece

El mensaje cristiano revolucionario de hermandad arrasó con el mundo romano y todo occidente. Los Imperios griego y romano fueron cristianizados, así como lo fue Europa. Durante el siguiente milenio, no hubo grandes filósofos o teólogos cristianos que defendieran el racismo, lo justificaran o defendieran la esclavitud. No hubo "Aristóteles" medievales que promovieran la eugenesia o el infanticidio. El mensaje del apóstol Pablo de "ni judíos ni griegos" se había afianzado, y el racismo generalizado retrocedió.

Luego siguieron los siglos XVIII y XIX. El conocimiento científico se aceleró a una velocidad sin precedentes, y le dio lugar a la revolución industrial y a los avances en medicina (por ejemplo, el descubrimiento de microbios) y a las invenciones, incluida la máquina de vapor, la luz eléctrica, el telégrafo, el teléfono y mucho más. La nueva era también vivió un aumento de la filosofía anticristiana y su consiguiente rechazo por parte de la ética cristiana y las autoridades de la iglesia. Encendido nuevamente por escritores y filósofos equivocados pero influyentes, resurgió el racismo.[166]

Entre los primeros en proponer el racismo "científico" estaba Georges Louis Leclerc, conde de Buffon (1707-1788).[167] Buffon, un escritor prolífico, creía que los caucásicos representaban el ápice de la evolución humana, pero por causa de la migración hacia los climas tropicales, algunas personas se habían convertido en una raza inferior. Buffon estaba seguro de que, si los negros se trasladaban al norte, se volverían blancos. Para apoyar este argumento de "degeneración", el conde trató de señalar ejemplos entre animales, como los burros, que sostenía que habían sido caballos en algún momento, y los simios, que en un momento dado se transformaron en humanos. En consecuencia, argumentaba que algunas razas humanas se acercaban más a los seres humanos más avanzados (caucásicos), mientras que otras se acercaban más hacia los animales.[168] Lamentablemente, esta pseudociencia fue muy influyente a lo largo de los siglos XVIII y XIX.

David Hume, un famoso filósofo y ateo escocés (1711-1776), afirmó que "los negros, y en general todas las otras especies de hombres (porque existen cuatro o cinco tipos diferentes), [son] naturalmente inferiores a los blancos." Hume también escribió: "Puedes conseguir cualquier cosa de los NEGROS ofreciéndoles bebidas fuertes; y fácilmente convencerlos de que vendan, no solo a sus padres, sino a sus esposas y amantes, por un barril de *brandy*."[169]

El filósofo y escritor francés Voltaire (1694-1778) escribió: "Los negros y las negras transportados a los países más fríos siguen produciendo animales de su especie."[170] Voltaire creía en la poligénesis, la teoría que sostiene que los seres humanos se originaron a partir de múltiples ancestros. Tal idea, que, por supuesto no tiene ningún fundamento científico, fue adoptada por los racistas.[171] Voltaire, además, era un deísta que se burlaba del cristianismo.[172] En una carta a Federico II, rey de Prusia, Voltaire afirmó que el cristianismo "es sin dudas la religión más ridícula, más absurda y más sanguinaria que jamás haya infectado este mundo. Su majestad le prestará un servicio eterno a la humanidad si logra extirpar esta superstición infame."[173] Voltaire estaba convencido de que el surgimiento del cristianismo y el colapso del paganismo habían provocado la caída del Imperio romano.[174] Sus escritos también contenían expresiones de antisemitismo.[175]

Immanuel Kant (1724-1804), el filósofo alemán famoso por su *Crítica de la razón pura*, creía que los negros no habían logrado nada importante: "Los negros de África no han recibido de la naturaleza ningún sentimiento que se eleve por cima de lo insignificante."[176]

Tal vez el más influyente del grupo fue Auguste Comte (1798-1857), un "ateo militante," que puede ser considerado como el fundador del humanismo. Su visión influyó a Karl Marx, fundador del comunismo, y al escritor inglés George Eliot (también conocido como Mary Ann Evans), quien tradujo varias obras radicales. Comte era un alma atribulada que no se llevaba bien con casi nadie (incluido John Stuart Mill, uno de los discípulos más cercanos de Comte). Su esposa lo dejó en 1842. Después de publicar su firma *Discours sur l'Esprit positif* [Tratado sobre el positivismo], desarrolló ideas extrañas sobre la religión secular y atea, en las que debían practicarse ciertos rituales, una hembra santa debía ser venerada, y el mismo Comte debía ser reconocido en el papel de sumo sacerdote. Hoy la gran mayoría piensa que estaba loco.

La idea del ser humano como una máquina sin alma comenzó en Alemania. No es sorprendente, por la visión deteriorada de la humanidad combinada con los nuevos puntos de vista del materialismo, que muchos filósofos y científicos adoptaron con entusiasmo en el siglo XIX. Entre estos científicos estaba Karl Vogt (1817-1895), que creció en Alemania y luego emigró a Suiza. Vogt llevó la idea del "hombre como máquina" a un extremo, y creía que lo que comían los seres humanos no solo les afectaba físicamente, sino que incluso determinaba sus pensamientos.[177] Una vez bromeó: "Dime lo que comes y te diré quién eres."[178] Vogt, que era ateo, creía que toda la moralidad era relativa, que difería de sociedad en sociedad. Señaló, por ejemplo, que en algunos lugares el asesinato de ancianos y enfermos era aceptable.[179]

El nuevo materialismo también fue promovido con entusiasmo por el filósofo y médico alemán Ludwig Büchner (1824-1899) en varias publicaciones. Entre sus más influyentes estaba *Fuerza y materia* (1855), en la que argumentó que la humanidad está compuesta nada más que de materia y energía del universo. Más de veinticinco años después, escribió *The Power of Heredity and Its Influence on the Moral and Mental Progress of Humanity* [El poder de la herencia y su influencia sobre el progreso moral y mental de la humanidad], y argumentó que el vicio y la virtud son exclusivamente el resultado de la herencia.[180] De acuerdo con esta hipótesis, argumentó que las diversas razas humanas heredan diferentes habilidades y tendencias. Esta pseudociencia lo llevó a afirmar, por ejemplo, que los judíos eran mercaderes por naturaleza. Büchner era un defensor ferviente del materialismo científico.[181] Por lo tanto, el universo no tenía ningún propósito ni significado final. Y debido a que no existe Dios, no hay moral universal, ningún bien o mal universales.

Se podrían revisar más ejemplos, pero creo que ya hemos visto suficientes en esta instancia. Las ideas extrañas, la pseudociencia y el racismo grotesco que vemos en estos influyentes filósofos y escritores, quienes rechazaron la gran mayoría o absolutamente todo lo que refiere al cristianismo, resucitaron el racismo de los filósofos y escritores clásicos de la antigüedad tardía. Esto no fue una coincidencia, ya que Platón, Aristóteles y otros más fueron ampliamente leídos entre los estudiantes de Europa en los siglos XVIII y XIX. La resurrección de estas malas ideas, que la teología y el comportamiento cristianos habían logrado alejar durante más de un milenio, creó una atmósfera intelectual en la que pudo resurgir una nueva ciencia del cuerpo y la mente y así preparar el escenario para los horrores del siglo XX.

PARTE II

EL MUNDO **SIN** CRISTIANISMO

CAPÍTULO 6

Un terreno incierto

En Reino Unido, la única residencia que recibió el título de palacio que no le pertenecía a la familia real, fue el monumental palacio de Blenheim de aproximadamente 1000 hectáreas, en Oxfordshire, que en realidad le perteneció a la familia Churchill. Junto con mi esposa, Audrey, y mi hija, Lily Faith, realizamos un corto viaje de veinte kilómetros en taxi desde nuestra residencia en el centro de la ciudad de Oxford, porque queríamos conocer la casa de Sir Winston. Pronto nos encontrábamos en el pequeño cuarto del salón principal donde nació el 30 de noviembre de 1874. Recordamos el hecho de que, en algún momento, se lo conoció como el "niño problemático" y que su padre, Lord Randolph, le escribió una carta poco tiempo antes de su muerte expresándole a Winston que él había sido una gran decepción y que no lograría nada en la vida.

De esta manera comienza la historia de Churchill. Un difícil comienzo no implica una vida de fracaso. Gracias a Dios por la vida de la señora Everest, su niñera, que no solo lo encaminó, sino que representó una influencia cristiana clave en los primeros años de su niñez.

Está claro que Churchill se convertiría en el gran defensor y protector de la *civilización cristiana*, término que utilizaba con mucha confianza. Clement Atlee, su rival político, luego de la muerte de Churchill en 1964, lo nombró como el mayor líder y hombre inglés del siglo XX. Cuando Churchill murió, el historiador británico Sir Arthur Bryant escribió: "La era de los gigantes se ha ido para siempre."[182] La vida de Churchill demuestra que la historia va siendo creada por personas dinámicas que logran algo extraordinario. La historia no surge a partir de eventos aislados o entidades anónimas.

Al igual que Abraham Lincoln, Churchill se volvió famoso por su habilidad para la oratoria. La historia lo recuerda como el hombre que no aceptaba rendirse. Luego de la batalla de Inglaterra y de los traumáticos días del bombardeo Nazi, Churchill se dirigió a los estudiantes varones de Harrow (un internado al cual él asistía) y les recordó: "Nunca se den por vencidos: nunca, nunca, nunca, nunca, en nada grande o pequeño, nunca caigan excepto ante la convicción del honor y del sentido común. Nunca cedan a la fuerza; nunca se rindan ante el aparentemente abrumador poder del enemigo."[183]

Sin embargo, recién el 4 de junio de 1940 Churchill finalmente se consagró como el diplomático más importante del siglo XX. A pesar de que más de 300 000 tropas habían sido evacuadas satisfactoriamente de Dunkerque, la moral seguía terriblemente baja. Muchos les pedían a los líderes británicos que negociaran con Hitler y que les dejaran el continente a los Nazis. En esa instancia, Churchill se dirigió al Parlamento y convocó a la nación entera a enfrentarse al mal:

> Continuaremos hasta el fin, lucharemos en Francia, lucharemos en los mares y océanos, y lucharemos con creciente confianza y creciente fuerza en el aire; defenderemos nuestra isla a cualquier precio, lucharemos en las playas, lucharemos en las pistas aéreas, lucharemos en los campos y en las calles, lucharemos en las colinas; nunca nos rendiremos, y aun en el caso de que esta isla o gran parte de ella fuera sometida y hambreada,

> lo cual no creo ni por un instante, entonces nuestro Imperio de allende el mar, armado y custodiado por la flota británica, continuaría la lucha hasta, que cuando Dios lo decida, el Nuevo Mundo, con todo su poderío y fortaleza, acuda al rescate y la liberación del Viejo.[184]

Comienzo esta parte del libro con estas historias porque reflejan un tiempo reciente, casi inimaginable, en el que una gran parte del mundo le dio la espalda al cristianismo. Nos dirigimos hacia un terreno peligroso cuando dejamos a Dios a un costado y el cristianismo queda marginado; un terreno donde reina la maldad. Desafortunadamente, la cultura actual está tomando un rumbo en el cual estamos destinados a repetir la historia si no despertamos a tiempo. Como dice el refrán: "Cada vez que se repite la historia, pagamos un precio mayor."

Sin Dios, siempre hay algo que llena el vacío

El redescubrimiento del paganismo antiguo y de sus ideas mal concebidas acerca del racismo produjo consecuencias nefastas en el siglo XIX. Dichas ideas fueron promovidas por hombres apasionados y elocuentes:

Ludwig Feuerbach (1804-1872)
Charles Darwin (1809-1882)
Karl Marx (1818-1883)
Friedrich Nietzsche (1844-1900)
Sigmund Freud (1856-1939)

A estos hombres se los podría considerar como los "cinco grandes" si tenemos en cuenta la importancia que tuvieron para alejar al mundo de una cosmovisión judeo-cristiana. Al hacerlo, le abrieron la puerta al infierno que descendería sobre la humanidad en el siglo XIX.

No quiero dar a entender que estos hombres deberían ser considerados como los responsables del Holocausto o de las guerras mundiales. Lo que quiero destacar es que las malas ideas pueden conducir a terribles consecuencias, y generalmente lo hacen. En el presente capítulo, abordaremos las vidas de los tres primeros hombres: Feuerbach, Darwin y Marx.

Ludwig Feuerbach

Ludwig Andreas von Feuerbach nació en Landshut, Bavaria (Alemania) en 1804.[185] Estudió en las universidades de Heidelberg, Berlín y Erlangen, donde obtuvo sus doctorados. En 1839 publicó *Philosophie und Christentum* en el cual demostró que el cristianismo había dejado de ser una fuerza real en la humanidad. En 1841, publicó *Das Wesen des Christentums* que fue traducido al inglés por la previamente mencionada Mary Ann Evans, conocida bajo el seudónimo de George Eliot. Cuando escribió sobre la teología cristiana, o de la "revelación" como él la llamaba, Feuerbach declaró: "Pero la fe revelada no solamente echa a perder el sentido y el gusto moral y la estética de la verdad, sino que envenena y hasta mata el sentido divino en el hombre, el sentido de la verdad y la sensación de la verdad."[186]

Luego de la publicación de este libro, Feuerbach se volvió muy crítico del cristianismo, y siguió argumentando que la religión era una cuestión de subjetividad, y no una revelación objetiva; que era una cuestión de sentimentalismo e imaginación, y no de hechos. En sus obras, Feuerbach es famoso por su afirmación que sostenía que él había demostrado que *Dios* no había creado al hombre a su imagen (tal como lo establece la Biblia), sino que el *hombre* había hecho a Dios a su imagen.[187]

En mi opinión, la filosofía de Feuerbach ayudó a establecer la base intelectual sobre la cual se apoyarían Marx, Nietzsche, Freud y otros filósofos del siglo XIX. El rechazo de la revelación y la correspondiente reducción de la religión a nada más que meras emociones y preferencias le despejaron el camino a otras filosofías mucho más destructivas.

Es importante destacar que Feuerbach y su familia se escandalizaron cuando en 1813 (Feuerbach tenía tan solo nueve años), su padre, Anselm, dejó a su esposa y se involucró con la mujer de uno de sus amigos. El romance pecaminoso duró 9 años. Durante ese tiempo, Anselm tuvo un hijo al que le puso su mismo nombre. Cuando su amante murió, regresó con su familia. La experiencia de un rechazo de esta magnitud y el comportamiento vergonzoso de su padre bien pudo haber contribuido al cinismo y ateísmo de Feuerbach, que adoptó no mucho después de dejar su hogar para ir a la universidad.

Charles Darwin

Charles Darwin nació en 1809 en Shrewsbury, Shropshire (Inglaterra). Tanto su abuelo como su padre fueron médicos que mostraban un gran interés en nuevas ideas filosóficas. Su padre también estaba interesado en las nuevas ideas emergentes que surgían sobre la ciencia. Darwin estudió medicina en la Universidad de Edimburgo, aunque obtuvo su título en teología en Christ´s College, en Cambridge. Allí mismo, se interesó en aspectos de ciencias naturales. Se unió a un club que estaba muy involucrado con las nuevas filosofías materialistas que desafiaron la teología cristiana tradicional. En diciembre de 1831, Darwin zarpó junto con el capitán Robert FitzRoy en el *HMS Beagle*. El viaje llevaría a Darwin por todo el mundo. Probablemente, el archipiélago de Galápagos en el Pacífico, al oeste del noroeste de América del Sur, haya sido el área de estudio más importante. Durante ese viaje, Darwin leyó los tres volúmenes de Charles Lyell, *Principios de geología*, donde trata la aparición y desaparición de distintos tipos de fauna.[188] Luego de la travesía, Darwin se familiarizó con Lyell.[189]

Dicho viaje duró alrededor de cinco años, aunque Darwin dedicó la mayor parte del tiempo en tierra a explorar, observar la fauna y la flora y recoger muestras. Basado en sus observaciones y conversaciones con varios científicos, Darwin llegó a la conclusión de que las especies evolucionan en nuevas especies mediante una selección natural y una adaptación a las condiciones ambientales. En el año 1859 publicó *El origen de las especies*,[190] una obra que conmovió a la comunidad científica y que se convirtió de inmediato en un éxito en ventas. Darwin se volvió una celebridad y era muy demandado como orador.

Aunque Darwin evitaba hablar sobre la evolución de la humanidad de forma directa en *El origen de las especies*, cerca del final del épico libro declaró: "Se proyectará mucha luz sobre el origen del hombre y sobre su historia."[191] Años más tarde, Darwin publicó *El origen del hombre*, en el cual trató el tema de la evolución humana directamente y estableció que los seres humanos descendían de los "monos del antiguo mundo."[192]

Los historiadores y científicos en la actualidad siguen debatiendo aspectos de la teoría de Darwin. Él fue criado en el unitarismo que, desde el punto de vista de la ortodoxia, es considerado como una herejía. Sin embargo, mientras se encontraba en Cambridge, fue ordenado como anglicano. Durante las décadas de 1830 y 1840 se consideraba a sí mismo como cristiano, aunque su fe en Dios había comenzado a flaquear. Cuando su hija de diez años, Annie, falleció en 1851, Darwin comenzó a luchar con cuestionamientos sobre el mal y el sufrimiento en el mundo. Para ese entonces ya no asistía más a la iglesia. En su vejez expresó su visión que sostenía que una persona no puede ser creyente y evolucionista al mismo tiempo.[193] Solo unos pocos años antes de su muerte, Darwin negó haber sido ateo y explicó que "agnóstico sería un término más apropiado para su postura."[194]

Las teorías de Darwin han sido debatidas por filósofos y teólogos. Muchos de los filósofos aceptaron la nueva ciencia y, sorprendentemente, también las adoptaron muchos de los teólogos. Algunos filósofos y teólogos vieron en la evolución la evidencia del diseño de Dios.

Por supuesto, muchos teólogos se opusieron rotundamente al darwinismo (como se lo denominó más adelante) y creyeron que la evolución respaldaba el ateísmo y que privaba a la humanidad de su especial estado que la diferenciaba de las demás especies vivientes. Otros creyeron que la investigación de Darwin proporcionaba un fundamento sólido para el ateísmo científico.

Sin embargo, muchos filósofos y científicos adoptaron con entusiasmo las ideas de Darwin, especialmente en Alemania.[195] La peor consecuencia del darwinismo fue que proporcionó el contexto para que surgieran nuevas ideas sobre el racismo, que hoy día podrían ser consideradas "científicas." Como mencionamos anteriormente, Darwin creía que la humanidad había evolucionado en diferentes razas o subespecies.[196] Esta teoría de la evolución dio paso a que existiese la posibilidad de que no todas las tribus humanas fuesen igual de avanzadas. Algunos llegaron a opinar que las razas o subespecies habían evolucionado de diferentes primates (es decir, poligénesis), en tiempos y lugares diferentes, y sugirieron nuevamente que algunas razas son más evolucionadas o avanzadas que otras.[197] Algunos hasta sugirieron que las razas menos evolucionadas eran más cercanas a los simios que aquellas más desarrolladas que vivían en Europa.[198] Este pensamiento dio origen a una ideología racista y proporcionó el fundamento y la justificación teórica para la esclavitud.

Antes de continuar, quisiera destacar algunos puntos en defensa de Darwin. En este capítulo describo las filosofías de los hombres que con sus posturas sentaron las bases para el mal que se propagó en el mundo en el siglo XX. El propio Darwin no debería formar parte de este grupo de hombres. No había nada maligno o inhumano en él.[199] Fue un esposo fiel y un padre amoroso. La muerte de su hija y sus problemas de salud lo turbaron en gran manera. Y aunque muchos teólogos y líderes de la iglesia fueron en principio escépticos y en algunos casos se opusieron extremadamente a sus puntos de vista; al mismo tiempo, muchos cristianos que eran científicos líderes en paleontología, geología, biología y zoología aceptaron, corrigieron y mejoraron el trabajo de Darwin.

En la actualidad, muchos cristianos que son líderes en distintos campos de la ciencia tratan temas sobre la evolución y la creación. Entre ellos se encuentra Francis Collins que encabezó el proyecto del genoma humano.[200] Muchos cristianos consagrados han escrito libros como *El planeta privilegiado*, donde se establecen argumentos sólidos sobre la creación divina, la inmensa edad del universo y la evolución de la vida en la tierra.[201] Los lectores deben saber que la brecha que separaba la ciencia de la fe ha desaparecido hace tiempo. Los eruditos y científicos cristianos reconocen que, en realidad, la Escritura y la ciencia se complementan.

Sin embargo, luego de que Darwin publicara sus libros de gran influencia en el siglo XIX, algunos entendieron que esta nueva ciencia significaba que ya no era necesario hacer referencia a Dios. Para ellos, directamente no había ninguna relación entre la ciencia y la fe en Dios. Por el contrario, la ciencia significaba el fin de Dios. La edad de la tierra (millones de años, en lugar de miles) entraba en conflicto con lo que establecía la Biblia.[202] La evolución biológica proporcionaba una explicación natural que excluía la obra de un Creador divino. La mente misma, como veremos más adelante, fue concebida bajo una información nueva que algunos creían que negaba la espiritualidad e incluso la moral. En resumen, Dios se volvió innecesario, un poco más que una reliquia de un pasado supersticioso. Involuntariamente, Darwin contribuyó con esta nueva cosmovisión que concordaba con los pensamientos de hombres como Ludwig Feuerbach y Karl Marx.

Karl Marx

Karl Marx nació en una familia judía en 1818 en Trier, Prusia (Confederación Germánica). Estudió economía política y filosofía hegeliana en las universidades de Bonn, Berlín y Jena. Demasiado influenciado por Feuerbach,[203] Marx adoptó la filosofía materialista y desarrolló una comprensión materialista de la historia, con un enfoque en economía y lucha de clases principalmente. En su opinión, la historia de la humanidad giraba en torno a la lucha de las clases, una lucha provocada en gran medida por la desigualdad económica. La forma determinista en que Hegel comprendía la historia fue la base para las visiones posteriores de Marx.[204]

Heinrich, el padre de Marx, nominalmente convertido al luteranismo para evitar el prejuicio antisemita que lamentablemente existía en Alemania en el siglo XIX. Karl y sus hermanos fueron bautizados, aunque la familia no participaba en las actividades de la iglesia. En su adolescencia, Marx formó parte de un grupo político radical. También se unió a un club de bebedores. Se metió en problemas varias veces y, en una oportunidad, participó de un duelo. Debido a problemas académicos, tuvo que ser transferido de la Universidad de Bonn a la de Berlín. En esta última, Marx estudió derecho, pero estaba más interesado en filosofía. En 1840, a sus veintidós años, ya era un ateo comprometido que comenzó a trabajar con Bruno Bauer, ateo e historiador radical que fomentaba la idea inconcebible de que Jesús de Nazaret no era un personaje histórico verdadero.[205] Durante un tiempo, Marx y Bauer fueron grandes amigos. A veces iban a la iglesia y se reían y hablaban en voz alta en los servicios dominicales para faltar el respeto, o se emborrachaban en público.[206] Luego, esta amistad llegó a su fin.

En 1843, Marx y su esposa se mudaron a París, donde Marx se involucró con un grupo de escritores y activistas que tenían como objetivo unir a los radicales alemanes y franceses. Al año siguiente, Marx conoció a Friedrich Engels, con quien entabló una amistad y trabajó durante los últimos años de su vida. Mientras se encontraba en París, Marx comenzó a estudiar economía política. En 1845, Marx y Engels se mudaron a Bruselas, donde publicaron el panfleto *Manifesto del partido comunista* más adelante conocido como el *Manifiesto comunista*. Luego de su publicación en 1848, generó tal controversia que incluso provocó una conspiración para derrocar al rey francés Luis Felipe.

Marx abandonó Bruselas y se mudó a Colonia donde vivió alrededor de un año. En 1849 se mudó a Londres donde vivió hasta los últimos días de su vida. Para poder mantener a su familia escribió columnas para varios periódicos, entre los cuales se encontraba el *New York Tribune*. Él y su familia se encontraban en la pobreza constantemente. Solo tres de sus hijos alcanzaron la edad adulta. El propio Marx estaba afectado por su débil salud. Falleció a los sesenta y cuatro años. Muchos admiten que tanto su pobreza personal como su delicada salud influenciaron sus ideas. Marx escribió su obra más importante mientras se encontraba en Londres: *El capital: Crítica de la economía política*.[207]

Si evaluamos el pensamiento de Marx podemos ver que es complejo, pero no especialmente complicado. Algunas de sus observaciones eran razonables y la mayoría de sus preocupaciones eran justas, incluso aunque fuera en un sentido muy abstracto e hipotético. Después de todo, durante su vida, la revolución industrial creó nuevos empleos, pero en muchos de ellos, los empleadores explotaban a los trabajadores y los sometían a condiciones de trabajo poco saludables y peligrosas (las cuales el propio Marx nunca observó personalmente). Marx creía acertadamente que eso conduciría al conflicto. Asimismo, estaba en lo cierto cuando se dio cuenta de que la historia se estaba proyectando en su gran mayoría hacia el socialismo, donde las personas reunirían cada vez más recursos para el bien común.

Sin embargo, la mayor parte de su análisis fue deficiente, ingenuo y, a veces, completamente deshonesto.[208] Se decía que a Marx "no le interesaba encontrar la verdad, sino declararla."[209] De hecho, Marx no tenía ninguna noción sobre finanzas o economía. Les pedía prestado dinero a sus familiares y amigos y rara vez les retribuía con su agradecimiento. Durante muchos años Engels le pagaba un salario.

La comprensión de Marx acerca de la humanidad era limitada, mayormente debido a sus compromisos materialistas y a su total rechazo de la dimensión espiritual en las personas. "Somos los simios de un Dios cruel" afirmó una vez.[210] Marx tenía una mirada apocalíptica de la historia. Su interpretación de la historia era una forma de escatología. Él sabía lo que vendría; hablaba del "día del juicio" y de la destrucción ardiente de las ciudades.[211] No se trataba de ciencia o conocimiento, sino de pura poesía salvaje. Si Marx hubiese creído en Dios, probablemente la gran mayoría de las personas lo habría catalogado como un lunático religioso. Esta escatología estaba basada mayormente en lo que Marx consideraba una injusticia económica.

A pesar de lo que Marx creía, no todas las acciones y pensamientos de las personas se basan en intereses económicos. Algunas personas fundamentan sus decisiones basadas en diversos motivos o en sus compromisos religiosos. Por supuesto que Marx consideraba que los motivos religiosos eran desacertados. En su opinión, la religión y sus promesas de recompensas celestiales no dejaban que el pueblo contemplara la realidad de la injusticia económica de ese momento. Marx pensaba que creer en Dios producía opresión en las personas, que en efecto las drogaba para que no contemplaran la realidad en la cual vivían y la necesidad urgente de un cambio.

A partir de este pensamiento es que Marx declara que la religión es "el opio del pueblo."[212] A continuación consideraremos el pasaje completo en donde establece esta afirmación:

> *La miseria religiosa es, al mismo tiempo, la expresión de la miseria real y la protesta contra ella. La religión es el sollozo de la criatura oprimida, es el significado real del mundo sin corazón, así como es el espíritu de una época privada de espíritu. Es el opio del pueblo. La eliminación de la religión como ilusoria felicidad del pueblo, es la condición para su felicidad real.*

> *El estímulo para disipar las ilusiones de la propia condición, es el impulso que ha de eliminar un estado que tiene necesidad de las ilusiones.*[213]

Esta afirmación no es ni más ni menos que una tautología: A es igual a B porque B es igual a A, o algo similar. Existía poca evidencia, o ninguna, para la gran mayoría de lo que asumía Marx. Su declaración también fue condescendiente ya que creía que conocía mejor que los demás lo que ellos mismos experimentaban con su fe y el motivo por el cual la buscaban. Por supuesto que Marx era un ateo comprometido y, por lo tanto, no podía comprender la conexión con Dios o con el mundo espiritual. Él mismo declaró que el mundo "no tiene corazón", ni "espíritu." ¿Por qué pensaba de esa forma o cómo había llegado a esa conclusión? Simplemente porque, para él, las personas trabajaban duro y se les pagaba poco. Por supuesto que hay mucho más que eso en la condición humana. Sin embargo, debido a su materialismo, Marx no pudo encontrar la solución para la problemática de la humanidad.[214]

Lo irónico es que su comprensión del mundo y de la condición humana era en sí misma una forma de religión, aunque estuviera disfrazada de ateísmo y vida secular. Dentro de su comprensión de la historia materialista se encontraba la escatología, una meta, un propósito, hacia el cual se dirige inexorablemente la humanidad. ¿Cómo lo sabía? ¡Porque lo creía! ¿Por qué otro motivo podría ser? Marx creía con gran devoción que el cielo se obtendría en la tierra. Sería un nuevo jardín del Edén, un nuevo paraíso, una utopía en la cual todos vivirían juntos en paz y armonía; una sociedad en la cual no existiría el egoísmo, la avaricia y el deseo de poder.

La escatología de Marx poco difiere de la escatología del judaísmo y del cristianismo. La única diferencia es que Marx creía que la revolución económica y el empoderamiento de la clase trabajadora provocarían este notable acto de salvación. Sin embargo, en ese punto es exactamente donde el marxismo es débil: juzga erróneamente la condición humana, y se convence de que la solución para los problemas de la humanidad es reemplazar el trabajo administrativo por el trabajo manual.

Quisiera agregar que, aunque muchos arquitectos del comunismo tuvieron buenas intenciones, y esperaban que bajo un socialismo extremo mejorara la condición humana, sus ideas y prácticas fracasaron, a veces estrepitosamente. La Rusia comunista y la Unión Soviética, originadas a través de la fuerza militar, colapsaron en 1990. China comunista, aunque sigue siendo una tiranía unipersonal, ahora acepta la libre empresa, las grandes empresas y el comercio. Como resultado, su economía que había estado estancada y atrasada, ahora prospera y tiene una clase media que va en crecimiento. El fallecido Hugo Chávez, dictador de Venezuela, logró destruir con sus políticas marxistas lo que una vez fue una economía relativamente próspera, basada en el petróleo. Ahora que el dictador está muerto, su economía está muerta con él. El único país comunista tradicional que queda es Cuba, cuya economía se sostiene con soporte vital y en el cual sus habitantes se encuentran en la miseria. Cuando se extinga el régimen de los Castro, el comunismo tenderá a desaparecer rápidamente.

En mi reciente visita a Cuba, aprendí que la familia promedio vive con veinte a treinta dólares por mes (no diarios). En el caso de muchas familias, el dinero y la comida se acaban antes de llegar a fin de mes y del próximo pago. Muchas de estas familias no se mueren de hambre gracias a las bananas, mangos, guayabas y papayas que crecen por todas partes. Si alguna vez existió una "República de las bananas", esa fue Cuba. Sin embargo, no es comida lo que anhelan los cubanos; ellos están hambrientos del mensaje de Cristo. El comunismo ateo ha dejado al pueblo cubano hambriento espiritualmente. Incluso Raúl Castro, el actual dictador de Cuba y hermano del difunto Fidel Castro, sostuvo que existía la posibilidad de que él personalmente regresara a la iglesia.[215] El hecho de que estén surgiendo pequeñas iglesias por todas partes, es una señal de que están por ocurrir grandes cambios en Cuba.

En el siguiente capítulo, consideraremos al últimos de los cinco grandes intelectuales que sentaron las bases para las batallas entre el bien y el mal en el siglo XX.

CAPÍTULO 7

La deshumanización de la humanidad

El segundo gran mandamiento, que es la base de la fe cristiana, es el siguiente: Amarás a tu prójimo como a ti mismo. Si Sigmund Freud lo hubiera escrito a su manera, el mandato sería totalmente distinto: "Amarás a tu prójimo como tu prójimo te ame a ti."[216] Freud, el padre del psicoanálisis, estaba en total desacuerdo con la ética cristiana, en especial con la idea de que todos debían ser amados. "No todos los seres humanos merecen ser amados," escribió en 1930. "Si amo a alguien es preciso que éste lo merezca por cualquier título... Merecería mi amor si se me asemejara en aspectos importantes, a punto tal que pudiera amar en él a mí mismo; lo merecería si fuera más perfecto de lo que yo soy, en tal medida que pudiera amar en él al ideal de mi propia persona..."[217]

Freud y Nietzsche han influenciado la cultura occidental ampliamente. Nietzsche sentó las bases para destruir el alma de una nación. Freud descubrió la manera de destruir el alma de los individuos. Sin lugar a dudas, el peor de los grandes cinco del siglo XIX fue Friedrich Wilhelm Nietzsche.

Friedrich Wilhelm Nietzsche

Nietzsche nació en 1844 en un pequeño pueblo cerca de Leipzig, Sajonia (Prusia). Su padre, un pastor luterano, falleció pocos meses antes de que Nietzsche cumpliera cinco años. Él tenía una relación muy cercana con su padre, por eso su pérdida fue un golpe fuerte, al cual se refirió más adelante en su vida. Su madre viuda, comenzó a recibir una pensión que le permitió a Nietzsche asistir a una preparatoria prestigiosa. Su desarrollo académico era mediocre; su preferencia por las materias y recreación era excéntrica, casi desagradable. Debido a su problema con el alcohol fue degradado de su clase.

En 1864, Nietzsche se inscribió en la Universidad de Bonn y comenzó a estudiar teología y filosofía clásica. Esto es difícil de entender, ya que dos años antes Nietzsche había escrito un artículo en el cual establecía que los estudios académicos cuestionaban y habían puesto en duda los elementos fundamentales de la fe cristiana.[218] Luego de un año de estudiar en Bonn, Nietzsche perdió interés en prepararse para el ministerio luterano; además, había abandonado su fe.

Nietzsche regresó a Leipzig donde estudió las obras de Arthur Schopenhauer, un ateo y defensor del pesimismo filosófico, quien supuestamente le "hacía frente" a la realidad negativa del mundo, negándose a recurrir a la esperanza o a la fe. Sus obras influenciaron en gran manera a Nietzsche. En 1866, Nietzsche leyó una obra influyente acerca del materialismo de Albert Lange, quien también era ateo.[219] Ese trabajo también influenció mucho al joven Nietzsche.[220] Luego de una breve temporada en el ejército, Nietzsche fue nombrado profesor de filología en la Universidad de Basilea, en Suiza. Tenía tan solo veinticuatro años y aún no había recibido su doctorado ni habilitación.

Durante la guerra franco-prusiana (1870-1871), Nietzsche sirvió como enfermero auxiliar. Padeció varias enfermedades, entre ellas, sífilis. Al terminar la guerra, regresó a Basilea, pero sus publicaciones no causaron demasiado entusiasmo. Nietzsche se vio obligado a retirarse en 1878 debido a su salud en deterioro. Sorprendentemente, durante la década de 1880, se mantuvo productivo pese a su débil salud y a su creciente dependencia del opio. En el libro que publicó en 1882, *La Gaya Ciencia*, Nietzsche escribió quizás la frase más conocida en filosofía: "Dios está muerto." Un año más tarde, completó la primera parte de *Así habló Zaratustra*. Cerca del final de su vida, escribió obras polémicas que atacaban al cristianismo o a los valores cristianos, ya sea directa o indirectamente. Entre esas obras se encuentran *Más allá del bien y del mal* (1886), *La genealogía de la moral* (1887), *El ocaso de los ídolos* (1888) y *El anticristo* (1895).[221] Comenzó a escribir una autobiografía que planeaba llamar *Ecce Homo* [He aquí el hombre], que hace alusión al momento en que Pilato se refirió a Jesús cuando este compareció ante una multitud que quería crucificarlo.[222] Los temas de algunos de estos libros se centraban en la muerte de Dios, el relativismo moral, el racismo ario y la venida de un Übermensch, que recibió múltiples traducciones entre ellas "suprahombre", "sobrehombre" o "superhombre." Este último, lo discutiremos después con más detalle.

Mientras visitaba Turín, Italia, en el año 1889, Nietzsche desarrolló un grave desorden psicológico,[223] del cual nunca se recuperó. Antes de su muerte, escribió algunas cartas extrañas entre las cuales hablaba de que Caifás (el sumo sacerdote judío que condenó a Jesús) había sido crucificado por médicos alemanes, además de varias instrucciones y opiniones sin sentido, que incluían comentarios acerca de política y de religión (incluso incluyó una carta para el Papa). Nietzsche quedó al cuidado de su familia y amigos, estuvo internado en clínicas, y finalmente con demencia y al menos un colapso mental, murió en agosto de 1900, a la edad de cincuenta y cinco años. Muchos historiadores continúan debatiendo la causa de su muerte.[224] Una pregunta que todavía persiste en el tiempo es si Nietzsche estaba en su sano juicio cuando escribió sus obras en la década de 1880.[225]

¿Superhombre?

El concepto más conocido de Nietzsche es el de superhombre.[226] Sin embargo, el *Superman* de Nietzsche no se asemeja en ningún aspecto al personaje del cómic que llevó el mismo nombre de la década de 1930 que fue un éxito en la televisión y en el cine. Éste último era un ser bondadoso de otro mundo; el de Nietzsche es un monstruo de este mundo. Superman y su alter ego, Clark Kent, luchaban para servir y proteger a la humanidad. Era una especie de salvador. El superhombre de Nietzsche deseaba dominar a la humanidad y, de ser necesario, sacrificar el "rebaño" humano. Claramente, estaba lejos de ser un salvador.

Quizás usted haya escuchado acerca de Nietzsche y de su fantasía del superhombre de una manera más positiva e inofensiva. Muchos profesores universitarios de filosofía, literatura y teoría política hablan maravillas de este hombre demente. Sin embargo, si usted lee su obra completa, no los resúmenes abreviados y editados, encontrará que existen muy pocas cosas que se pueden considerar positivas y que no hay absolutamente nada inofensivo en la manera en que Nietzsche entendía el existencialismo y la forma en que él creía que debía vivir una persona auténtica y legítima. Con verdadera causa, Nietzsche podría describirse justamente como el padrino del nazismo y el fascismo.

El historiador Richard Weikart acertadamente destacó que el compromiso que Nietzsche tenía con el ateísmo lo llevó a deshumanizar a la humanidad. Nietzsche rechazaba la idea de que el hombre había sido creado a imagen de Dios y creía que el hombre no era más que un animal de dos patas. Asimismo, Nietzsche lo expresó, dirigiéndose a todos nosotros: "Habéis recorrido el camino que lleva desde el gusano hasta el hombre, y muchas cosas en vosotros continúan siendo gusano. En otro tiempo fuisteis monos, y también ahora es el hombre más mono que cualquier mono."[227]

Nietzsche no solo no creía en Dios, sino que odiaba el cristianismo. Desde su perspectiva, seguir al Jesús crucificado significaba rechazar la vida.

Tampoco creía en la igualdad. Algunos hombres eran superiores a otros (y los hombres eran superiores a las mujeres). Enfatizó que los hombres superiores debían reproducirse de manera tal que hicieran progresar aún más a la humanidad, mientras que los menos avanzados debían ser sometidos a la esclavitud.[228]

Nietzsche estableció que "la mayoría de los hombres no tiene derecho a existir, pero son un infortunio para los hombres superiores."[229] El hombre más superior es, según Nietzsche, el superhombre. Nietzsche no hablaba con metáforas; su intención realmente era la de expresar eso mismo, que la destrucción de la mayoría de la humanidad para beneficiar a "las especies más nobles, constituiría indudablemente un progreso."[230] Entre aquellos que debían ser destruidos, incluía a los que sufrían alguna discapacidad física o mental.

En cierta forma, Nietzsche proclamaba la pura verdad del ateísmo, en el cual realmente no hay moral, sino una clase de ley de la jungla, donde sobrevive el fuerte y el agresivo. Se refería a la moral cristiana como la "moral de la compasión" porque era débil y protegía a los débiles,[231] y "preservaba lo que es propicio para la destrucción."[232] Aunque vivimos en una sociedad muy competitiva, como seguidores de Jesús es necesario que rechacemos la noción de "avanzar a cualquier precio", y la reemplacemos por el ejemplo de liderazgo servicial que vemos en la vida de Jesús.

Nietzsche recomendaba el suicidio y el infanticidio, instaba a los médicos a que asesinaran a los minusválidos e incentivaba a los ancianos y a los enfermos a terminar con sus vidas, ya que "después del sentido de la vida, el derecho a vivir, se había perdido."[233] El hecho de que Nietzsche haya afirmado esto era muy llamativo, si recordamos que él mismo estuvo enfermo por muchos años y necesitaba que lo cuidaran a diario. Es particularmente inquietante la facilidad con la que podía hablar sin rodeos sobre la idea de perder el "derecho a la vida." Por supuesto, en el mundo de Nietzsche no existían los derechos inalienables como los establecía la declaración de la independencia de Estados Unidos de América. En su opinión, los débiles y enfermos no tenían el derecho a la vida; al contrario, debían ser sacrificados del "rebaño" de la humanidad.

Si se hubieran ignorado estos delirios, prácticamente no habrían causado ningún daño. Lamentablemente, y de manera inimaginable, muchas personas leyeron a Nietzsche y encontraron gran fanatismo, inspiración y el sueño de un nuevo mundo en sus palabras de odio y extrema intolerancia. Luego de las repercusiones de Hitler y de Mussolini, algunos apologistas intentaron aplacar la locura y minimizar la depravación en un esfuerzo por representar a Nietzsche de una forma más humana e incluso benigna. Sin embargo, dichos esfuerzos resultaron ser deshonestos y poco convincentes.[234] Como acertadamente remarcó un crítico: "La filosofía de Nietzsche autoriza las atrocidades de alguien como Hitler."[235]

Nietzsche fue de gran influencia para muchas personas, entre ellas algunas que estaban en el poder y, por lo tanto, tenían la posibilidad de implementar su descabellada filosofía. Una de estas personas fue Benito Mussolini, el dictador italiano que estuvo en el poder antes y durante la Segunda Guerra Mundial. Adolf Hitler y Josef Stalin fueron otros de sus discípulos. Como veremos más adelante, aquellos que practican la fuerza bruta recurren voluntariamente a la filosofía para justificarse, sin importar sus inclinaciones políticas, ya sean de derecha o de izquierda.

A principios del siglo XX muchos otros adoptaron la filosofía de Nietzsche, como Martin Heidegger, Jean-Paul Sartre y Michel Foucault. Las acciones y creencias de estos hombres fueron horrorosas y, sorprendentemente, muchas personas en las universidades y medios de comunicación actuales las aprueban. Sus filosofías nietzscheanas merecen una crítica contundente.[236]

Sigmund Freud

Sigismund Schlomo Freud, más conocido como Sigmund Freud, nació en una familia judía en 1856, en Freiberg, Mähren, Moravia, del Imperio austríaco (actualmente Příbor, República Checa).[237] En 1881 recibió su doctorado en medicina en la Universidad de Viena. Algunos años más tarde, ejerció como médico en esa ciudad. En 1902, fue nombrado profesor adjunto en la Universidad de Viena. Freud permaneció en Viena hasta que tuvo que huir a Austria en 1938, luego de la toma del poder nazi. Falleció en Inglaterra al año siguiente.

En su juventud, Freud fue influenciado por Schopenhauer, Darwin y Nietzsche. Como ateo interpretaba la mente humana en términos materialistas. Freud se volvió famoso por su desarrollo y práctica del psicoanálisis, en especial por su teoría de que la psicología humana está gobernada por la sexualidad o, más específicamente, por el complejo de Edipo (donde los niños se sienten sexualmente atraídos por el padre del sexo opuesto). Freud creía que los niños y las niñas experimentaban el complejo de diferentes maneras; los varones temían ser castrados y las mujeres envidiaban los genitales masculinos. Según Freud, la imposibilidad de resolver el complejo podía terminar en pedofilia y homosexualidad. Sin necesidad de apoyar la teoría de Freud, las investigaciones modernas han comprobado que los niños que han sido abusados sexualmente son mucho más proclives a involucrarse en violaciones o pedofilia, o a adoptar un estilo de vida homosexual o transgénero.[238] Aunque todavía está en discusión el valor médico del legado de Freud, no hay demasiada duda de su gran influencia en la cultura popular.

Freud consideraba que creer en Dios era algo ilusorio. Lo veía como una intención de satisfacer la necesidad de que un niño tenga una figura paterna en quien apoyarse y confiar. En su opinión, la religión es poco más que un apoyo psicológico.[239] Podría ser descrita como la "neurosis obsesiva humana universal."[240] Creer en Dios es "evidentemente infantil" y equivale a un "delirio colectivo."[241] Con este punto de vista, Freud se adelantó aproximadamente unos ochenta años a la obra pésimamente investigada de Richard Dawkins, pero que a pesar de eso se volvió un éxito en ventas: *El espejismo de Dios*. Si tenemos en cuenta que menos del cinco por ciento de la población es atea comprometida, esto equivale a una evaluación bastante errónea de *la mayor parte de la humanidad*.

Aunque Freud mismo admitió que al comienzo de la civilización humana el hecho de creer en Dios fue útil para frenar las tendencias violentas de la humanidad, en la actualidad ya no cumple con ese propósito. Ahora, esa fe en Dios debe ser reemplazada por la ciencia y la razón.[242] Por supuesto que es irónico que los peores actos de violencia de la humanidad han ocurrido recientemente y han sido provocados por ateos que supuestamente fueron guiados por la ciencia y la razón. Trataré este tema más adelante, pero, por el momento, no debe pasar inadvertido que Freud asumía que la fe en Dios y la ciencia se oponían entre sí, y que siempre sería de ese modo.[243] Por esto mismo, fue en su condición de ateo que Freud desarrolló su teoría y práctica del psicoanálisis.[244]

Un gran sustento para el complejo de Edipo propuesto por Freud fue la idea de que las sociedades primitivas pertenecieron a la cultura del tótem, en las cuales se comían literalmente al padre. Poco después de que Freud avanzara con su hipótesis, el etnólogo Wilhelm Schmidt derribó su idea. Este último demostró que tanto las culturas antiguas, como las culturas primitivas contemporáneas, simplemente no presentaban las características que sugería Freud. Un dato para considerar es que la mayoría de las culturas primitivas eran monoteístas. El monoteísmo parece ser la forma original de la Deidad, mientras que el politeísmo sería una representación de los desvíos y distorsiones del antiguo monoteísmo. Freud nunca abandonó su base antropológica, a pesar de las fallas que presentaba su fundamento.[245]

Freud consideraba el amor no solo como un sentimiento recíproco, sino, sobre todo, como un sentimiento narcisista; el amor por los demás es, en realidad, amor hacia nosotros mismos, o por lo menos es lo que debería ser. Contrario al énfasis que realiza el cristianismo acerca del amor ágape (amor desinteresado) Freud opinaba que la ética del amor debía basarse en *eros* (amor sexual).[246] Para Freud no existía la gracia. Podría considerarse que la crítica de Freud revela mucho más acerca de él mismo que de una ética que pueda aplicarse de manera universal.

Uno no puede evitar preguntarse si la preocupación de Freud en torno al sexo estaba más relacionada con sus propios problemas que con un estudio objetivo de la ciencia de la mente y del alma. Freud responsabilizaba su adicción al tabaco como un sustituto de la masturbación.[247] Además, existen pruebas contundentes de que Freud mantenía un romance con su cuñada.[248] Freud consumía cocaína regularmente y escribió una serie de ensayos en los que destacaba sus beneficios; uno de ellos era aliviar e incluso curar problemas mentales.[249] Es de gran conocimiento que Freud alentó a su amigo Ernst von Fleischl-Marxow a consumir cocaína para ponerle fin a su adicción a la morfina, a la cual recurría para calmar su dolor crónico. Sin embargo, el uso de la cocaína le generó graves problemas mentales. Fleischl-Marxow volvió a aplicarse morfina nuevamente y, poco tiempo después, falleció.[250] Luego de este episodio, Freud no volvió a recomendar públicamente el uso del narcótico.[251]

En términos profesionales, la mayor desgracia bochornosa de Freud estuvo relacionada con su antiguo amigo y colega Wilhelm Fliess, especialista de oído, nariz y garganta. Freud y Fliess compartían la misma visión con respecto a sus ideas radicales sobre la sexualidad.

Fliess promocionó la idea pesudocientífica de los biorritmos, la cual planteaba que el hombre y la mujer atravesaban ciclos fijos, y un concepto dudoso al que él llamaba "neurosis refleja nasal."[252] En referencia a este último concepto, Fliess creía que la nariz y los genitales estaban relacionados, y estaba convencido de que el tratamiento de uno podía ayudar al otro. Freud aceptó esta extraña idea y permitió que Fliess operara su nariz y sus senos paranasales, supuestamente, para curar su propia neurosis.

Siguiendo el consejo de Freud, una mujer llamada Emma Eckstein, que padecía depresión premenstrual y (según Freud) se "masturbaba de una forma excesiva," accedió a que Fliess extirpara quirúrgicamente un hueso de su nariz. Luego de la cirugía, Eckstein casi murió desangrada. Durante los días y semanas subsiguientes desarrolló una infección sumamente grave, que también casi acaba con su vida (la infección llegó a su fin cuando otro cirujano extrajo de sus senos paranasales ¡medio metro de gasa que Fliess había olvidado dentro!). A sus veintisiete años, Eckstein quedó terriblemente desfigurada, con el lado izquierdo de su cara hundido. Freud le echó la culpa a la misma Eckstein, al sugerir que sus hemorragias habían sido provocadas psicológicamente y que, a su vez, habían sido causadas por su deseo de afecto.[253] Evidentemente, Freud no logró percibir la completa charlatanería de la teoría y del procedimiento. Más adelante, Freud se distanció de Fliess y en 1906 terminó completamente su amistad con él. Eckstein se recibió de psiquiatra.

Freud falleció a causa de una sobredosis de morfina aplicada con asistencia médica. Venía padeciendo desde hacía varios años un tumor cancerígeno en su boca, que se propagó a su mandíbula. Las cirugías y tratamientos médicos desaceleraron la propagación del cáncer, pero cuando no pudo soportar más el dolor y la incomodidad, Freud convocó a su amigo y colega médico, Max Schur, para que le ayudara a administrarle una dosis letal de morfina. Schur así lo hizo y Freud falleció en septiembre de 1939.[254]

Algunas investigaciones recientes acerca de la vida personal de Freud han planteado serios interrogantes acerca de la integridad y la validez de su trabajo y sus teorías sobre la psicología humana. La correspondencia personal de Freud, junto con lo que se conocía sobre él, sugieren fuertemente que Freud se involucró sexualmente con su cuñada Minna Bernays.[255] Este amorío incestuoso, sumado al odio que Freud sentía por su padre, probablemente explican por qué defendía el complejo de Edipo, en el cual el hijo destruye a su padre y tiene relaciones sexuales con su madre. Freud temía que, si esta relación ilícita se hacía pública, tanto él como su teoría perderían total credibilidad.[256] El romance es ahora de público conocimiento y, como él tanto temía, su credibilidad quedó debilitada.

Sin dudas, su comportamiento inmoral y poco profesional marcaron su reputación. Sin embargo, no hay que desmerecer todas sus percepciones. Su idea de que la fe en Dios está relacionada, en cierta forma, con la relación que uno tiene con su propio padre, es sugerente, aunque no en el modo en que él la plantea. En el próximo capítulo examinaremos el vínculo psicológico entre la fe y el padre.

CAPÍTULO 8

El ateísmo y el alma quebrantada

Entonces, ¿por qué Nietzsche, Freud y los otros grandes cinco pensadores se comportaron tan mal y continuaron promoviendo ideas equivocadas que todavía siguen haciendo daño y siguen marginando a los individuos en la actualidad?

Este tema fue abordado en *Los intelectuales*, un libro muy bien investigado, escrito por Paul Johnson, acerca de los pensadores que fueron de influencia en occidente. Desde Karl Marx y Percy Shelley, hasta Victor Gollancz y Lillian Hellman, Johnson demuestra la forma en que hombres y mujeres distinguidos permitieron que su perversión personal contaminara su investigación, su pensamiento y su escritura. Los registros son tan lamentables que Johnson teme que el público en general no confíe más en ningún intelectual. Y en esta era actual de internet, donde cualquier persona puede acceder en un instante a cualquier pensamiento o teoría, sin importar cuan descabellado o dañino sea, la preocupación de Johnson parece tener un buen fundamento. Johnson sostiene que "una de las lecciones principales de este trágico siglo es: hay que tener cuidado con los intelectuales." Afirma que lo que los hace tan peligrosos es su habilidad para "crear climas de opinión y ortodoxias prevalecientes, que a su vez generan en muchos casos cursos de acción irracionales y destructivos."[257]

La historia es testigo de esta cruda verdad. Las teorías y doctrinas de muchos de estos intelectuales, en definitiva, son deshumanizantes, que no es algo muy difícil de desentrañar, dado que el nihilismo es la base de su manera de entender la vida.

El mal comportamiento y las malas ideas tienen su origen en la corrupción y en el colapso espiritual. Michael Jones, autor de *Degenerate Moderns* [Modernos degenerados],[258] establece que la fuente del problema radica en la decisión de alejarse de Dios y de la visión judeo-cristiana que se desarrolla cuando creemos en Dios. Cuando un intelectual abandona la moral, la mayoría de las veces debido a algún asunto sexual, ahí es cuando surge el problema. Si se puede encontrar una teoría o argumento que aclare o, mejor dicho, justifique dicho comportamiento, resulta algo muy conveniente. Una teoría creada por uno mismo alivia el sentido de culpa. La persona se siente libre de pecado, no a través del arrepentimiento, sino por haber corrompido o destruido completamente el código moral. Por supuesto, deshacerse del código moral en la mayoría de los casos implica deshacerse de Dios. No es de extrañar que la mayoría de los intelectuales que actúan mal sean ateos.

Uno de los aspectos más interesantes del trabajo de Sigmund Freud fue el vínculo que propuso que existía entre la psicología humana y la fe en Dios. En un pasaje frecuentemente citado y muy discutido, Freud afirmó: "El psicoanálisis nos ha descubierto una íntima conexión entre el complejo del padre y la creencia en Dios y nos ha mostrado que el Dios personal no es, psicológicamente, sino una superación del padre, revelándonos innumerables casos de sujetos jóvenes que pierden la fe religiosa en cuanto cae por tierra para ellos la autoridad paterna."[259] Freud planteaba que la fe en Dios satisface el deseo de una relación cercana con un padre.

Sin embargo, la idea de satisfacer un deseo se da en ambos sentidos. El ateísmo, el rechazo de Dios, puede fácilmente explicarse como la pérdida del respeto de un hijo por alguno de sus padres, especialmente por su padre. Rechazar al padre terrenal (por cualquier razón) proporciona la motivación necesaria para negar al Padre celestial.

El vínculo de la relación con un padre, ya sea una relación saludable o no, o que promueva o no la fe en Dios, no confirma ni refuta la existencia de Dios. Sin embargo, es una posible explicación del furioso ateísmo que ha existido en los tiempos modernos. Asimismo, también podría explicar cómo es que se puede llegar a ver el mundo mismo de maneras radicalmente distintas.

Observemos las reacciones opuestas con respecto a la naturaleza expresadas por el poeta inglés William Wordsworth en 1798 y por el escéptico alemán Arthur Schopenhauer en 1818. Wordsworth observó la belleza en el mundo y creyó que esta demostraba la bondad de Dios. Schopenhauer solo pudo ver sufrimiento y dolor, por lo que concluyó que no podía existir Dios.[260] ¿Cuál de las dos deducciones refleja la verdad? ¿El mundo es bueno o malo? ¿El mundo tiene un propósito? ¿O simplemente no lo tiene?

En la actualidad, dos siglos después de Wordsworth y Shopenhauer, podemos comparar al teísta C. S. Lewis, quien manifestó haber sido "cautivado por la alegría,"[261] con el ateo Richard Dawkins, que habló sobre la "indiferencia despiadada"[262] de la naturaleza. El contraste de las dos perspectivas es muy marcado.

Por qué las personas rechazan a Dios

Las personas le dan la espalda a Dios por muchas razones, pero es especialmente preocupante cuando adoptan el ateísmo para justificar sus argumentos contra la ética y la moral cristianas que están relacionadas con el comportamiento sexual. Para resumir, el ateísmo es muy complaciente con un estilo de vida de promiscuidad sexual.[263] Este es el trasfondo de varios ateos destacados, incluídos Jean Jacques Rousseau, que engendró cinco hijos fuera del matrimonio y los abandonó a todos; Percy Bysshe Shelley, un embustero y adúltero; Karl Marx, un adúltero y racista; Leo Tolstoy, un adúltero y adicto al juego que no respetaba a su esposa; Bertrand Russell, un adúltero serial y seductor de mujeres estudiantes, y Jean-Paul Sartre, también seductor de estudiantes mujeres.[264] El comportamiento de Russell y de Sartre fue especialmente escandaloso. En la actualidad, estos hombres serían expulsados de sus puestos académicos y, muy probablemente, serían procesados legalmente. En efecto, no se puede preparar una torta y comerla al mismo tiempo. El ateísmo es muy elitista, lo cual es algo irónico ya que se presenta a sí mismo como la religión del hombre común. La realidad es que en su elitismo actúa como si las tradiciones, las leyes y las restricciones que los seres humanos han adoptado casi de manera universal no aplicaran para los ateos.

Lo que debería preocuparnos bastante es que muchos de estos ateos intelectuales no fueron honestos en sus investigaciones. En efecto, los métodos y los resultados de sus "investigaciones" fueron manipulados para poder llegar a las conclusiones deseadas. En los próximos párrafos describiré brevemente algunos de los ejemplos más destacados. Comenzaré con Aldous Huxley ya que confesó abiertamente esta tendencia por su parte y por parte de otros intelectuales con la misma mentalidad.

Aldous Huxley

El destacado ateo Aldous Huxley (1894-1963) no intentó en lo más mínimo esconder los motivos detrás de su propio ateísmo y del ateísmo de algunos de sus semejantes.

> Para mí, y sin duda, para la mayoría de mis contemporáneos, la filosofía de la insignificancia fue esencialmente un instrumento

> de liberación. La liberación que deseábamos era, al mismo tiempo, la liberación de cierto sistema político y económico y de cierto sistema moral. Nosotros *objetamos a la moral ya que esta interfería con nuestra libertad sexual.*[265]

Huxley no solamente admitió que su decisión, y la de sus compañeros ateos, de elegir el nihilismo ético (esto es, la "filosofía de la insignificancia") fue motivada por un deseo de eliminar cualquier cosa que "interfiriera con su libertad sexual," sino que también admitió que su preferencia por el nihilismo limitaba su integridad académica. Huxley le informó a sus lectores: "No sabemos *porque no queremos saber…* Aquellos que no encuentran significado en el mundo generalmente no lo hacen porque… *les conviene a sus libros que el mundo no tenga sentido*."[266] Esta es una confesión extraordinaria, y en particular por su franqueza. Debemos preguntarnos si, como lo hizo Schopenhauer tiempo atrás, los ateos solo perciben horror y sinsentido en el mundo porque es lo que prefieren percibir. Los ateos simplemente no están dispuestos a ver más allá, a descubrir la bondad y el propósito de la vida, y el poder divino que se encuentra detrás de ella.

Margaret Mead

Un ejemplo evidente de tergiversar una investigación para que los resultados concuerden con la ética sexual propia se puede observar en el trabajo de Margaret Mead (1901-1978), la célebre antropóloga. Luego de seis semanas de estudiar el idioma y unos pocos meses de observación personal e investigación en Samoa, Mead publicó el éxito en ventas *Adolescencia, sexo y cultura en Samoa*, en 1928. Declaró que los samoanos practicaban la sexualidad con libertad y que, en realidad, no guardaban la intimidad sexual para el matrimonio.[267] Al final, resultó que las afirmaciones de Mead eran falsas, tal como lo demostraría un estudio posterior.[268] Lo que finalmente se reveló fue que la libertad sexual que Mead había afirmado que existía entre los jóvenes samoanos reflejaba sus propias inclinaciones sexuales, que incluían relaciones adúlteras con hombres y mujeres. En realidad, las costumbres sexuales de los samoanos eran muy parecidas a las judeo-cristianas. En dicha cultura, resguardaban la intimidad sexual para el matrimonio. Los biógrafos que simpatizan con Mead han admitido que agregó su propio punto de vista en la información que proporcionó. Mead simplemente no declaró sus descubrimientos fehacientemente, sino que los acomodó de acuerdo a sus preferencias y prácticas personales.[269]

Alfred Kinsey

Otro ejemplo de alguien que manipuló la investigación para que respalde sus propias preferencias morales, contrario a lo que establecen las normas judeo-cristianas, se puede ver en las publicaciones de Alfred Kinsey (1894-1956), el entomólogo que se convirtió en un sexólogo autodidacta. Su famoso *Informe Kinsey* influenció profundamente a los norteamericanos y prepararon el escenario para la revolución sexual de la década de 1960, ya que sugería que en realidad no existen normas sexuales o morales.[270] Una vez más, el investigador no fue ni objetivo ni honesto en su análisis ni en sus conclusiones. Las afirmaciones de Kinsey reflejaban sus propias ideas de la relatividad moral.[271] Tiempo después, se descubrió que Kinsey estaba involucrado en actividades masoquistas e, incluso, que incitaba a sus estudiantes a participar en orgías. Además, Kinsey llegó a filmar algunas de esas actividades. Hoy en día, esta clase de comportamiento por parte de un docente terminarían con el despido y procesamiento del mismo.[272] Sin embargo, en su época, Kinsey eludió las consecuencias bajo el pretexto de "investigación."[273]

Bertrand Russell

Algunas veces, los ateos intelectuales no se toman el tiempo de investigar; simplemente dan cátedra sobre una variedad de temas, incluida la moral. No hay gran diferencia si tienen experiencia de alguna clase. Bertrand Russell (1872-1970) es un clásico ejemplo de esto. Era brillante en matemáticas, a tal punto que obtuvo el séptimo lugar en los exámenes sumamente competitivos de Cambridge que se llevaron a cabo en 1893, pero era ignorante en todo lo demás. (Cabe destacar que ese mismo año G. T. Manley, un cristiano académico que más adelante escribió *In Understanding be Men*, [A la hora de entender, sean hombres] y que presidió el comité que fundó Tyndale House en Cambridge, obtuvo el primer puesto en los exámenes de matemáticas).[274] Sin embargo, Russell había recibido muchos consejos acerca de política mundial, filosofía y moral. También era un mujeriego declarado.[275]

Russell tenía dos años cuando su madre falleció y cuatro cuando murió su padre. Russell fue acogido por sus abuelos paternos, pero su abuelo falleció cuando tenía seis años. Su abuela, la señora Russell, conocida como "la Belladona," continuó encargándose de la crianza del niño.

Russell encontraba consuelo en la naturaleza, no en las personas. Sus familiares insisten en que Russell buscó a Dios durante toda su vida, pero que no pudo encontrarlo y, por lo tanto, lo rechazó. A una edad temprana Russell adoptó el ateísmo, aunque parece que esto no impidió que siguiera buscando a Dios de forma constante. Las posiciones éticas y filosóficas que tomaba eran frecuentemente contradictorias.

La forma en que Russell trataba a las mujeres era simplemente lamentable. Engañó a todas sus esposas e iba de amante en amante. Se comentaba que Russell "no tenía escrúpulos a la hora de seducir a cualquier mujer que se cruzara por su camino," eso incluía también a las criadas.[276] La manera despreciable con la que trataba a sus esposas y amantes generalmente involucraba decepciones y mentiras. Era un elitista académico arrogante y obstinado que despreciaba a las personas en general. Russell era machista; consideraba que las mujeres no eran inteligentes, por lo menos no al mismo nivel que los hombres.

La principal crítica que Russell le dedicaba al cristianismo no era demasiado profunda: no le gustaba, sobre todo, por la ética que promovía. Algunos ateos todavía recurren a su libro *Por qué no soy cristiano*,[277]pero realmente no hay nada en él que sea perspicaz o persuasivo. Russell declaró que la idea de Dios no era coherente, pero no pudo establecer las razones por las que opinaba esto. Es difícil entender los motivos por los cuales los académicos de la actualidad lo tienen en alta estima.

Jean-Paul Sartre

Jean-Paul Sartre (1905-1980) creció como hijo único. Aunque no tuvo padre, creció rodeado de mujeres que le hicieron sentir que era el centro del mundo. Sartre se recuerda a sí mismo como un niño precoz, aunque aparentemente las personas que lo conocían de niño no lo recuerdan de la misma manera.[278] De todas formas, Sartre creció con la convicción de que era brillante y muy importante. Ya que nadie quería escuchar lo que Sartre comentaba en ningún sentido (o eso era lo que él creía), Sartre hablaba sin parar. También escribió millones de palabras. Al igual que Bertrand Russell, Sartre tenía varias amantes. La más conocida fue Simone de Beauvoir, una filósofa y feminista destacada.[279]

Cuando Francia fue invadida por Alemania a comienzos de la Segunda Guerra Mundial, Sartre no tuvo ningún problema de relacionarse con los nazis. Es más, escribió y dirigió varias obras de teatro durante la ocupación nazi. Una vez finalizada la guerra, Sartre se identificó con el marxismo. En 1960, visitó Cuba, conoció a Fidel Castro y a Ernesto "Che" Guevara, el exdentista que se había convertido en el símbolo de la guerrilla comunista. Sartre consideraba a Guevara como un gran intelectual y "el ser humano más completo de nuestra era."[280] Sin importarle la violencia sanguinaria de Guevara o los sombríos antecedentes de la represión del comunismo, Sartre se unió a Bertrand Russell en una campaña en contra de que EUA se involucrara con Vietnam. Sin embargo, a pesar de toda su bravuconería marxista, Sartre era mayormente conocido como un existencialista y un revolucionista de escritorio.

Sartre no solo respaldaba a Josef Stalin, cuyas políticas resultaron en la muerte de millones de personas, sino que también apoyaba a Mao Zedong de China, cuyas políticas también ocasionaron la muerte de millones, muchos de ellos a causa de inanición. Como mencioné anteriormente, también respaldaba a Fidel Castro.[281] Asimismo, se comenta que Sartre fue de inspiración para Pol Pot y los Jemeres Rojos de Camboya en la década de 1970, que dio como resultado la muerte de millones.[282] Sin embargo, a pesar de su discurso audaz acerca de tomar medidas y estar dispuesto a morir, Sartre siempre fue muy cuidadoso de no meterse en problemas.[283]

Sartre fue un intelectual presuntuoso y un elitista académico que consideraba a las mujeres como conquistas. Cuando terminó su relación con otra amante más en 1966, y la desconsolada mujer se suicidó, Sartre no demostró remordimiento alguno. Describió lo siguiente: "Cuando me dijeron que se había suicidado, tuve un breve ataque de asma. Ya que estoy absolutamente seguro de que después de la muerte no hay nada, no puedo llorar... Para mí, es simple: la muerte es nada, ni siquiera es parte de la vida, así que no pienso en ella."[284] Incluso sus admiradores se decepcionaron de la insensible indiferencia que demostró su ídolo, que resulta algo llamativo si tenemos en cuenta cómo ellos mismos eligen ver la vida: si Dios no existe, si la vida humana es meramente un accidente cósmico, entonces, básicamente, la vida no tiene propósito o valor alguno.

A medida que envejecía, Sartre fue desapareciendo de escena. Realizó varios intentos por recapturar la atención pública, a la cual estaba tan acostumbrado. Intentó incitar manifestaciones en fábricas. Convocó a los obreros a tomar acción. Pero aparte de algunos pocos colegas, ya nadie le volvió a prestar atención. Ya nadie sabía quién era.

Aparentemente, Sartre no se había dado cuenta de que los trabajadores recibían una buena remuneración por su trabajo y que obtenían varios beneficios. ¿Por qué motivo protestarían o se sublevarían? ¿Quién era ese pequeño hombre de extraña apariencia? Cerca de sus setenta años, "Sartre fue una figura cada vez más patética, con signos de envejecimiento prematuro, prácticamente ciego, muchas veces borracho, preocupado por el dinero e inseguro de sus propias opiniones."[285] En sus esfuerzos por obtener atención, Sartre se convirtió en una parodia de sí mismo. Pasaba de amante en amante, pero rápidamente el dinero y la salud lo abandonaron. Confundido y balbuceando sin sentido, Sartre falleció en un hospital en 1980.

Los nuevos ateos

La última generación de ateos, denominados los nuevos ateos, está liderada por los "cuatro caballeros": Richard Dawkins, Daniel Dennett, Christopher Hitchens y Sam Harris.

Richard Dawkins (Nairobi, 26 de marzo de 1941), el cortés y educado biólogo de Oxford, adquirió notoriedad en el 2006, cuando publicó *El espejismo de Dios*.[286] Está separado de su tercera esposa, Lalla Ward, y tiene una hija con su segunda mujer.[287] Dawkins fue hijo único, nacido en Kenia, donde vivió sus primeros años. Cuando era niño, lo enviaron a un internado anglicano, en donde fue abusado sexualmente a la edad de nueve años. Esta experiencia le produjo sentimientos muy negativos en contra del cristianismo, que, como destaca el profesor de psicología Paul Vitz, puede haber preparado a Dawkins para su "conversión al ateísmo más adelante."[288]

Daniel Dennett (Boston, Massachusetts, 28 de marzo de 1942), es un filósofo premiado y un científico cognitivo. Su tan debatido libro *Romper el hechizo: La religión como un fenómeno natural*[289] intenta explicar en términos psicológicos y de la ciencia mental la tan difundida fe en Dios. Nacido en Boston, los padres de Dennett se reubicaron en el Líbano durante la Segunda Guerra Mundial. Cuando Dennett tenía cinco años, su padre falleció en un accidente de avión, y la causa de su muerte nunca fue revelada. Dennett y su madre regresaron a Massachusetts. Años más tarde, Dennett expresó su alivio al declarar que, a diferencia de sus amigos, él no tuvo que vivir bajo la presión de las altas expectativas de un padre talentoso. El doctor Vitz establece que esta visión es extraña, y comenta que Dennett raramente expresaba "un sentido de pérdida positivo." Por el contrario, Dennett está orgulloso de sí mismo por no haber tenido un padre y "se estremece ante la idea de lo que podría haber ocurrido en caso de haberlo tenido."

Christopher Hitchens (1949-2011) fue un periodista inglés que se hizo famoso por atacar al teísmo y al cristianismo. Su obra más conocida acerca del ateísmo es *Dios no es bueno: Alegato contra la religión.*[290] Al igual que Dawkins, a Hitchens simplemente no le agradaba Dios. Le parecía que era autoritario y opresivo. Pero una vez más, uno no puede dejar de preguntarse si las personas adultas en la vida de Hitchens, especialmente los hombres, jugaron un papel clave para conducir al entonces adolescente hacia el ateísmo. Su padre era débil e infructuoso. El matrimonio de sus padres no era precisamente feliz. En sus últimos años de adolescencia, Hitchens descubrió que su madre se había involucrado con un exsacerdote anglicano, que se había convertido al Maharishi Mahesh Yogi, más conocido en occidente por su asociación con los Beatles. La madre de Hitchens y el exsacerdote se fugaron y, más adelante, fueron encontrados muertos en un hotel en Atenas, aparentemente como resultado de un pacto suicida. Un padre débil, una madre infiel y un clérigo inmoral no practicante condujeron a Hitchens a rechazar a Dios y a declarar libremente que la fe religiosa "envenena todo." Hitchens falleció de cáncer a los sesenta y dos años.

El cuarto miembro de los "cuatro caballeros" es Sam Harris (9 de abril de 1967). Harris es un experto neurocientífico. No existe mucha información biográfica acerca de él. Según la información con la que contamos, disfrutó de una niñez estable y saludable, sin atravesar ninguna dificultad con su padre. El doctor Vitz sugiere que, a menos que se descubra información que lo contradiga, Harris debería considerarse la excepción a los contextos familiares comunes que suelen presentar los ateos declarados.[291] Sin embargo, no estoy seguro de ello.

Él mismo reconoció que su crianza fue bastante secular (que muy probablemente lo haya encaminado hacia el ateísmo). Mientras intentaba obtener su licenciatura en la Universidad de Stanford, Harris consumió MDMA,[292] un potente estupefaciente psicoactivo, que supuestamente le originó introspecciones profundas. Dicho estupefaciente, mejor conocido como éxtasis, también puede provocar daños cerebrales. Harris abandonó sus estudios, experimentó con otras drogas y viajó a la India, donde estudió con varios profesores hindúes y budistas. Finalmente, regresó a Stanford donde obtuvo su doctorado en Filosofía en el año 2000, a la edad de treinta y tres años. Nueve años más tarde, obtuvo su doctorado en Neurociencia Cognitiva en UCLA. El interés de su investigación se enfocaba en la forma en que el cerebro se relaciona con la fe, la falta de fe, la certidumbre y la incredulidad. Aunque crítico del judaísmo y del cristianismo, Harris, quien se considera un judío secular (como su madre), es especialmente crítico del islam por su tendencia hacia la coerción y la violencia. Los ataques terroristas islamistas del 2001 originaron su interés. Harris ha escrito varios libros que critican al judaísmo, al cristianismo y al islam.[293]

Harris representa una figura interesante. En cierta manera, su ateísmo no es el más común. Por ejemplo, no considera que esté mal buscar una introspección metafísica y estados mentales espirituales. Harris cree que puede encontrarse una moral universal, benevolente para la humanidad, incluso sin referirse a Dios.[294] Sin embargo, sus críticos, tanto teístas como ateos, no consideran lo mismo.[295]

Desde mi punto de vista, Harris no es un verdadero ateo (la mayoría no lo es); es un agnóstico y un buscador. De hecho, parece haber sido un buscador de por vida. A diferencia de Harris, los ateos clásicos del tipo descrito previamente, deducen debidamente y discuten rotundamente que Dios no existe y que en realidad no existen morales absolutas, al menos no con motivos legítimos. La humanidad debe ir creándolas a medida que va avanzando. La moral nunca puede ser más que un tema de preferencia personal y una función práctica.[296] Curiosamente, los desastres que acontecieron en el siglo XX han motivado a los nuevos ateos, al menos a algunos de ellos, a encontrar la base para una moral humana.

El origen de un ateo

En *The making of an atheist* [El origen de un ateo], James Spiegel destaca que la gran mayoría de la humanidad cree en Dios, y que ha sido de esta manera, hasta donde se conoce, desde el origen de la civilización humana, hace miles de años atrás. La fe en Dios es casi universal en niños pequeños, aunque muchos abandonan esta fe en la adolescencia o en la adultez temprana. Basándose en la obra del doctor Vitz y otros, Spiegel descubre que la relación quebrantada con los propios padres y las inmoralidades sexuales van codo a codo con el origen de un ateo.[297]

Por supuesto, existen excepciones en ambos casos. Existen muchos creyentes comprometidos que fueron criados sin un padre o que fueron abusados por el mismo. Sin embargo, otras personas que fueron criadas en hogares con una relación con sus padres muy positiva han decidido adoptar el ateísmo, o al menos abandonar el teísmo. Pero las estadísticas son muy sugerentes, tal como las conocemos. Creer en Dios no es, como lo definió Freud, el resultado de una persona con heridas psicológicas que desea una figura paterna saludable. Creer en Dios es la orientación y la convicción de una persona psicológicamente saludable. En cambio, es el ateísmo el que sugiere que existe algo defectuoso. Es la falta de una figura paterna positiva que puede dañar el alma de una persona y guiarla a creer (equivocadamente, desde mi punto de vista, por supuesto) que Dios no existe, o al menos no uno que merezca su atención y respeto.

En el próximo capítulo, nos centraremos en el más destacado practicante de la filosofía deshumanizante de Nietzsche y en el momento en que ocurrió lo inimaginable.

CAPÍTULO 9

La llegada del superhombre

El siglo XIX originó una mezcla particularmente tóxica de cosmovisiones, y Adolf Hitler se convirtió en la encarnación del superhombre de Nietzsche; un demente determinado a destruir la mayor parte de la humanidad para beneficiar a una raza "superior."

De capítulos anteriores podemos ver que Hitler no fue un caso aislado. No fue un extremista que surgió de la nada, ni mucho menos. Hitler fue el producto final de la determinación occidental de alejarse de su herencia cristiana. Al rechazar al cristianismo, el ateísmo radical del siglo XX lejos de llevar a la humanidad hacia una utopía postcristiana progresista; la transportó hacia el barbarismo precristiano. Según el destacado historiador J. Rufus Fears, "Antes de 1914, era popular una ciencia distorsionada del racismo. En Inglaterra, algunos creían que las razas anglosajonas y germánicas eran superiores a todas las demás. Muchas de las mejores mentes de esa época enseñaron esta doctrina censurable, la cual Hitler adoptó."[298]

Lo que Hitler y los nazis llevaron a la práctica fue la filosofía del mundo precristiano, junto con todo su racismo, odio, eugenesia y justificación para la esclavitud. Las éticas basadas en el teísmo fueron dejadas de lado y fueron reemplazadas por nuevas éticas "científicas" que no tenían ningún inconveniente de que las personas supuestamente superiores esclavizaran y asesinaran a las personas supuestamente inferiores. La diferencia principal entre la antigüedad precristiana y los gobiernos totalitarios post cristianos es que los últimos tienen un fervor mucho más grande y cuentan con herramientas mucho más peligrosas.

Un estudiante brillante, pero perezoso

Adolf Hitler nació en abril de 1889 en Braunau am Inn (Braunau en el río Inn), Austria. Fue el cuarto hijo de Alois Hiedler (cuyo verdadero nombre era Schicklgruber) con su tercera esposa, Klara Pölzl, una católica romana devota. El joven Adolf tuvo varios hermanos de los matrimonios y amoríos previos de su padre. Alois Hiedler (1837-1903) tenía cerca de cincuenta y dos años cuando nació Adolf.

Alois mismo había nacido fuera del matrimonio. Su madre era una campesina austríaca llamada María Anna Schicklgruber. Se cree que el hombre que la dejó embarazada era judío.[299] En ese caso, uno de los abuelos de Adolf también habría sido judío. Difícilmente se puede pasar por alto la ironía de este asunto. Sin embargo, la evidencia está lejos de ser concluyente (aunque, al parecer, las pruebas de ADN todavía dejan el caso abierto); el padre podría haber sido el hombre que al final se casó con María.

Cuatro años después de que naciera Alois, su madre se casó con un hombre llamado Johann Georg Hiedler. Treinta y cinco años más tarde, Hiedler forzó a Alois a dejar el apellido Schicklgruber y adoptar el de Hiedler. Es probable que lo haya hecho para ocultar que su hijo (ya sea biológico o adoptado) había nacido fuera del matrimonio. En cualquiera de los casos, Alois ya no era Schicklgruber; había pasado a ser Hiedler.

Por razones desconocidas, Alois Hiedler, o quizás su hijo Adolf, finalmente decidieron deletrear el apellido de la familia como *Hitler*.

En alemán, la pronunciación de Hiedler y Hitler es prácticamente la misma (de ahora en adelante, me referiré a Hitler por su nombre ampliamente reconocido).[300]

Alois y Klara tuvieron seis hijos, pero solamente dos, Adolf y su hermana Paula, pudieron sobrevivir a la infancia. Alois Hiedler tenía un puesto en la aduana austríaca. Luego de retirarse, su familia se mudó a Leonding, cerca de Linz, Austria. Alois era de temperamento autoritario y Klara era sufrida. Existen pruebas de que Alois golpeaba a Klara y a Adolf. Adolf era un estudiante promedio, brillante pero perezoso. Sus calificaciones eran mediocres. Alois falleció cuando Adolf tenía catorce años. Un año después, Adolf dejó el colegio. Los historiadores creen que el doctor Pötsch, el profesor de historia de Hitler y un nacionalista apasionado, pudo haber inspirado al joven Hitler a inclinarse por el nacionalismo. Esto podría ser verdad, ya que años más tarde Hitler le obsequió dos copias de *Mein Kampf* [Mi lucha] a su exprofesor. En 1907, Klara murió de cáncer de mama, y Adolf quedó devastado y desconsolado.

Sustentado por el subsidio del estado para huérfanos, Hitler vivió en Viena, donde continuó su interés por el arte. Después de la muerte de su madre, las finanzas de Hitler eran tan limitadas que no tuvo otra alternativa que vivir en hosterías y en refugios para personas sin hogar. Mientras se encontraba en Viena, Hitler se expuso a la retórica antisemita, pero probablemente no haya sido hasta después de la Primera Guerra Mundial que confirmó su antisemitismo, ya que creía que la derrota de Alemania y otros males habían sido a causa del pueblo judío.[301] En 1913, Hitler heredó la propiedad de su padre, pero dejó Austria y se dirigió a Múnich, Alemania, quizás para evitar el servicio militar austríaco. Hitler parecía ansioso por servir en el ejército, pero no el austríaco, el cual aparentemente consideraba débil y mal conducido. Cuando se desató la Primera Guerra mundial, rápidamente se ofreció como voluntario para servir en Alemania.[302]

Hitler se unió al ejército de Baviera y sirvió hasta su licenciamiento en 1920. Sirvió con entusiasmo durante la guerra, donde sufrió lesiones y gracias a la cual recibió dos Cruces de Hierro. Hitler regresó a Múnich donde se involucró con grupos nacionalistas extremistas y se familiarizó con hombres que más adelante serían parte del núcleo interno del Partido Nacionalsocialista Obrero Alemán. Durante ese tiempo, Hitler mejoró sus habilidades en retórica, convirtiéndose en un orador popular, especialmente en las cervecerías de Múnich.

Ascenso al poder

En 1923, Hitler y sus seguidores intentaron derrocar la problemática República de Weimar, que había sido formada después de la guerra y de la abdicación de Guillermo II de Alemania. Hitler fue condenado por traición, y en abril de 1924, fue sentenciado a cinco años en la prisión de Landsberg (donde fue bien atendido y donde cumplió condena solamente por siete meses). Ahí comenzó a escribir *Mein Kampf*,[303] del cual trataremos en profundidad más adelante. Luego de salir de prisión, formó el Partido Nacionalsocialista Obrero Alemán. Sus discursos, en los cuales denunciaba a los judíos, a los marxistas y, especialmente, al tan repudiado Tratado de Versalles, iban ganando cada vez más seguidores. Fue ese mismo tratado, que culpaba a Alemania por la Primera Guerra Mundial (1914-1918) y le solicitaba grandes indemnizaciones, que, por encima de todo, atrajo al herido y resentido público alemán hacia Hitler. Contrario al escenario de la grave depresión económica post guerra de Alemania y al malestar social, el cual incluía el temor de una revolución al estilo bolchevique, el mensaje de Hitler, a pesar de su brutalidad e incoherencia, resultaba muy atractivo para muchos.

En 1932, Hitler se convirtió en un ciudadano alemán y fue electo para el Reichstag alemán (o Parlamento). Al año siguiente, fue elegido canciller de Alemania. Poco tiempo después, Hitler y el Partido Nacionalsocialista Obrero Alemán tomaron completo control del gobierno, y en 1934 Hitler fue proclamado *führer* (líder) de Alemania. El nuevo *führer* comenzó inmediatamente a prepararse para la guerra.

No hay necesidad de relatar los hechos de la Segunda Guerra Mundial, que comenzó en 1939 y terminó en 1945. No es necesario comentar los detalles, algunos de ellos turbios, en torno a Hitler y a sus últimos días en el búnker de Berlín que terminaron con su suicidio. A esta altura es más que suficiente si hacemos un sencillo recuento de la horrorosa cantidad de cadáveres que hubo. Se estima que murieron entre 5,5 y 6 millones de judíos, la mayoría en campos de concentración; más de 19 millones de civiles y prisioneros de guerra; y 29 millones de soldados y civiles en acciones militares. Para resumir, perecieron entre 53 y 54 millones de personas durante el brutal régimen de Hitler en Alemania y muchos países de Europa. Hitler tiene muchos motivos para ser reconocido como uno de los hombres más malignos y homicidas que hayan existido. Sin embargo, como veremos más adelante, hubo dos o tres contemporáneos que se esforzaron bastante por ocupar el segundo lugar.

La "religión" de Hitler

Una pregunta muy debatida hoy día gira en torno a la religión de Hitler. ¿Era religioso? Y, si lo era, ¿de qué forma? En algún momento era popular declarar que Hitler había sido cristiano.[304] Después de todo, poco tiempo después de nacer, fue bautizado como católico. La afirmación de que Hitler era cristiano y de que el asesinato de seis millones de judíos era un ejemplo del antisemitismo cristiano se ha escuchado con frecuencia, especialmente por parte de algunos historiadores judíos. De manera superficial, podemos ver porqué algunos investigadores pudieron haber asumido esto. Pero la evidencia acumulada parece demostrar que Hitler no era cristiano. En realidad, como veremos, Hitler no creía en Dios en el sentido convencional. Su religión era extraña, incoherente y mística, y estaba basada más que nada en el paganismo. En la actualidad, la mayoría de los historiadores y teólogos ven a Hitler como una clase de panteísta: alguien que equiparaba a Dios con la naturaleza.

Existe una gran evidencia de que Hitler no era cristiano, pero también hay evidencia que muestra lo contrario, por la que algunos escritores contemporáneos continúan insistiendo en que Hitler realmente era cristiano. No es difícil ver el motivo por el cual algunos discuten este punto. Hitler, como hemos mencionado, fue bautizado como católico y fue criado por una madre muy devota al catolicismo (aunque su padre, Alois, manifestaba una gran hostilidad hacia la religión). Asimismo, Hitler formó parte de una sociedad que en su mayoría eran todos cristianos, ya sea que fueran nominales o comprometidos. Además de esto, Hitler declaraba en público que era cristiano. Por supuesto, los ateos no quieren incluir a Hitler como uno de ellos. Los ateos comunistas ya han acumulado un gran número de muertes, sin agregar los más de cincuenta millones de Hitler. Entonces Hitler, ¿era o no era cristiano?[305]

En un discurso ante una multitud en Múnich, en 1920, Hitler hizo referencia al programa de los veinticinco puntos del Partido Nacionalsocialista Obrero Alemán. El punto número veinticuatro aseguraba que el partido "defendía un cristianismo positivo, sin vincularse denominacionalmente con ninguna confesión en particular."[306]

Al declarar que no se encontraba obligado a ninguna confesión en particular hacía referencia al catolicismo romano y al protestantismo (que en Alemania significaba en su gran mayoría ser luterano). En muchos de sus discursos y en varias secciones de *Mein Kampf*, Hitler hizo referencia a las "dos denominaciones" que agotaban la energía de sus seguidores con interminables disputas. En muchos de sus discursos Hitler hizo referencia al "cristianismo positivo"[307] (en alemán, *Positives Christentum*). Pero con el tiempo se hizo evidente que el cristianismo positivo de Hitler guardaba poca semejanza con el cristianismo histórico, y ciertamente ningún parecido con el cristianismo practicado por católicos y protestantes.

Existe una amplia evidencia para afirmar esta declaración. Hanns Kerrl fue designado por Hitler para fundar una iglesia evangélica alemana *(Reichkirche)* bajo el estandarte del cristianismo positivo de Hitler. Se esperaba que todos los clérigos le juraran lealtad a Hitler. De acuerdo con Kerrl, el cristianismo positivo no tenía nada que ver con la fe de los apóstoles, y sus adeptos tampoco pondrían su fe en Jesucristo.[308] Alfred Rosenberg, un antisemita declarado, que fue uno de los tenientes de confianza de Hitler y fundador del *Frente de Lucha para la Cultura Alemana*, planeó eliminar "las creencias cristianas extranjeras" (es decir, el catolicismo romano y todas las denominaciones protestantes) y reemplazarlas por el cristianismo positivo. Rosenberg esperaba que el *Mein Kampf* de Hitler reemplazara a la Biblia y que la esvástica reemplazara la cruz.[309] Lo que Rosenberg tenía previsto era reemplazar el cristianismo por el paganismo germánico, en donde no se hablaría más de los Diez Mandamientos ni de la redención a través de Cristo.[310] La nueva religión estaría basada en la pureza y conquista racial, y no en poner la otra mejilla y orar por los enemigos. No habría nada de cristiano en el cristianismo positivo.[311]

Heinrich Himmler, comandante de la SS (Schutzstaffel, las "Escuadras de protección"), apoyaba firmemente las ideas y los planes de Rosenberg, a tal punto que incluso comenzó a desarrollar rituales que imitaban las prácticas cristianas.[312] Himmler había rechazado el cristianismo histórico y se había interesado por el misticismo y el ocultismo. Según el historiador Ian Kershaw, "el ataque a las prácticas e instituciones de las iglesias cristianas fue profundamente insertado en la mente del régimen Nacionalsocialista."[313]

El discurso de Hitler acerca del cristianismo positivo no era más que un engaño. Algunos críticos contemporáneos perceptivos descubrieron sus verdaderas intenciones y lo denunciaron (aunque estaba en el exilio).[314] Hitler sabía perfectamente bien que, si condenaba al cristianismo abiertamente o se declaraba ateo, prácticamente no iba a tener seguidores entre el pueblo alemán. Hitler fue tan cauteloso en este punto que incluso a pesar de que ya estaban en 1941, no permitió que Joseph Goebbels, su ministro de esclarecimiento público y propaganda, se apartara de la iglesia. Hicimos eso por "razones tácticas," escribió Goebbels en su diario.[315] Hitler sabía que no podía comenzar su gobierno con un plan anticristiano. Esperaba ganar el apoyo de los cristianos presentándose a sí mismo como un oponente del comunismo bolchevique ruso y del ateísmo.[316] Si se presentaba como un defensor de una nueva y vigorosa forma de cristianismo, Hitler creía que podría mantener contenidos a los católicos y protestantes. Después de ganar la guerra, Hitler planeaba deshacerse del cristianismo en Alemania. La evidencia es clara con respecto a este punto. Al igual que su predecesor Nietzsche, a quien admiraba,[317] Hitler repudiaba el cristianismo.

Mucha de esta evidencia surge de comentarios privados que Hitler les hacía a sus colegas más cercanos.[318] En 1937, Hitler "declaraba que 'el cristianismo estaba preparado para ser destruido,' y que las iglesias debían rendirse a la 'primacía del estado,' que se opone a cualquier compromiso con 'la institución más horrible jamás imaginable.'"[319]

Incluso más amenazador era el lenguaje que Hitler utilizaba. No solamente hablaba de la "caída" *(Untergang)* de la iglesia, sino que frecuentemente hablaba del "interrogante de la iglesia," así como hablaba del "interrogante judío," terminología que utilizó por lo menos desde 1919.[320] Todos sabemos cómo respondió al "interrogante judío." No hay razón para dudar que Hitler planeaba hacer lo mismo con la iglesia cristiana.[321] Otros historiadores han llegado a la misma conclusión: por todo su discurso cuasi religioso,[322] Hitler no solo *no* era cristiano *ni* teísta en el sentido judeo-cristiano, sino que planeaba destruir el cristianismo *y* aniquilar al pueblo judío.

Hitler estaba convencido de que el cristianismo estaba condenado merecidamente a causa de la ciencia. Al igual que Nietzsche, la cosmovisión de Hitler había sido claramente formada por el cientificismo del siglo XIX. El historiador Alan Bullock sugiere que Hitler, Stalin y Napoleón fueron materialistas que adoptaron "la seguridad de los racionalistas del siglo XIX que sostenía que el progreso de la ciencia destruiría todos los mitos y que ya había comprobado que la doctrina cristiana era un absurdo."[323] De acuerdo con el pensamiento de Hitler, compartido por muchos de sus contemporáneos, la ciencia le había puesto fin a Dios y a la fe cristiana.[324] Ese era su destino, su llamado a dar lugar a una nueva era; una era de ciencia, eugenesia y dominada por los alemanes (arios) en todo el mundo. El tema de esta denominada ciencia será abordado más adelante.

Para fines de la década de 1930, Hitler ya no necesitaba seguir con el cristianismo positivo o con la Iglesia evangélica alemana. Para ese momento de su gobierno, Hitler ya no se reunía más con Hanns Kerrl, el director de la Iglesia alemana. De hecho, cuando Kerrl murió en 1941, Hitler no se molestó en reemplazarlo.

El cambio en la estrategia de Hitler, es decir, de pretender ser un cristiano en vez de dejar de pretenderlo, fue bien ilustrado en el libro de fotografías de Heinrich Hoffmann, *Hitler As No One Knows Him* [El Hitler que nadie conoce], publicado para apoyar a Hitler.[325] La intención del libro era presentar el lado humano del *führer*. En la primera edición, que apareció en 1935, una foto de Hitler a la salida de *Marienkirche* (La iglesia de María) en Wilhelmshaven mostraba una cruz en la puerta casi sobre la cabeza de Hitler, que daba una apariencia similar a la de una aureola. La leyenda que acompañaba la fotografía decía: "Una fotografía de un evento fortuito pasó a ser un símbolo: Adolf Hitler, el supuesto 'hereje', a la salida de la Marienkirche en Wilhelmshaven."[326] Richard Weikart sospecha que la fotografía difícilmente haya sido un "evento fortuito." Con casi total seguridad fue premeditado.[327] De cualquier forma, la clave era convencer a los alemanes de que Hitler verdaderamente era cristiano y que apoyaba a la iglesia, incluso aunque algunas de sus ideas fueran poco ortodoxas. En la edición del libro del año 1938, la cruz que había estado sobre la cabeza de Hitler ya no aparecía. En este caso, la leyenda era la siguiente: "Adolf Hitler después de recorrer la histórica *Marienkirche* en Wilhelmshaven."[328] La estratagema había sido abandonada; Hitler no había asistido al servicio religioso, como asumía la leyenda de 1935; solo la había estado recorriendo.

El hecho de que Hitler y sus seguidores más cercanos tuvieran intenciones de terminar con el cristianismo en Alemania (y en Europa) se reveló en la canción de las Juventudes Hitlerianas cantada en el Congreso del Partido Nacionalsocialista Obrero Alemán en Núremberg en 1934. El sentimiento anticristiano es terminante y escalofriante:

> Somos las alegres Juventudes Hitlerianas
> No necesitamos virtud cristiana
> Porque nuestro *führer* Adolf Hitler
> Es por siempre nuestro mediador.
> Ningún pastor, ningún maligno, puede impedir
> Que nos sintamos como hijos de Hitler.
> No seguimos a Cristo, sino a Horst Wessel,
> No queremos ni incienso ni agua bendita.
> Nos pueden quitar la iglesia,
> La esvástica es la redención en la tierra,
> Te seguiré a todas partes,
> Baldur von Schirach, ¡llévanos contigo![329]

En su despreciable canción, las Juventudes Hitlerianas afirmaban que "no necesitaban virtud cristiana." Su líder era Adolf Hitler, su "mediador," una inconfundible alusión a Jesucristo, quien conforme a la fe cristiana es el verdadero mediador entre Dios y los hombres. En el pensamiento de las Juventudes Hitlerianas, el *führer* ocupó ese lugar.[330] La canción continuaba diciendo que nadie, ni siquiera el pastor, podía impedir que se sintieran "hijos de Hitler." Estos jóvenes ya no seguían a Cristo; en su lugar, seguían (el ejemplo de) Horst Wessel, es decir, a Horst Ludwig Georg Erich Wessel (1907-1930), un joven Camisa Parda que fue asesinado por los simpatizantes comunistas y que luego fue considerado mártir y héroe.[331] Las Juventudes Hitlerianas estaban listas para prescindir "del incienso y del agua bendita," que alude a la liturgia católica. Asimismo, estaban contentas de que les "quitaran" la iglesia. ¿Quién necesita la iglesia? Después de todo, la "esvástica era la redención." Las Juventudes la seguirían, en vez de (está implícito) a la cruz de Cristo. Concluyeron su canción pidiéndole a Baldur von Schirach, el líder de las Juventudes Hitlerianas, que los llevara donde tuvieran que ir. Desafortunadamente, así sucedió. Muchos jóvenes de las Juventudes Hitlerianas fueron a la guerra y murieron. Al final de la guerra, Baldur mismo fue a prisión. Más allá del compromiso religioso que uno tenga (incluso si no existe ninguno), el sentimiento de esta canción es tan repugnante como aterrador.

Si Hitler no era cristiano, entonces ¿qué era? La mayoría concuerda con que Hitler no era exactamente un ateo, al menos no en el sentido convencional. En 1941, Hitler aseguró que a través de la observación de la naturaleza "las personas descubrieron el maravilloso concepto del Todopoderoso, cuyo gobierno veneran. No queremos formar a las personas en base al ateísmo."[332] Sin embargo, ¿Hitler estaba siendo falso una vez más? En este caso, probablemente no.

Hitler no tenía ningún interés en el ocultismo, el misticismo o en la astrología (de hecho, denunció a la astrología y al ocultismo). En su lugar, se aferró a una idea vaga de un poder superior *(Gewalt)*, una fuerza creadora *(Kraft)*, un destino *(Schicksal)* o providencia *(Vorsehung)*. En ocasiones, Hitler incluso hizo referencia al "Todopoderoso" (*der Allmächtige*), como en la cita de más arriba. Algunos piensan que la idea que tenía Hitler de Dios básicamente derivaba, no de la Biblia, sino de la idea de destino de la antigua Grecia.[333] Con frecuencia, Hitler relacionaba a Dios con el pueblo alemán (esto es, los arios). De este tipo de conversación, Max Domarus, quien editó cuatro volúmenes de los discursos de Hitler, concluyó que el Dios de Hitler era "un Dios peculiarmente alemán."[334] Sin embargo, de toda la evidencia, Weikart concluyó que "la posición de Hitler se asemejaba más al panteísmo."[335]

Independientemente de cómo maticemos las peculiares ideas religiosas de Hitler, su rechazo del teísmo judeo-cristiano y sus nuevas ideas crearon en el pueblo alemán una confusión teológica y espiritual. Hitler causó el mismo daño espiritual en Alemania y en Europa que el daño físico que produjo.

CAPÍTULO 10

El infierno en la tierra de Hitler

La visión oscura de Nietzsche fue descubierta treinta y tres años después de su muerte, cuando Adolf Hitler obtuvo el poder sobre Alemania y comenzó la marcha hacia la Segunda Guerra Mundial. En el capítulo anterior, consideramos la vida y las extrañas y cuasi religiosas concepciones de Hitler. En este capítulo daremos una mirada a su infame libro *Mein Kampf* y el impacto catastrófico que tuvo en Alemania y en Europa. También podrá conocer los relatos de dos hombres que sobrevivieron a los campos de concentración. Estos son temas sombríos, pero reflejan lo que es la vida sin el cristianismo. Afortunadamente, podremos observar un punto de vista más positivo cuando investiguemos las contribuciones de Winston Churchill, el primer ministro británico que se opuso a Hitler.

Mein Kampf y la "ciencia" de la pureza racial

En 1924, mientras se encontraba en prisión, Hitler les dictó la mayor parte de *Mein Kampf* al diputado Rudolph Hess y a Emil Maurice, quien asumiría la posición de liderazgo con los Camisas Pardas. El largo e incoherente libro originalmente se publicó en dos volúmenes.

A Hitler le costaba decidirse por un título. Nombró al primer volumen *Eine Abrechnung* [Ajuste de cuentas] y al segundo volumen *Die Nationalsozialistische Bewegung* [El movimiento nazi]. Pero ¿cuál debía ser el título principal? Hitler había propuesto *Cuatro años y medio de lucha contra las mentiras, la estupidez y la cobardía: Ajuste de cuentas con los destructores del movimiento del partido nazi*. Max Amann, quien ayudó a Hitler a publicar su libro, sugirió el sencillo título *Mein Kampf* [Mi lucha].

El libro es simplemente abominable. En la contratapa de una edición reimpresa que poseo, se lee: "*Mein Kampf* es un libro perverso, pero sigue siendo una lectura necesaria para aquellos que buscan entender el Holocausto, para los estudiantes de la psicología totalitaria y para todos aquellos a los que les interesa salvaguardar la democracia."[336] Concuerdo completamente. Sin embargo, agregaría una cuarta razón para leerlo: *Mein Kampf* expone la ruina moral y espiritual de un hombre que reemplazó a Dios por un culto nietzscheano del racismo y por la ley de la jungla.

Si Nietzsche estaba en lo correcto acerca de su cosmovisión y de la humanidad, y la mayor parte de la nación desea adoptar la aborrecible visión de un hombre como Adolf Hitler, ¿en qué sentido estaría mal o sería algo maligno? De acuerdo con Richard Dawkins y otros ateos no existen los absolutos morales. El mundo natural es completamente indiferente al bien y al mal, a nuestra supervivencia o nuestra destrucción. Si Neitzsche y Dawkins estaban en lo correcto, entonces las éticas humanas nunca podrían elevarse por encima del utilitarismo democrático. Para resumir, la mayoría decide qué es lo mejor.

Pero ¿por qué la mayoría? De acuerdo con la ley de la jungla, son los más inteligentes, los más rápidos y los más fuertes (no la mayoría) los que determinan quiénes viven y quiénes mueren. Así que, incluso el utilitarismo democrático se posa sobre un fundamento inestable. Y este es mi punto: una vez que se deja a Dios a un costado, los absolutos morales quedan en gran duda. La eugenesia, el asesinato en masa, la esclavitud y la tiranía no están necesariamente equivocadas; *quizás* sean cosas necesarias; *quizás* pueden llegar a estar justificados.

Esta perspectiva queda muy evidente en *Mein Kampf*. La preocupación predominante de Hitler en su escalofriante libro era la de la pureza de la raza aria. Hitler se oponía a los judíos. Él declaraba que eran una raza inferior pero inteligente que estaba empeñada en dominar al mundo. Asimismo, se oponía a los que tenían la piel oscura (a los que se refería como *negros*). Hitler afirmaba, por ejemplo, que "los judíos fueron y continúan siendo los que trajeron a los negros hasta Renania."[337] Para un ario purasangre, cuyo hogar era Renania, nada podía ser más desagradable. Sin embargo, Hitler declaró que un pecado aun mayor sería permitir que las cientos y miles de personas más dotadas de la naturaleza fueran corrompidas al unirse en matrimonios interraciales.[338]

Es difícil creer que alguien pudiera pensar y hablar de esta manera en el siglo XX. Sin embargo, para Hitler y su grupo más cercano, dicha forma de pensar lógicamente tenía una estrecha relación con la ciencia del siglo XIX. Tanto Darwin como otros científicos supuestamente habían comprobado que la humanidad descendía de criaturas inferiores. Algunos antropólogos también debatieron que la humanidad se había originado a partir de diferentes especies (poligénesis) y, por lo tanto, las razas humanas, o subespecies, claramente no eran iguales; algunas eran evidentemente superiores, y otras inferiores.

Hitler estaba fascinado por esta ciencia falsa y no quería que los de raza aria contrajeran matrimonio con formas humanas inferiores: negros, aborígenes, judíos y otros que él consideraba más cercanos a los simios y a los monos.[339] Hitler sostenía que los estados arios estaban basados en el "trabajo y la cultura;" otros estados, para su perjuicio, permitían la existencia de "colonias judías parasitarias."[340] Si Alemania, la raza aria, debía ser salvada, Europa tenía que ser purgada de las formas inferiores de "organismos raciales."[341]

Jesús y sus enseñanzas rara vez aparecen en *Mein Kampf*. La enseñanza de Jesús resonó cuando Hitler declaró solemnemente: "Ciertamente no se puede servir a dos señores."[342] Pero Hitler se refiere a algo totalmente diferente.[343] En un lugar, Hitler alude a Jesús de manera significativa, pero a expensas del pueblo judío.[344] El pasaje se encuentra en el contexto de lo que Hitler pensaba que era un punto importante de discusión acerca de la religión judía. Escribió que los estudios críticos "hacen que esta forma de religión parezca totalmente monstruosa conforme a las concepciones arias." Hitler aseguró que Jesús había reconocido esto mismo en su época. Jesús, quien en realidad no fue judío, sino que fue ario, "no ocultó su actitud hacia el pueblo judío, y en el momento necesario, incluso recurrió a la violencia para quitar del templo del Señor al adversario de toda la humanidad, que, en ese momento, como siempre, solamente veía a la religión como un instrumento para satisfacer su existencia comercial. A cambio, Jesús fue clavado en la cruz." Hitler hacía referencia al pasaje de los Evangelios que se ha denominado tradicionalmente como la purificación del templo.[345]

En realidad, Jesús no consideraba al pueblo judío o a la religión judía como monstruos. Todo lo contrario. Lo que hizo Jesús en los precintos del templo en Jerusalén, que sin dudas contribuyó a que lo arrestaran y lo crucificaran, estaba dirigido contra el gobierno de los sacerdotes, que se habían vuelto corruptos y opresores. Jesús reaccionó en nombre del pueblo judío, así como la mayoría de los grandes profetas de Israel lo habían hecho en tiempos antiguos. Muchos de sus contemporáneos estaban de acuerdo con Jesús, por lo cual las autoridades del templo no pudieron detenerlo en ese mismo momento. Jesús amaba profundamente a su pueblo y compartía su fe primitiva en el Dios de Abraham. La tergiversación de Hitler de este pasaje fue cínica y cumplió con su objetivo, que era el de denigrar al pueblo judío a nada más que simples comerciantes y prestamistas.[346]

La peor parte del llamado de Hitler a una pureza racial, manifestada en *Mein Kampf*, es que fue tomada seriamente y puesta en acción. El resultado fue el Holocausto. Aunque varios grupos e individuos fueron víctimas de esta parodia, ninguno sufrió más que el pueblo judío. Sin embargo, el exterminio del pueblo judío no fue suficiente. El hecho de que varios cientos de miles de judíos fueran encarcelados en los campos de concentración en cualquier momento, fue algo conveniente para que los doctores y científicos de Hitler realizaran experimentos para probar la "veracidad" de la teoría eugenésica del *führer*.

El doctor más destacado de Hitler fue Josef Mengele. Conocido como el "Ángel de la Muerte," Mengele tenía especial interés en los enanos, en los gemelos y en las personas que tenían los ojos de dos colores diferentes. Básicamente, el punto de su investigación era demostrar que las razas que no eran arias eran inferiores en muchos aspectos y que, a causa del cruzamiento racial, se encontraban en deterioro genético. Los sobrevivientes de la guerra han descripto a Mengele como un hombre insensible, sádico y maliciosamente antisemita. Sus experimentos incluían inyectar a los sujetos vivos con bacterias o distintas toxinas. También les amputaba extremidades y les extraía dientes sanos. Uno de los doctores reclusos del campo de concentración, que fue forzado a trabajar como su asistente, era un judío húngaro llamado Miklós Nyiszli, que sobrevivió a su época en los campos de concentración y escribió un relato gráfico de las actividades de Mengele.

Nyiszli relató que Mengele gozaba las comodidades de una oficina y de un laboratorio que se encontraban al lado de los crematorios "donde mi ridículo superior realmente se sentía como en casa: el resplandeciente brillo de las piras y el humo espiralado de las pilas del crematorio; el aire viciado con el olor de los cuerpos quemándose; las paredes resonando con los gritos de los condenados y con el traqueteo metálico de las ametralladoras que disparaban a quemarropa; era a este lugar donde el demente doctor venía a descansar y a relajarse."[347] Luego de un repugnante experimento, que supuestamente le dio respaldo a la eugenésica pseudociencia de Mengele, Nyiszli comentó que "la propaganda nazi nunca dudó en disfrazar sus monstruosas mentiras con la apariencia de ciencia."[348] Nyiszli sobrevivió a la guerra y se reunió con su esposa y su hija que habían sido capturadas en el campo de concentración de Bergen-Belsen.

Mengele huyó de Alemania después de la guerra, pudo evitar ser capturado de por vida, y vivió mayormente en América del Sur. Poco tiempo antes de cumplir sesenta y ocho años, sufrió un colapso mental mientras estaba nadando y se ahogó. Aunque fue enterrado bajo un nombre falso, sus restos fueron identificados en 1985, con una confirmación de su ADN más tarde en 1992. Irónicamente, sus huesos se encuentran en la actualidad en custodia del Instituto de Medicina Legal de San Pablo (Brasil), donde los estudiantes los utilizan para sus investigaciones. [349] En su vida, Mengele fue recolector de especímenes y en su muerte él mismo se convirtió en espécimen.

Gracias a Eugen Kogon, que pasó seis años en un campo de concentración de Buchenwald, contamos con más relatos de otro testigo acerca de los horrores que los nazis infligieron contra los judíos y contra otras personas capturadas en los campos de concentración. Kogon era hijo de una mujer judeo-rusa, que era soltera y pobre. Kogon fue criado por una familia católica, pero también pasó un tiempo bajo el cuidado de la iglesia. Aunque era judío, Kogon se convirtió en un católico devoto.

En 1927, recibió su doctorado y fue a trabajar como editor para la revista católica *Brighter Future* (en alemán: *Schönere Zukunft*). Kogon escribió en contra de los nazis en la década de 1930, y en 1937 y 1938 fue arrestado tres veces. La tercera vez que fue arrestado permaneció bajo custodia. Cuando comenzó la guerra en septiembre de 1939, Kogon fue enviado al campo de concentración de Buchenwald, donde permaneció hasta que fue liberado por el Ejército de Estados Unidos.

Durante el tiempo que estuvo en Buchenwald, la fe en Dios de Kogon aumentó. La diferencia entre el bien y el mal, entre Dios y el ateísmo, se hizo evidente. Al ganar la confianza del doctor del campo, bajo cuyas órdenes servía, Kogon pudo salvar varias vidas. Luego de ser liberado en 1945, Kogon testificó en los juicios contra los crímenes de guerra y se hizo conocido por su fascinante relato acerca de lo que había acontecido en el campo de concentración de Buchenwald. Los oficiales estadounidenses le pidieron a Kogon que escribiera un relato de su experiencia, el que en cuestión de meses se convirtió en un extenso libro. Fue publicado en 1946 con el título de *Der SS-Staat: Das System der deutschen Konzentrationslager* (en español: *El estado de la SS: El sistema de los campos de concentración alemanes*), aunque es más conocido por su título en inglés *The Theory and Practice of Hell* [La teoría y práctica del infierno]. La versión en alemán atravesó más de cuarenta ediciones y se convirtió en un *éxito en ventas*.[350] Por el resto de su vida, Kogon expresó la importancia de la verdad, la justicia y la moralidad, y recibió muchos honores y premios.[351]

Dos cosas me impactan más que cualquier otra sobre los relatos de Nyiszli y Kogon: la *brutalidad* y el *engaño* nazi. La brutalidad no es de extrañar; se condice completamente con el propósito de los campos de concentración.[352] Pero lo que realmente se destaca es el engaño sistémico. Pareciera que los guardias de los campos de concentración nunca decían la verdad. Gran parte del engaño se hacía para lograr que los reclusos cooperaran, para ir a un área específica o a una habitación, entre otras cosas. Los reclusos se desvestían y entraban en las "duchas" solo para que los mataran con gas, o eran alineados para que les tomaran lista solo para terminar siendo acribillados.

Al igual que su *führer*, los nazis eran mentirosos patológicos. Generalmente sobre las puertas de los campos de concentración se exhibían lemas falsos. Uno muy conocido era: *Arbeit macht frei*, que significa, literalmente, "El trabajo te hará libre." Este lema había sido colocado en algunos de los campos de concentración más destacados, incluyendo el de Auschwitz y el de Dachau. Por supuesto, era una mentira para engañar a los desafortunados reclusos de los campos de concentración. Podían trabajar hasta desmayar, pero no obtendrían la libertad.

Me pregunto cuántos reclusos de los campos de concentración habrán pensado en lo parecidas que sonaban esas palabras a Wahrheit *macht frei*, es decir, "La verdad te hará libre." Me recuerdan a lo que Jesús les expresó una vez a sus críticos: "Y conoceréis la verdad, y la verdad os hará libres"[353]; o cuando Jesús se presentó delante de Pilato, el gobernador romano de Judea, y le declaró: "Yo para esto he nacido, y para esto he venido al mundo, para dar testimonio a la verdad. Todo aquel que es de la verdad, oye mi voz", a lo cual Pilato le respondió cínicamente: "¿Y qué es la verdad?"[354] Los nazis no tenían más idea sobre la verdad de la que tenía el gobernador romano.

La filosofía y el militarismo nazi significaron una gran amenaza para las sociedades libres. Cuando Alemania invadió Polonia, Reino Unido y Francia le declararon la guerra a Alemania (al comienzo de la guerra, Rusia en realidad se había aliado con Alemania y participó de la invasión a Polonia). Meses después, Alemania invadió Francia, y pocas semanas después Francia se rindió. Solamente Reino Unido se enfrentó a Hitler. Muchos creyeron que ya no había esperanza; la victoria de Alemania era inevitable. Pero hubo un hombre que pensaba distinto.

En defensa de la civilización cristiana

Winston Churchill, el bulldog inglés, como se lo llamaba ocasionalmente, se enfrentó a Hitler y a su máquina de guerra. Churchill fue nombrado primer ministro en mayo de 1940, solo aproximadamente un mes antes de que Francia se rindiera y dejara a gran parte de la Marina Real Británica varada en Dunkerque. El heroico liderazgo de Churchill y su victoria final, cuando todo parecía imposible, son muy conocidos y no hace falta detallarlo aquí. Lo que es particularmente interesante es la razón por la cual Churchill luchó contra Hitler hasta la muerte: para preservar la civilización cristiana.

Un estudio reciente investigó el rol de la fe en el pensamiento y en la vida del mejor primer ministro de Reino Unido.[355] Los escritores Jonathan Sandys, el tátara nieto de Churchill, y Wallace Henley concuerdan en que Churchill no era particularmente religioso y que no asistía regularmente a la iglesia, pero encontraron evidencia sustancial y concluyente de que Churchill creía en Dios y abrazaba la fe cristiana. Frecuentemente hacía referencia a la "civilización cristiana" y a la necesidad de protegerla.[356]

En un discurso dado a la Cámara de los Comunes del Reino Unido en 1938, en una época en que el gobierno de Neville Chamberlain se encontraba en la búsqueda de la paz con Hitler mediante el apaciguamiento, Churchill se dirigió a sus colegas: "No puede existir una amistad entre la democracia inglesa y el poder nazi, ese poder que desprecia la ética cristiana, que alienta su ulterior curso con el paganismo bárbaro."[357] Que Churchill haya reconocido tempranamente el carácter pagano de Hitler y el carácter anticristiano de los nazis fue verdaderamente esclarecedor, ya que los nazis en esa época todavía hablaban de una piedad cuasi religiosa y del cristianismo positivo. Muchos de los contemporáneos de Churchill habían sido engañados por la retórica fingida de Hitler. Churchill se dio cuenta y la denunció.

En 1940, tres días después de que Churchill hubiera sido nombrado primer ministro, se presentó en la Cámara de los Comunes del Reino Unido y dio su famoso discurso, que comenzó con las palabras: "No tengo nada más que ofrecer que sangre, esfuerzo, lágrimas y sudor."[358] Churchill les advirtió a sus colegas, que la política del Reino Unido sería "hacer la guerra por mar, por tierra y por aire, con toda nuestra potencia y con toda la fuerza que Dios nos pueda dar; hacer la guerra contra una tiranía monstruosa." Al mes siguiente, Francia se rindió ante el Ejército alemán y formaron el régimen de Vichy, que ejercía su gobierno en el sur de Francia y funcionaba como un aliado de Alemania. Reino Unido quedó solo. El 4 de junio, Churchill se presentó ante el Parlamento y dio su famoso discurso acerca de nunca rendirse.[359] Estaba confiado de que pasara lo que pasara, "cuando Dios quisiera" vendría la victoria. Más adelante, en junio, Churchill dio un discurso en la Cámara de los Comunes del Reino Unido nuevamente, en el cual estableció que la batalla de Francia había terminado y que la batalla de Reino Unido estaba por comenzar. Churchill declaró: "De esta batalla dependerá la supervivencia de la civilización cristiana."[360]

Durante la batalla de Inglaterra (julio a octubre de 1940), cuando el bombardeo alemán golpeó la ciudad de Londres y el aeródromo de Inglaterra, Churchill se refirió a la capital inglesa como una "vasta ciudad de acogida que abraza todos los títulos de nobleza del progreso humano y es profundamente consecuente con la civilización cristiana."[361] Inglaterra no se rindió y Alemania finalmente tuvo que ponerle fin a la operación. Churchill reconoció acertadamente las temibles consecuencias que hubiese habido si Alemania hubiera tomado el poder de Reino Unido y hubiese destruido la "ciudad de acogida." Al usar esta expresión, uno no puede evitar preguntarse si Churchill se refería a la Biblia, que frecuentemente hace referencia a Dios como el lugar de seguridad y refugio para su pueblo.[362]

En mayor medida que sus colegas políticos, Churchill percibió correctamente que Hitler y la Alemania nazi podían significar el posible fin de todas las misericordias y beneficios que el cristianismo le había concedido a Occidente. Apropiadamente, Churchill observó en el movimiento nazi la destrucción de lo que le había hecho a la bondadosa y saludable civilización occidental.[363] Como correctamente predijo Churchill:

"Si caemos... todo el planeta... se hundirá en el abismo de una nueva edad oscura, más siniestra y quizás más enquistada aún, porque en ella solo alumbrará la luz de una ciencia perversa."[364] Mediante su sabio y firme liderazgo, Churchill derrotó a Hitler y preservó la civilización cristiana que tanto amaba.[365] La ciencia pervertida de la cual Hitler era tan aficionado no se convirtió en el nuevo estandarte del mundo.

Asimismo, Churchill encontró una gran relevancia personal en la fe cristiana. A la edad de veinticinco años, cuando fue llevado prisionero durante la Segunda Guerra de Bóer (1899-1902), logró un audaz escape de la prisión donde permanecía cautivo junto con otros oficiales ingleses. Mientras deambulaba por la oscuridad, perdido e inseguro, aproximadamente a 500 km de las fuerzas amigas, Churchill reflexionó cuidadosamente sobre su situación desesperante. Años más tarde relató:

> Me di cuenta de una manera desagradable de que ninguna acción de mi débil ingenio y fuerza podría salvarme de mis enemigos, y que sin la ayuda del Poder Supremo que interfiere en la secuencia eterna de causas y consecuencias más de lo que estamos dispuestos a admitir, nunca podría haberlo logrado. Mi oración, a mi parecer, fue respondida rápidamente y de manera maravillosa.[366]

La oración de Churchill fue completamente respondida. No solamente consiguió volver a las líneas inglesas a salvo, sino que también encabezó el ejército y liberó a los hombres que estaban cautivos en la misma prisión de la cual él había escapado. A los ojos de los ingleses Churchill fue un héroe.

Winston Churchill enfrentó a Hitler con tanta fe y resolución que eso lo llevó al éxito y lo hizo famoso. Sin embargo, Hitler no fue el único enemigo de Churchill. Hubo otros monstruos sueltos, que amenazaban al cristianismo.

CAPÍTULO 11

Cuando la verdad es lo que uno quiere que sea

Desafortunadamente, Hitler no fue el único heredero de Nietzsche. Existieron otros en el siglo XX que aceptaron la filosofía de este hombre demente acerca de la supremacía de la raza y la necesidad de reformar el mundo mediante la opresión y la violencia; sin ningún Dios o moral que se entrometan en el camino.

En este capítulo, observaremos al "emperador" italiano Benito Mussolini, quien en cierta manera fue el mentor de Hitler en sus primeros días. También daremos una mirada a Josef "el hombre de acero" Stalin, quien obtuvo el poder de la Unión Soviética y conquistó la mayor parte del territorio de Europa que pudo. Asimismo, discutiremos sobre los dictadores asiáticos Mao Zedong, Ho Chi Minh, Pol Pot y los tres pequeños Kim en Corea del Norte. El tema central que impacta en el liderazgo de estos hombres es su completo desprecio por la vida humana. Para ellos, no existe la moral y la verdad es lo que uno quiere que sea.

Benito Mussolini: El último César

Benito Mussolini (1883-1945) sirvió en el ejército italiano durante la Primera Guerra Mundial. Después de la guerra, Mussolini se adhirió al Partido Socialista Italiano. Más adelante, denunció a los socialistas y fundó el Partido Nacional Fascista. En 1922, asumió como primer ministro de Italia. Mussolini tenía grandes planes; él creía que gracias a su liderazgo carismático se podría volver a establecer el antiguo Imperio Romano (lo que fue parte de su justificación para invadir Etiopía en 1935). Al igual que Hitler, Mussolini era conocido como *Il Duce* ("el Líder"). Los Camisas Negras y la policía secreta (que tenían sus equivalentes en la Alemania nazi) aterrorizaban al público y reprimían a los disidentes. En 1943, luego de varios fracasos militares, la invasión de los Aliados del sur de Italia, y los miles de soldados italianos que murieron en batalla contra Rusia, Mussolini fue depuesto y encarcelado. Fue rescatado por el Mando de Fuerzas Especiales de Alemania, y luego las tropas alemanas ocuparon la mayor parte del territorio italiano. Cuando los Aliados invadieron Italia, Mussolini intentó escapar, pero fue capturado por los comunistas italianos, quienes lo balearon a él y a su amante, y luego transportaron sus cuerpos a Milán e hicieron que los colgaran boca abajo en un lugar público.

Aunque fue criado por una madre católica devota, Mussolini adoptó el ateísmo y se volvió un crítico mordaz de la Iglesia católica. Justificaba sus brutales acciones basándose en su comprensión sobre Darwin y Nietzsche, especialmente este último, cuyas nociones de "voluntad al poder" y el "superhombre" le fascinaban al dictador italiano.[367] Mussolini deseaba destruir el cristianismo, pero, al igual que Hitler, sabía que no podía atacar abiertamente a la iglesia hasta que no hubiese ganado la guerra y consolidado el poder.[368] Es difícil mencionar la cantidad de personas que murieron a causa del brutal mandato de Mussolini. Se estima que fueron alrededor de 400 000, incluyendo militares y civiles. Sin embargo, ese número no contempla a los muchos que murieron en Etiopía.[369] Si el ejército de Mussolini hubiese sido más eficiente, el número de víctimas totales podría haber sido mucho mayor.

Mussolini deseaba convertirse en el nuevo César que restauraría Italia y el Imperio romano, y reestablecería Romanitá, o "el espíritu de romanidad", del pueblo italiano, de acuerdo con Jan Nelis.[370]

Su idea era en algún sentido similar a la idea de Hitler de fomentar la supremacía aria (aunque a Mussolini le fastidiaba el énfasis que Hitler hacía sobre los aspectos *nórdicos* de su racismo), en la que el Tercer Reich personificaría el mundo clásico precristiano.[371] El líder italiano se comparaba a sí mismo con Julio César, el verdadero fundador de Roma, y con César Augusto, el constructor del imperio y el portador de la paz augusta (la *Pax romana*).[372] Los fascistas incluso se referían a la "apoteosis del hombre vivo", es decir, la divinización de Mussolini, así como el antiguo senado romano había divinizado a Julio César y, más adelante, a Augusto.[373] Nelis describió la obsesión que Mussolini tenía con esta idea de la Romanitá prácticamente como si fuera un culto.[374]

Asimismo, Mussolini creía que la "historia de Roma le enseñaría a Italia cómo hacer para convertirse en una gran nación."[375] El dictador se oponía a la iglesia porque sostenía que "el cristianismo era una enfermedad, que resultó ser fatal para los antiguos dioses romanos."[376] La conclusión era que el cristianismo se interpondría en el camino del resurgimiento de la nueva Roma y del nuevo Imperio italiano. Mussolini no era el único que pensaba de esta manera. El influyente filósofo fascista italiano Giovanni Gentile "expresó su intención de subordinar la fe católica a su ideal de estado."[377]Al recordarles las guerras púnicas a los italianos, donde Roma peleó por su vida en su lucha contra Cartago, Mussolini argumentó que la guerra conduciría a la "regeneración" de Italia, tal como sucedió con la antigua Roma.[378] La nueva Roma crearía un "nuevo pueblo italiano," que sería superior a todos los demás.[379] Y al igual que la Alemania nazi, la regeneración del "nuevo" pueblo requería limitar el contacto con los judíos y con otros pueblos inferiores.[380]

Menciono el engaño de Mussolini para destacar el pensamiento intencional tanto de los nazis como de los fascistas italianos. Ambos regímenes se consideraban a sí mismos no simplemente como anticristianos, sino como aquellos que hacían un esfuerzo para llevar de nuevo a sus respectivos países a una era dorada imaginaria previa al cristianismo. El cristianismo era visto como una enfermedad que había debilitado el mundo clásico y el Imperio romano. Además, la creencia necia del cristianismo en el igualitarismo y su compasión ilógica por los minusválidos condujeron invariablemente hacia la impureza de la raza y la pérdida de la "voluntad de poder" de la nación. Hitler y Mussolini buscaban, cada uno en su respectiva forma, devolverles a sus países la gloria y grandeza del mundo precristiano. Tanto Hitler como Mussolini imaginaban un mundo sin cristianismo. Creían que sería un mundo mejor. Según sus puntos de vista, era probable que tuvieran que morir millones de personas para poder crear ese mundo, pero para ellos valía la pena hacerlo.

Josef Stalin: El hombre de acero

En 1878, Vissariaon Djugashuli y su esposa, Ekaterina Geladze, quien vivía en una pequeña ciudad de Gori, en Georgia, le dieron la bienvenida a un nuevo hijo en su familia. Lo llamaron Josef. Cuando creció, Josef Vissariaon Djugashuli se nombró a sí mismo *Stalin*, que en ruso significa "acero." De sus muchos apodos, Stalin era su favorito, especialmente durante la Revolución Rusa.[381]

El padre de Stalin era un alcohólico violento que golpeaba a Stalin y a su madre. Ellos decidieron abandonar a su padre, pero luego tuvieron que enfrentar dificultades financieras. Un sacerdote ortodoxo recibió a la madre y al hijo en su hogar y los cuidó. Gracias a la influencia del clérigo, Stalin fue aceptado para inscribirse en la escuela de la iglesia de Gori. Aunque el joven Stalin era un buen estudiante, discutía y se peleaba con otros niños con frecuencia. En 1894, se inscribió en el

Seminario Teológico de Tbilisi, una escuela rusa ortodoxa que preparaba a los hombres para el ministerio cristiano. Allí, Stalin aprendió a hablar ruso de manera fluida. Sin embargo, cinco años después fue expulsado por no haberse presentado para rendir los exámenes finales.[382] Stalin adoptó el ateísmo (posiblemente algo parecido a las confusas ideas de Hitler sobre la naturaleza) y se unió al Partido Comunista, que era oficialmente ateo y anticristiano.

Durante la Revolución bolchevique, Stalin saltó a la fama rápidamente, luego de participar en la guerra con Polonia de 1919 a 1921 y cumplir un papel importante en la invasión de Georgia en 1921. Fue nombrado secretario general del Partido Comunista, y cuando Vladimir Lenin murió en 1924, Stalin obtuvo el poder absoluto, y así condujo a León Trotsky y a sus rivales al exilio. En los años subsiguientes, Stalin ordenó purgas masivas y reubicaciones, mayormente hacia Siberia. Murieron incontables millones de personas, ya sea porque trabajaban hasta la muerte en los campos o como resultado de ejecuciones, hambre o exposición a bajas temperaturas.[383] Incluso la segunda esposa de Stalin, Nadezhda, fue una víctima. Se atrevió a enfrentar a su marido en defensa de la población rusa que se estaba muriendo de hambre, y fue duramente reprendida y conducida al suicidio por su propio esposo.[384] Stalin murió en 1953 a la edad de setenta y cuatro años. Nikita Khrushchev, un héroe de guerra que sucedió a Stalin, lo denunció a él y al stalinismo.

Josef Stalin fue otro hombre que deseaba crear un mundo nuevo y mejor, al menos para los comunistas comprometidos. Adoptó la visión utópica de Karl Marx y de Friedrich Engels, de la forma en que la había modificado y adaptado Vladimir Lenin, y que él mismo siguió modificando aún más. Stalin imaginaba un mundo sin Dios y sin cristianismo, un mundo en que el estado determinaría la moral y tendría control sobre las familias, la educación, la economía y la misma cultura. Millones murieron y millones más sufrieron.

Mao Zedong: El tigre de dientes verdes

Mao Zedong (1893-1976) fue criado por un padre severo que golpeaba a Mao y a sus hermanos. Durante un tiempo, Mao experimentó con el budismo. Pronto se interesó en la política y asumió la causa nacionalista china. Al poco tiempo de haberse mudado a Beijing en 1917, Mao conoció el comunismo, leyó a Marx y siguió con gran interés la Revolución bolchevique en Rusia. Mao se unió al Partido Comunista y formó parte de la Guerra Civil China que se desencadenó en 1927 y en la resistencia contra los invasores japoneses. Cuando finalmente terminó la Segunda Guerra Mundial, la Guerra Civil China continuó, donde Mao y los comunistas conquistaron el continente en 1949 y establecieron la República Popular de China. En 1950, Mao envió tropas chinas a Corea del Norte.

Aunque Mao pudo consolidar su poder sobre el continente chino y proteger a China contra las agresiones extranjeras, muchas de sus políticas fueron un fracaso, algunas desastrosas. El Gran Salto Adelante de 1958 dio como resultado hambre y muerte para millones de personas. Al menos treinta millones de campesinos murieron entre 1959 y 1962.[385] Como Mao creía que los problemas eran ocasionados por robos y acaparamiento, impulsó purgas, que solo resultaron en más muertes; algunos se suicidaban y otros eran golpeados hasta la muerte.[386]

Sobrevino más caos y dificultades económicas cuando China rompió sus lazos con Rusia y lanzó después la revolución cultural. Como resultado millones de personas murieron, muchas en manos del destacado Ejército Rojo, y la destrucción de artefactos culturales irremplazables. El gobierno de Mao experimentó más de una turbulencia debido a la denominada Banda de los Cuatro, que incluía a Jiang Qing, su última esposa. Mao murió y la revolución llegó a su fin.

Los últimos años de la vida de Mao estuvieron marcados por problemas personales y de salud. Mao pudo haber sufrido de demencia. En una oportunidad, su médico tímidamente sugirió que el presidente

Mao debía lavarse los dientes. Mao amaba tomar té verde fuerte, pero no se cepillaba los dientes, y se habían puesto amarillos con un notable tinte verde. Mao no aceptó el consejo. "Un tigre nunca se lava los dientes," gruñó el presidente.[387] Es difícil imaginar que el doctor haya vuelto a mencionar el tema alguna otra vez.

Mao contrajo matrimonio cuatro veces, y la última de sus esposas, como ya lo mencionamos, ocasionó el caos en la controversia de la Banda de los Cuatro. Luego de la muerte de Mao en 1976, no hubo nadie que protegiera a Jiang Qing. Fue sometida a juicio y condenada a muerte, pero su sentencia fue conmutada a cadena perpetua.

Al igual que sus contemporáneos Hitler, Mussolini y Stalin, Mao se opuso fuertemente al cristianismo en China, cuyos orígenes datan del siglo VII. Los cristianos en China habían construido clínicas, hospitales, escuelas y orfanatos. También se habían opuesto al comercio del opio. Luego de la toma del poder de Mao, los misioneros chinos fueron desterrados y la iglesia cristiana se volvió clandestina. Fue un tiempo particularmente difícil para los chinos cristianos durante la Revolución Cultural. Algunos cristianos fueron encarcelados, otros fueron torturados, y las iglesias y sus casas fueron saqueadas y destrozadas.[388] Sin embargo, la iglesia continuó creciendo. Hoy día el cristianismo es legal, aunque existen restricciones en cuanto a los lugares en los que se puede practicar. Se estima que hoy en día hay entre 70 y 85 millones de cristianos en China, y que ciertamente superan en cantidad a los miembros comunistas del país; el legado de Jesús sigue vigente.[389]

Ho Chi Minh: "El tío Ho"

Nacido bajo el nombre de Nguyen Singh Cung, Ho Chi Minh (1890-1969) fue uno de los líderes comunistas más instruidos del siglo XX.[390] Ho asistió a la universidad y vivió en el exilio cerca de treinta años, lo que le permitió aprender francés, inglés, ruso, cantonés y mandarín, además de su vietnamita nativo. Ho incursionó en política para poder intervenir para que Vietnam se independizara de Francia. Este esfuerzo se demoró debido a la invasión japonesa a indochina durante la Segunda Guerra Mundial. Después de la guerra, Ho, conocido afectuosamente como "Tío Ho", presentó una petición al presidente de Estados Unidos, Harry Truman (como lo había hecho con el presidente Woodrow Wilson antes de la guerra), pero no obtuvo ninguna respuesta. Es probable que las inclinaciones de Ho hacia el comunismo y la adopción de tácticas violentas, que incluían purgas sanguinarias contra aquellos que criticaban su liderazgo, haya sido el motivo por el cual Truman se negó a apoyarlo. De cualquier modo, estalló la guerra civil. Cuando los franceses se retiraron, los asesores estadounidenses, junto con medio millón de tropas, ingresaron a Vietnam.

Ho murió en 1969 y fue sucedido por el comunista vietnamita Politburo. La guerra llegó a su fin en 1974 mediante un tratado, que reconocía la existencia de dos Vietnam; Vietnam del Norte y Vietnam del Sur. Luego de que Estados Unidos retiró sus tropas, el norte invadió el sur, y aniquiló al menos a un millón de personas, principalmente en Saigón, la capital de Vietnam del Sur. Obviamente, los términos del tratado de paz no significaron nada para el régimen comunista.

Pol Pot: "¡Vaya hombre!"

Saloth Sar, más conocido por su *nom de guerre* Pol Pot (1925-1998), creció en un campo de arroz en Cambodia. Luego de haber reprobado la escuela, se volvió activo en política en la década de 1950. Pot lideró a los Jemeres Rojos desde 1963 hasta 1979. En el espíritu del comunismo, a Pot le gustaba referirse a sí mismo como el "hermano número uno." Su supuesto objetivo era establecer una utopía socialista agraria. Para lograrlo, prohibió todas las religiones, asesinó aproximadamente a 25 000 monjes budistas, exterminó a los intelectuales (especialmente si habían sido educados según el pensamiento de Occidente) y encarceló y torturó a todos los sospechosos de disidencia. Finalmente, Pot y su paranoico gobierno, abastecidos con armas de la China comunista, asesinaron a más de un cuarto de la población de Cambodia. Irónicamente, los líderes de las masacres de Cambodia habían sido entrenados en París, donde fueron influenciados por el filósofo existencialista y nietszcheano Jean-Paul Sartre.[391]

La ruina de Pot le sobrevino cuando atacó Vietnam. Luego de que sus fuerzas fueron derrotadas, Pot huyó a Tailandia. Desde su escondite, seguía liderando a los Jemeres Rojos, aunque renunció en 1985 debido a su mala salud. En 1995, Pot sufrió un derrame cerebral. Tres años más tarde falleció. Se sospecha que se suicidó cuando se enteró de que su partido había acordado entregarlo a un tribunal internacional para que enfrentara los cargos por sus crímenes de guerra.

Los tres pequeños Kim: Los líderes más temibles de todos

Kim Il-sung (1912-1994), nacido con el nombre de Kim Song-ju, se convirtió en el líder del Partido Comunista de Corea y obtuvo el control de una parte de Corea en 1948. Respaldado por China y por Rusia, Kim intentó conquistar Corea del Sur y unificar la península bajo su mandato. Las fuerzas de las Naciones Unidas, lideradas por Estados Unidos, lucharon contra Kim y sus aliados, que los dejaron en un callejón sin salida y le dieron fin a la guerra en 1953. Kim gobernó Corea del Norte hasta su muerte en 1994. Se estima que su gobierno asesinó por lo menos a un millón de personas. Además, es probable que nunca se sepa cuántas personas más murieron a causa de hambre o malnutrición.

Kim fue sucedido por su hijo Kim Jong-il (1941-2011). El Kim número dos llevó a un nuevo nivel el culto al líder. Oficialmente se hacía referencia a él como "Querido Líder" y "El Gran Dirigente." Después de su muerte, el gobierno estableció que desde ese momento en adelante se lo conocería como el "Secretario General Eterno" del Partido del Trabajo de Corea.

Al Kim número dos lo sucedió el Kim número tres, o Kim Jong-un (8 de enero de 1983), el actual presidente del Partido del Trabajo de Corea y líder supremo de la República Popular Democrática de Corea. Es típico del comunismo utilizar términos como *trabajadores*, *república popular* y *democrática*. Por supuesto, ninguno de esos términos es preciso. Los trabajadores de Corea del Norte no tienen participación en ningún aspecto político ni de otra índole. No existe la democracia ("el gobierno del pueblo"), y la República de Corea no está gobernada por el pueblo que la conforma, sino por un pequeño grupo de elite, respaldado por el ejército.

Corea del Norte es un país reservado y paranoico. Al público casi nunca se le dice la verdad. Debido a escases de comida, de medicina y de combustible, se ha esparcido el hambre y la malnutrición. Los adultos de Corea del Norte son en promedio cerca de cinco centímetros más bajos que los de Corea del Sur. Se desconoce la cantidad que fallece por año a causa del hambre. Algunos surcoreanos preocupados, muchos de los cuales son cristianos, de vez en cuando les envían a sus primos desolados camiones repletos de comida, ropa y medicamentos.

El sobrealimentado y consentido Kim número tres ha mandado a matar a algunos miembros de su familia y rivales políticos. No se sabe con claridad cuán estable es su gobierno a esta altura. Continúa enviando amenazas militares contra los intereses que Corea del Sur y Estados Unidos tienen por la región. Asimismo, Kim número tres sigue extendiendo en su familia la tradición de darle culto a su propia persona. En una ladera en la provincia de Ryanggang se han tallado las siguientes palabras: "¡Viva el General Kim Jong-un, el Sol Brillante!" La frase cubre cerca de 500 metros y puede verse desde el espacio.[392]

Nazismo, fascismo y comunismo: El culto a la muerte

El ateísmo, desde el tiempo de Marx y sus primeros seguidores, ha sido el tema central del comunismo. No hace falta deducirlo; los propios comunistas lo declaran. La ideología nazi de Hitler es mucho más complicada, ya que detrás de ella no yace exactamente el ateísmo sino alguna forma de panteísmo neopagano. Lo que sea que haya sido y de la forma en que deba describirse, una cosa es clara: la ideología de Hitler rechazaba al cristianismo y al teísmo judeo-cristiano.

El registro del comunismo en el siglo XX es escalofriante. Por qué las élites académicas de izquierda en Occidente quedan hipnotizadas por el comunismo y continúan promoviéndolo o excusándolo es totalmente desconcertante. Después de todo, los elitistas académicos de izquierda tradicionalmente han apelado a la apertura y a la investigación crítica. Sin embargo, parecen estar extrañamente cegados a los pecados del comunismo y al grave registro de experimentos llevados a cabo en los gobiernos ateos. ¿Por qué ocurre esto? ¿Por qué les cuesta tanto enfrentar estos hechos nefastos?

Stéphane Courtois y sus colegas decidieron confrontar al público y a los elitistas académicos con el oscuro registro del comunismo. En 1997, publicaron los resultados de su trabajo con el título de *Le livre noir du Communisme: Crimes, terreur, répression* [El libro negro del comunismo: Crímenes, terror y represión].[393] Los hechos recopilados son impactantes. Courtois estima que cerca de 100 millones de personas han muerto bajo los regímenes comunistas (eso es hasta 1997, cuando apareció su libro; en los años subsiguientes, probablemente las cifras hayan aumentado).

Courtois y la mayoría de sus contribuyentes descubrieron que el comunismo no era mejor que el nazismo, moralmente hablando. Sospecho que si se conocieran todos los datos, que es algo que jamás ocurrirá, descubriríamos que el comunismo ha sido mucho peor que Hitler y compañía. Debido a su ingenuo compromiso con la agricultura y la industria colectiva, los gobiernos comunistas raramente alcanzaban los objetivos, lo que resultaba en escases de elementos básicos necesarios, que a su vez conducía al hambre, la miseria, el descontento y la represión. Pareciera que los gobiernos comunistas eran mejores para matar personas que para gobernar. Courtois concluye que la clase de genocidio cometido por los comunistas era comparable con el genocidio racial de los nazis.

Varios dictadores del Bloque del Este europeo comunista añadieron aún más sufrimiento. Conformaron una verdadera galería de fotos de fichas policiales. Podemos comenzar con Erich Honecker (1912-1994) de Alemania Oriental, o la República Democrática Alemana. Por supuesto que no era una democracia; ninguna de las "repúblicas democráticas" comunistas lo era. Honecker gobernó el este de Alemania desde 1971 hasta su colapso y fusión con la República Federal de Alemania en 1989. Honecker fue arrestado y llevado a juicio por aprovecharse de su temida policía secreta de la *Stasi* para intimidar, torturar, asesinar y encarcelar por motivos falsos a miles de alemanes del este. Muchos recordarán que bajo las órdenes de Honecker, muchos alemanes fueron baleados cuando intentaban cruzar el infame Muro de Berlín y escapar hacia la libertad. Fue condenado, pero debido a su frágil salud, se le concedió clemencia, algo que él no tuvo con los demás. Honecker fue un adúltero serial, se casó tres veces y tuvo, por lo menos, un hijo fuera del matrimonio. En el periodo posterior al colapso de la Alemania Comunista del Este, se iniciaron varias investigaciones a causa de que muchos padres preocupados y enojados exigieron ver los registros oficiales relacionados con sus hijos, que habían sido arrebatados de sus casas para ser entrenados en el comunismo ortodoxo.

El hombre fuerte Marsahl Josip Broz Tito (1892-1980) gobernó Yugoslavia desde que finalizó la Segunda Guerra Mundial hasta su muerte. Su régimen era opresivo; suprimían los derechos humanos y administraban mal la economía. Luego de la muerte de Tito, quedó a la vista que la economía transitaba grandes problemas. Sus políticas étnicas abrasivas allanaron el camino para la violenta fragmentación que convulsionó a Yugoslavia durante la década de 1990.

Todor Hristov Zhivkov (1911-1998) fue el gobernador nepotista de la República Popular de Bulgaria. Él también era intolerante con la disidencia, y ordenó el asesinato de los líderes disidentes. Probablemente haya estado involucrado con el infame e infructífero complot para asesinar al papa Juan Pablo II en 1981.

Sería difícil ganarle a Nicolae Ceauşescu (1918-1989) de Rumania. Gobernó su país con mano firme desde 1965 hasta 1989. Él también administró mal la economía, provocando escases de alimentos, combustible y suministros de medicamentos. Reprimió la disidencia de una manera despiadada. Cuando el pueblo descubrió que les había ordenado a sus tropas que les dispararan a manifestantes desarmados, se encolerizó y asaltó el palacio presidencial. Sus guardaespaldas (mercenarios iraníes, no rumanos étnicos) les dispararon a los manifestantes, pero ellos mismos se convirtieron en víctimas a manos de las Fuerzas Armadas. Ceauşescu y su esposa escaparon, pero fueron capturados. Luego de un juicio breve, fueron ejecutados por el pelotón de fusilamiento militar. Se solicitaron voluntarios para esta tarea. Parecía que todos querían dispararle al repudiado presidente.

Sin embargo, existe un comentario positivo acerca de la historia de Rumania. Veinticinco años después de la muerte de Ceauşescu y del fin de la era comunista, el gobierno rumano llevó a cabo una investigación acerca de los abusos del anterior gobierno comunista. En el 2006, el presidente Traian Băsescu emitió públicamente la siguiente disculpa:

> *Como presidente del Estado rumano, condeno explícita y categóricamente el régimen comunista en Rumania, desde su creación… hasta su derrocamiento en diciembre de 1989. Al tomar conocimiento de la evidencia presentada en este documento, afirmo con total responsabilidad: el régimen comunista en Rumania fue ilegítimo y criminal… En nombre del estado de Rumania, expreso mi lamento y compasión a las víctimas de*

> *la dictadura comunista. En nombre del estado rumano, les pido disculpas a aquellos que sufrieron, a sus familias, a todas aquellas personas cuyas vidas, de alguna manera u otra, fueron destruidas debido a los abusos de la dictadura.*[394]

Los regímenes ateos, sean fascistas o socialistas, nazis o comunistas, están moralmente ciegos.[395] No es para nada difícil de imaginar. Después de todo, una vez que se deja a Dios a un costado, todo lo que queda es la ley de la jungla. El filósofo ético Zev Friedman afirma correctamente: "Sin la religión, no puede establecerse la coherencia de una ética compasiva. El principio del respecto por las personas y el principio de la supervivencia de los más fuertes no pueden ir de la mano."[396] El ético Richard Taylor concuerda y afirma que: "El concepto de obligación moral es incomprensible fuera de la idea de Dios. Las palabras permanecen, pero su significado no."[397]

El filósofo cristiano William Lane Craig da a entender lo mismo. En un debate con el ateo Paul Kurtz, le preguntó: "¿Por qué tendríamos que pensar que, si Dios no existe, estamos sujetos a aceptar cualquier tipo de obligación moral? En ese caso, ¿quién o qué nos impone estas obligaciones?"[398] Sin Dios, no hay ninguna autoridad principal que proporcione dirección. Respondiéndose a sí mismo, Craig declaró: "Por lo tanto, si el ateísmo es correcto, se hace imposible condenar la guerra, la opresión o el crimen como acciones de maldad. Tampoco uno podría exaltar la fraternidad, la igualdad o el amor como acciones de bien. No importa lo que uno haga: porque no hay algo correcto o incorrecto; no existe ni el bien ni el mal."[399]

El conocido ateo Richard Dawkins planteó básicamente lo mismo: "El universo que observamos tiene precisamente las propiedades que serían de esperar si en el fondo, no hubiera un diseño, una razón de ser, un mal y un bien; nada más que una ciega y despiadada indiferencia."[400] Por supuesto, Dawkins está equivocado, pero al menos en este punto es consistente. No aborda cómo es que un universo sin propósito, sin piedad y completamente indiferente al dolor y al sufrimiento, de alguna manera, logró producir criaturas sensibles que buscan un propósito en todas las cosas, y no son indiferentes o sin compasión.

En su respuesta a Craig, Kurtz habló de la "inteligencia ética" y la idea de aprender a "razonar juntos y encontrar principios morales en común." Luego agregó: "¿Podemos encontrar dichos intereses en común?"[401]

¿Cómo podrían existir? Sin Dios, la ética puede tomar cualquier forma, incluso formas excesivamente retorcidas, como hemos visto en el ateísmo y en los regímenes anticristianos del siglo XX. No hablo teóricamente; no es mera opinión. Los hechos terribles de los regímenes ateos, cuya moralidad no estaba sujeta a Dios, hablan por sí mismos.

Aquellos que están impacientes por inclinarse a la causa del nuevo ateísmo deberían volver a considerarlo. El legado ateo está contaminado por la muerte y la destrucción. Existen muchos ateos que son buenas personas, que repugnan los crímenes cometidos por los regímenes ateos. Sin embargo, me temo que estas personas respetables no comprenden completamente el potencial del daño que puede ocasionar la cosmovisión del ateísmo. Si el ateísmo es inofensivo; si, en realidad, es esclarecedor y positivo, entonces ¿por qué sus antecedentes son tan espantosos? Y si es tan atractivo, ¿por qué las personas de las sociedades que antes eran ateas se están volviendo a Dios?

El complot para destruir a Dios y el legado de Cristo

Cuando los bolcheviques invadieron Rusia para instaurar el comunismo y fundaron la Unión Soviética, se dispusieron a erradicar el cristianismo. Para el ateísmo comunista la iglesia o la fe cristiana no tenían sentido. Los comunistas creían que las personas necesitaban ser reprogramadas y reeducadas. Creer en Dios había pasado de moda; la nueva ciencia había llegado. Se asumía que, dentro de una generación, Rusia y los demás miembros de la Unión Soviética serían en su mayoría ateos y no profesarían ninguna religión. Pero la realidad fue muy distinta.

Los teoristas comunistas asumían que todo tenía que ver con la economía: si las personas tuvieran una mejor situación económica, entonces desaparecería la necesidad de la cursilería religiosa, o lo que Karl Marx había denominado como el "opio del pueblo." Pensar como un marxista sería: si el estado "obtuviera el control total de los medios de producción cultural, podría controlar la ideología de la población."[402] O al menos eso era lo que opinaban los ingenieros materialistas, culturales y sociales del Kremlin. Ellos estaban equivocados; eso sencillamente fracasó. No funcionó debido a que la antropología comunista es profundamente defectuosa; considera a los seres humanos como seres físicos y como nada más que eso.

Luego de casi setenta años de mandatos comunistas represivos, con un control absoluto sobre la educación y la cultura, el porcentaje de la población que adoptó el ateísmo no aumentó. El complot soviético para destruir a Dios fracasó. En un estudio reciente, Paul Froese resume la evidencia y destaca que "las estimaciones más generosas acerca de la creencia atea revelan que menos de un quinto de los ciudadanos soviéticos eran ateos en el apogeo del comunismo, y esa cifra disminuye a menos del cuatro por ciento de la población inmediatamente después de la caída de la Unión Soviética."[403] El complot comunista para acabar con Dios y con el Cristo de la fe cristiana no resultó. Dios no desapareció.

Incluso algunos de los líderes comunistas comprometidos cambiaron de parecer. Uno puede pensar en Gustáv Husák de la Checoslovaquia comunista, un líder bastante moderado en comparación con los estándares comunistas.[404] Husák renunció en 1989, cuatro días antes del colapso del régimen comunista. Algunos días antes de su muerte en 1991, habiendo sido comunista y ateo durante muchos años renunció al ateísmo, y en presencia de un cura católico se arrepintió y confesó su fe en Jesucristo. De la misma manera, el general Wojciech Jaruzelski de Polonia, el último líder comunista de Polonia (1981-1989), se convirtió al cristianismo poco antes de su muerte en el 2014.

Quizás la conversión más impactante de todas haya sido la de Wilhelm Keitel, comandante en jefe de las fuerzas armadas de la Alemania nazi, superado en rango solo por el mismo Adolf Hitler. Sentenciado a muerte por el tribunal de crímenes de guerra de Núremberg, Keitel fue ejecutado en octubre de 1946. El capitán Henry Gerecke, capellán de las Fuerzas Armadas de EUA y ministro luterano, que hablaba en alemán con fluidez, ingresó a la celda de Keitel y le ofreció orar con él. Gerecke visitaba a Keitel con frecuencia y se había desarrollado una conexión especial entre los dos.

> Los dos hombres se arrodillaron y Gerecke… oró en alemán. De repente, fue como si Keitel se hubiera dado cuenta de que realmente estaba a punto de morir. Tembló y "lloró desconsoladamente" al mismo tiempo que "respiraba con dificultad." Justo antes de que lo colgaran, Keitel recibió la Comunión, que se la sirvió el propio Gerecke. Como lo recordó más tarde el capellán, Keitel, "con voz temblorosa" le confesó "Me has ayudado más de lo que imaginas. Que Cristo, mi Salvador, me acompañe todo el camino. Lo necesitaré mucho."[405]

También debería mencionar la increíble historia de monseñor Hugh O'Flaherty, quien desempeñó una función diplomática en el Vaticano desde 1943 hasta 1945. El monseñor organizó una red clandestina que escondía a pilotos aliados caídos, a miembros de la resistencia italiana, a fugitivos militares y a judíos. Luego los ayudaba a escapar a Suiza. El coronel Herbert Kappler de las SS, quien se desempeñó como jefe de policía en Roma, sospechaba acerca de lo que estaba haciendo el monseñor, pero no podía probarlo. Amenazó a O'Flaherty e incluso intentó asesinar al molesto sacerdote, pero los aliados llegaron antes de que pudiera hacerlo. Cuando los ejércitos de Estados Unidos y de Inglaterra se estaban aproximando, Kappler le suplicó a O'Flaherty que ayudara a su familia a escapar. Al principio, el monseñor estaba enojado y se rehusó a ayudar al nazi. Después de todo, por culpa de Kappler, al menos veintitrés mil personas inocentes habían muerto. Con lágrimas en los ojos, Kappler le preguntó a O'Flaherty, "¿No existe Dios? ¿No existe la humanidad?" Poco tiempo después, Kappler quedó bajo custodia del ejército británico. Más adelante supo que su familia había sido llevada a salvo a Suiza.

En el tribunal por los crímenes de guerra en Italia, Kappler fue sentenciado a cadena perpetua y fue encarcelado en la prisión militar de Gaeta. Su esposa se divorció de él y su familia lo rechazó. Nunca lo fueron a visitar a la prisión. Sin embargo, hubo un hombre que lo visitaba frecuentemente: monseñor O'Flaherty. Kappler se arrepintió, abandonó su ateísmo y sus creencias nazis, y puso su fe en Cristo.[406]

Las preguntas que le hizo el desesperado Kappler a monseñor O'Flaherty conectaron de manera correcta a Dios con la humanidad: si Dios no existe (tal como afirma el ateísmo y como proclamaba Nietzsche), realmente no hay humanidad. Los seres humanos no son más que animales con dos patas, y la moral no es más que la supervivencia de los más aptos. Nosotros los seres humanos no tenemos propósito; no tenemos sentido. No somos más que el producto casual de un universo sin piedad e indiferente. Pero, ¿es esto cierto? ¡Todo lo contrario! Nosotros los seres humanos sabemos en lo profundo de nuestro ser que esto no es así. De hecho, tenemos sentido; tenemos propósito.

El arrepentimiento de los antiguos comunistas y líderes nazis es sin dudas alentador. Por supuesto, hubiese sido mucho mejor si se hubiesen dado cuenta antes de cometer tanto daño. Asimismo, existen señales de que en los países en los que alguna vez se impuso el ateísmo, la población general está conociendo a Dios y volviendo a la fe.

Por ejemplo, se estima que hoy día los cristianos chinos superan en número a los comunistas chinos. Por esta razón, algunos anticipan que, en un futuro no muy lejano, China será el país cristiano más grande del mundo.[407] Lo mismo parece estar sucediendo en Rusia, a medida que se sigue reduciendo el número de ateos en dicho país.[408]

¿Lo olvidaremos?

Me pregunto, ¿nos hemos olvidado en el siglo XXI de las duras lecciones que nos dejó el siglo pasado? Muchos estudiantes de preparatoria hoy día parecen no conocer nada acerca de la historia. Algunos no están seguros de qué se trató la Segunda Guerra Mundial. Otras personas no tienen idea sobre el deplorable registro de muertes que dejó el comunismo. El fantasma de Nietzsche pareciera estar regresando, y está buscando nuevos discípulos.

La evidencia del resurgimiento de Nietzsche puede observarse en los argumentos de los nuevos ateos y en la emergente "cultura de muerte," como algunos la denominan.[409] El Juramento Hipocrático que implica "No hacer daño," ya no es tan aceptado. Abortos por doquier, en cualquier etapa del embarazo, incluidos abortos con nacimientos parciales, parecen ser prácticas perfectamente aceptables para muchas personas hoy día.[410] Ocurre lo mismo con el suicidio asistido, que se permite a cualquier edad y por cualquier motivo. El nuevo ateísmo y su entusiasta aceptación en algunos círculos me generan gran preocupación. Me inquieta que, si nuestra sociedad adopta el nuevo secularismo y su relatividad moral, tirará por la borda una preciosa herencia espiritual y cultural; el mismo fundamento en el cual la sociedad occidental fue construida. ¿Por qué razón alguien querría adoptar la filosofía de Nietzsche y la de cualquiera de su clase, que inspiró a hombres como Hitler, Mussolini y Stalin? ¿Por qué en cambio no atesoran la filosofía de Jesús, cuyos seguidores hicieron del mundo un lugar mejor? Unámonos a las filas de hombres como William Wilberforce, quien trabajó durante mucho tiempo y con gran fervor para terminar con la esclavitud en Occidente, y los muchos otros hombres y mujeres que lucharon por la democracia, la educación, la alfabetización, la ciencia, la medicina, las artes, los derechos igualitarios y la justicia.

En los siguientes capítulos examinaremos cómo Jesús cambió el mundo y cómo su Iglesia ha creado una institución tras otra, y hace del mundo un lugar mejor para todos.

PARTE III

EL MUNDO **CON** CRISTIANISMO

CAPÍTULO 12

La gran proeza de Jesús: Buenas noticias para todos

Sabía usted que en la Biblia existen 7.487 promesas de Dios para nosotros?

La edición de la revista *Time* de la Noche Buena de 1956 destacó al profesor canadiense Everek Storms de Kitchener, quien durante su vigésimo séptima lectura de la Biblia, se tomó el tiempo para contar todas y cada una de las promesas. ¡Le llevó dieciocho meses hacerlo![411] En realidad, encontró la suma total de 8.810 promesas en la Biblia, incluidas 290 promesas que distintos hombres o mujeres le hicieron a Dios, veintiocho promesas de los ángeles e incluso nueve promesas hechas por Satanás.

Las promesas son importantes para Dios, y de igual manera, son importantes para usted. Le agradecemos a Dios por aquellas personas confiables en nuestra vida que cumplen sus promesas; suele ser difícil olvidar a aquellas personas que las rompen.

De todas las 7.487 promesas que Dios le dejó a su creación, una en particular se destaca por encima de todas las demás, porque, aunque Dios se la hizo a un hombre pagano llamado Abram cerca de 4000 años atrás, esa promesa sigue vigente para nosotros hoy día.

Génesis 12 relata la conmovedora historia de cuando Jehová (frecuentemente traducido como *Adonai* o Señor, que significa "Soy el que Soy") se le apareció a Abram en lo que hoy se conoce como Irak. Dios le prometió a Abram: "Bendeciré a los que te bendijeren, y a los que te maldijeren maldeciré; *y serán benditas en ti todas las familias de la tierra.*"[412]

Esta promesa, de que a través de Abraham (el nuevo nombre que Dios le dio, que significa 'padre de multitudes') todas las personas en la tierra serían bendecidas, fue tan poderosa que Dios le hizo la misma promesa en repetidas ocasiones. En Génesis 22:18 la encontramos más detalladamente: "*En tu simiente* serán benditas todas las naciones de la tierra."[413] Luego Dios le repite la promesa a Isaac, el hijo de Abraham: "Multiplicaré tu descendencia como las estrellas del cielo, y daré a tu descendencia todas estas tierras; y todas las naciones de la tierra serán benditas en tu simiente."[414] Finalmente, el hijo de Isaac, Jacob (cuyo nombre comenzó a ser Israel cuando Dios lo dejó cojo) recibió esta promesa en un sueño: "Y todas las familias de la tierra serán benditas en ti y en tu simiente. He aquí, yo estoy contigo, y te guardaré por dondequiera que fueres."[415]

Si nos dirigimos al Nuevo Testamento, encontramos esta promesa en un lugar central tanto en la predicación de Pedro como en la de Pablo. Al comienzo del Libro de los Hechos, Pedro está predicando en el lado este del templo, en el Pórtico de Salomón, y le recuerda a su audiencia judía la promesa que Dios le hizo a Abraham: "Vosotros sois los hijos de los profetas, y del pacto que Dios hizo con nuestros padres, diciendo a Abraham: En tu simiente serán benditas todas las familias de la tierra."[416] Pedro declaró que la simiente y la bendición prometida por el Dios de Abraham, de Isaac y de Jacob fue realmente "Jesús, a quien vosotros entregasteis y negasteis… y matasteis al Autor de la vida, a quien Dios ha resucitado de los muertos."[417]

Para Pablo, la importancia de la bendición abrahámica puede difícilmente ser sobrevalorada. La encarnación, el sufrimiento, la muerte y la resurrección de Jesús tuvieron implicaciones, tanto holísticas como globales, para *todas* las personas: "Y la Escritura, previendo que Dios había de justificar por la fe a los gentiles, dio de antemano la buena nueva a Abraham, diciendo: En ti serán benditas todas las naciones."[418] De manera similar, en el anuncio del nacimiento, el ángel (probablemente Gabriel) les dijo a los pastores que estaban en los campos cerca de Belén que la presencia de Jesús significaba "nuevas de gran gozo, que será para todo el pueblo."[419]

Ciertamente hoy, así como en aquellos primeros días del Imperio romano, necesitamos estas buenas nuevas.

El valor de la vida y de la dignidad humana

Lamentablemente, hay personas que no ven las buenas noticias del cristianismo y anhelan que llegue el día en que Estados Unidos (y otros países) estén completamente secularizados. Un estudio realizado por el Centro de Investigaciones Pew reveló que el sesenta y tres por ciento de los ateos y agnósticos creen que los lugares de culto "no contribuyen prácticamente en nada para resolver los problemas sociales importantes."[420]

Entonces, ¿acabar con el cristianismo y las iglesias mejoraría la sociedad? La clara respuesta es *no*.

Mi amigo Byron Johnson es un distinguido profesor de Ciencias Sociales en la Universidad de Baylor y dirige el *Institute for Studies of Religion*, (ISR por sus siglas en inglés). El instituto estudia cómo la religión (y todas las religiones) se entrelaza con la cultura y la sociedad. Tuve el honor de participar de un reciente debate del ISR en la Universidad de Baylor relacionado con la escritura de este libro, y tomé conocimiento de un fascinante informe con el que contribuyeron para el Republican Study Committee [Comité de estudios republicanos]: "¿Cómo sería Estados Unidos si fuésemos una nación sin fe?" Otro relevante estudio del *Interdisciplinary Journal of Research on Religion* [Diario interdisciplinario de investigación sobre la religión], compuesto por Brian Grim y Melissa Grim, un equipo de investigación formado por un padre junto con su hija, establece más puntos convincentes en cuanto al impacto de la fe en Estados Unidos.

Aproximadamente existen 350 000 congregaciones religiosas en Estados Unidos, y la "gran mayoría... sirve en algún área como una red de seguridad comunitaria para aquellos que se encuentran en necesidad."[421] En conjunto con las organizaciones religiosas, las congregaciones ayudan a más de 70 millones de estadounidenses cada año, impulsadas por la impactante suma de 20 000 millones de dólares en donaciones.[422] Un servicio clave es el de proporcionar alimentos a las millones de personas que están luchando con la pobreza y tienen un acceso limitado a los alimentos. Más del sesenta por ciento de las 46 000 agencias que trabajan con bancos de alimentos de manera nacional son organizaciones religiosas. Sencillamente, Estados Unidos moriría de hambre si la iglesia desapareciera.

Las iglesias y las organizaciones religiosas también son vitales cuando se desarrollan desastres naturales. El huracán Katrina se cobró más de 1.400 vidas y causó más de 15 000 millones de dólares en daños. En medio de la devastación y luego de que muchos buscaran escapar de Nueva Orleans (totalmente entendible), un grupo de pastores comprometidos de la iglesia local permaneció en Nueva Orleans donde "registraba las viviendas para encontrar sobrevivientes, hizo funcionar refugios fuera de sus iglesias, y ayudó a los residentes a reconstruir sus hogares. Un grupo compuesto por ministros cristianos de Luisiana utilizó su red de más de cincuenta iglesias para distribuir cerca de 30 millones de kilos de recursos de toda clase a lo largo de toda la región que había sido arrasada por la tormenta."[423] La mayoría de las organizaciones (cincuenta y nueve por ciento) que proporcionaron asistencia en los sectores devastados fueron iglesias u organizaciones religiosas.[424]

¿Y qué podemos decir del impacto económico de la fe en Estados Unidos? Según el estudio Grim, el impacto de 1,2 billones de dólares de la religión supera las ganancias anuales globales de Apple y de Microsoft juntas.[425] El gasto congregacional para programas sociales continúa en aumento, con más de 9.240 millones de dólares donados en el 2012 (en comparación con los 3.170 millones de dólares en el 2006 y los 2.370 millones de dólares en 1998).[426] Una encuesta sobre las cincuenta organizaciones benéficas más grandes de Estados Unidos reveló que veinte de ellas son organizaciones religiosas y que reciben 45 000 millones de dólares en donaciones por año.[427]

Una parte del estudio ISR de Baylor se enfocó en la ciudad de Filadelfia, que tiene "una de las concentraciones más grandes de lugares de culto en el área urbana de Estados Unidos, con un estimado de 2.095 congregaciones." Los investigadores descubrieron que la valuación económica de estos servicios voluntarios motivados por la religión en la "ciudad del amor fraternal" equivale a un valor de reposición de 247 millones de dólares por año. Lo que es notable es que en comparación con las corporaciones que en promedio donan solamente el uno por ciento de sus ingresos previo a la deducción de impuestos para caridad, las congregaciones de Filadelfia superan al mundo con fines de lucro al designar hasta un cuarenta por ciento de su presupuesto anual para servir a la comunidad.[428] Rodney Stark, de la Universidad de Baylor, cuenta con amplia evidencia para concluir de manera contundente que "el total actual de reservas para la sociedad estadounidense de parte de las organizaciones de carácter religioso es de 2 660 430 000 000 de dólares, esto es, 2,67 billones de dólares por año."[429]

Asimismo, la iglesia también está llenando un gran vacío ya que se dedica a servir a familias que enfrentan problemas de salud mental. Las personas generalmente se sorprenden cuando se enteran que es mayor la cantidad de ciudadanos estadounidenses que cometen suicidio que la cantidad que se mata entre sí cada año. Esto es una dura evidencia de que somos más peligrosos para nosotros mismos de lo que somos para los demás. A nivel mundial, una persona se suicida *cada cuarenta segundos*. El Centro Nacional de Estadísticas de Salud del CDC recientemente publicó un estudio que documentaba el aumento en las tasas de suicidios en Estados Unidos: un crecimiento a un nivel epidémico desde 1999 hasta el 2014, con un total en casi treinta años de 42 773 suicidios completados en el 2014. Sin embargo, debería abundar el optimismo porque la iglesia no ignora la epidemia de suicidios.

La iglesia de Twin Lakes en Santa Cruz, California, por ejemplo, recientemente patrocinó una reunión comunitaria sobre la salud mental con una gran convocatoria. Tuve el honor de servir como uno de los oradores. El objetivo del evento no era la conversión o el proselitismo cristiano, sino proporcionar una plataforma para la educación y la colaboración entre los líderes de la comunidad para quitar el estigma que generalmente se encuentra asociado con las enfermedades mentales (entre los oradores y participantes estaban incluidos oficiales de policía, un antiguo secretario del estado de California, el presidente de la Alianza Nacional de Enfermedades Mentales (NAMI por sus siglas en inglés), directores de escuelas, líderes espirituales, padres de niños que luchan con enfermedades mentales y un profesor de universidad). El evento no giraba en torno a la fe, pero fue inspirado por ella. Nuevamente, la iglesia encabezó este foro para que los líderes comunitarios, civiles y políticos tuvieran un diálogo abierto sobre los temas importantes sobre las enfermedades mentales en sus comunidades.

Con aproximadamente 90 millones de estadounidenses que viven en áreas donde hay escases de profesionales de salud mental reconocida a nivel federal,[430] el estudio ISR de Baylor cuantificó el rol vital de la iglesia para ayudar a aquellos que se encuentran afligidos o afectados por una enfermedad mental:

> Aproximadamente 353.000 clérigos sirven en sus comunidades en Estados Unidos, y dedican entre el diez y el veinte por ciento de su trabajo semanal para asesorar a personas que padecen

> problemas emocionales o matrimoniales. Esto equivale a alrededor de 138 millones de horas en servicios para la salud mental por año; dichos servicios son brindados a costos muy bajos o de forma gratuita para aquellos que los buscan.[431]

Claro que la crisis de salud mental en Estados Unidos es desalentadora, pero en países menos religiosos, los índices de suicidio se disparan. Por ejemplo, mientras que en Estados Unidos el porcentaje de suicidios es de 11 cada 100 000 personas, en Rusia (donde en capítulos anteriores hemos detallado el impacto del ateísmo) el porcentaje de suicidios es de 34,3 cada 100 000 personas.[432] Evidentemente, una sociedad que carece de fe, también carece de esperanza. Al comentar sobre esta correlación, Rodney Stark de Baylor estima que "si los estadounidenses dejaran de asistir a la iglesia, los costos de salud mental podrían incrementarse a más de 216 000 millones de dólares."[433]

¿Qué ocurre con la educación religiosa en Estados Unidos? Yo admito mi imparcialidad con respecto a este tema porque soy el resultado de la educación de la escuela pública, y estoy muy orgulloso de serlo. La primera escuela religiosa a la que asistí fue en el nivel universitario. Sin embargo, existe evidencia convincente de que los estudiantes rinden mejor en las escuelas religiosas. En otro cálculo, el puntaje promedio combinado de los SAT [examen de aptitud escolar] arrojó que los estudiantes de escuelas religiosas obtuvieron 134 puntos por encima del puntaje promedio de los estudiantes de escuelas públicas.[434] Otro estudio encontró menos casos de crimen violento o acoso escolar en las escuelas religiosas.[435] Más de 6 millones de estudiantes están suscriptos en colegios religiosos en Estados Unidos, ya sean católicos, protestantes o judíos, (o son educados en sus casas). Si estos estudiantes se inscribieran en escuelas públicas en el próximo semestre, representaría un gasto para el gobierno de unos 630 millones de dólares adicionales.[436]

NOTA HISTÓRICA: ¿Sabía usted que los cristianos fueron quienes establecieron las primeras universidades? El sistema educativo surgió por primera vez en París entre los años 1100 y 1200, y no mucho después en Oxford y en Cambridge. Ya existían algunos maestros y filósofos talentosos en el mundo grecorromano; sin embargo, no crearon instituciones permanentes, tal como lo hizo la iglesia. Además, el cristianismo también innovó el principio de la educación tanto para hombres como para mujeres, una práctica revolucionaria en el mundo romano, donde muy pocas mujeres recibían algún tipo de isntrucción. Más adelante, reformadores cristianos como Martín Lutero y Juan Calvino impulsaron que la educación fuese obligatoria para todos los niños, que fuera clasificada por grados y que fuera subvencionada. La educación organizada para sordos y ciegos, también se convirtió en una realidad gracias a algunos cristianos comprometidos.

Tanto en las grandes ciudades como en las más pequeñas, la compasión de Jesús por los enfermos y los heridos se ve reflejada en los nombres de los hospitales que suelen llamarse *bautista, luterano, metodista, San José, San Lucas, y tantos más*. El impacto del cristianismo en el servicio médico a nivel mundial es muy grande. Durante mi reciente gira de conferencias en Reino Unido, me quedé en el área de Bankside, en Londres. El hospital *Saint Thomas*, el cual me gustaba observar y alberga al Museo Florence Nightingale, estaba ubicado a unas pocas cuadras del hotel en el que me estaba hospedando. Nightingale, considerada la fundadora de la enfermería moderna tenía solo diecisiete años cuando sintió que Dios la llamaba a un futuro de servicio. Por el resto de su vida, ejemplificó el compromiso cristiano de brindar cuidado a los enfermos y moribundos.

Hoy día, los proveedores de servicios de salud con una afiliación activa religiosa (que no son solo cristianos de nombre) componen una gran parte de nuestro sistema médico.[437] Por ejemplo, el informe del 2017 llevado a cabo por la Asociación Católica para la Salud de Estados Unidos destacó que su misión era "transformar el dolor en esperanza." Dirige más de 1.600 instalaciones de cuidado, que incluyen cerca de 649 hospitales y 156 clínicas para personas y familias de bajos recursos. Según sus estadísticas, uno de cada seis pacientes estadounidenses se atiende diariamente en un hospital católico.[438] Me cuesta imaginar qué ocurriría si los proveedores religiosos desaparecieran del sistema médico de Estados Unidos que está cada vez más secularizado.

Entonces, ¿por qué los cristianos se dedican a cuidar enfermos, pobres, marginados y moribundos con tanto fervor? Como lo discutimos anteriormente, en los tiempos antiguos, los dioses grecorromanos no eran vistos como seres amorosos; no tenían compasión por el pueblo. En el mundo de Jesús y de la iglesia primitiva, escuchar que Dios (o cualquier dios) amaba a su pueblo debe haber sido un concepto completamente desconocido. Eso cambió cuando Jesús comenzó a predicar y a enseñar "Porque de tal manera amó Dios al mundo..."

NOTA HISTÓRICA: No existía tal cosa como la ayuda humanitaria en el mundo antiguo. Aparte de cuidar a algunos aristócratas o soldados, los servicios médicos prácticamente no existían. Si usted se enfermaba, cualquier romano haría todo lo posible para evitar cruzarse con usted, y probablemente usted se moriría sin cuidado alguno.[439] Sin embargo, desde sus primeros días, "el cristianismo ha demandado que todos sus seguidores ayudaran a los necesitados y a los enfermos," comentó el historiador médico Guenter Risse. Los primeros cristianos leían el Nuevo Testamento de tal manera que interpretaban y ponían en práctica el mandamiento de recibir al extranjero y al forastero y de construir "refugios comunales especiales y servicios de cuidado."[440] Estos refugios se convirtieron en los hospitales de los cuales dependemos hoy día.

He escrito ampliamente en círculos académicos acerca de la proclama de Jesús del "Reino de Dios."[441] En su esencia, el reino de Dios era visto de esta forma: Dios es amoroso; la vida humana (es decir, toda la vida: ancianos, jóvenes, enfermos, sanos, minusválidos, afligidos) es sagrada para Dios; y los cristianos seguían predicando y creyendo que el reino de Dios vendría pronto y, que, de hecho, ya estaba en medio de ellos, entonces se preparaban cuidando a enfermos, marginados y heridos *inmediatamente*.

Todavía hoy el reino de Dios es en sí mismo el evangelio, las buenas noticias para el mundo: "El tiempo se ha cumplido, y el reino de Dios se ha acercado; arrepentíos, y creed en el evangelio."[442] El mensaje de Jesús de un nuevo reino refleja las buenas noticias proclamadas en el Libro de Isaías. Las buenas noticias (o las buenas nuevas) es la aparición de Dios, [443] el anuncio del gobierno y el reino de Dios, [444] y su obra salvadora y redentora.[445]

Estudie los Evangelios y descubrirá que el *reino de Dios* o el *reino de los cielos* se menciona catorce veces en Marcos, treinta y dos veces en Lucas y cincuenta y cuatro veces en Mateo. Difícilmente pueda sobreestimarse lo relevante y convincente que fue el mensaje de Jesús, no solamente para sus oyentes inmediatos, sino también para aquellas generaciones de seguidores que vinieron después. Considere los siguientes pasajes:

> Habiendo reunido a sus doce discípulos, les dio poder y autoridad sobre todos los demonios, y para sanar enfermedades. Y los envió a predicar el reino de Dios, y a sanar a los enfermos. Y saliendo, pasaban por todas las aldeas, anunciando el evangelio y sanando por todas partes. Lucas 9:1-2, 6.

> Y saliendo Jesús, vio una gran multitud, y tuvo compasión de ellos, y sanó a los que de ellos estaban enfermos. Mateo 14:14.

> Recorría Jesús todas las ciudades y aldeas, enseñando en las sinagogas de ellos, y predicando el evangelio del reino, y sanando toda enfermedad y toda dolencia en el pueblo. Y al ver las multitudes, tuvo compasión de ellas; porque estaban desamparadas y dispersas como ovejas que no tienen pastor. Mateo 9:35-36.

Una y otra vez, Jesús mostró compasión por los enfermos, los heridos y los marginados. Sus acciones y su mensaje resonaron en el primer siglo porque el mundo romano era una cultura de muerte. En la mentalidad romana, la vida era ordinaria y prescindible. Un cuarto del Imperio romano estaba enfermo, al borde de la muerte o en necesidad de una atención médica inmediata en cualquier momento. Fue en contra de este trasfondo contextual que el mensaje de una vida completamente nueva en Cristo revolucionó el mundo antiguo y continúa bendiciendo "a todas las familias de la tierra,"[446] ya sea que expresen fe o no.

No hay manera de calificar el sorprendente mensaje de Jesús: "Porque de tal manera amó Dios al mundo..." (Juan 3:16). Es importante destacar que los líderes romanos no apreciaron la forma en que el primer movimiento cristiano mostraba interés por todas las personas. De hecho, intentaron reprimir brutalmente al cristianismo primitivo, el cual consideraban una superstición repugnante.

Entonces, ¿qué causó que el movimiento cristiano tuviera éxito? ¿Por qué alguien se convertiría al cristianismo en primer lugar? ¿De qué se trata esta nueva esperanza que atrajo tanto odio y persecución? Ahora nos enfocaremos en contestar estas preguntas.

CAPÍTULO 13

Una nueva esperanza: Jesús y su proclama

En el año 30 d.C. o 33 d.C. (los expertos no concuerdan sobre el año exacto), Jesús de Nazaret, quien había estado proclamando la llegada del reino de Dios, fue condenado a muerte en una cruz romana. Algunos días después, sus seguidores declararon que se había levantado de entre los muertos y que él era realmente el Hijo de Dios y el Mesías de Israel.

Inicialmente, la mayoría de los que escucharon esto se burlaban. Los judíos lo rechazaban porque no se suponía que el esperado Mesías debía morir. Su muerte en manos de los romanos significaba en realidad que había sido derrotado. Para los griegos, la idea de la resurrección era absurda y simplemente imposible de creer. *¿Un cuerpo muerto resucitado*? Era algo absurdo. Asimismo, los romanos comprensiblemente se burlaban porque la muerte en una cruz significaba deshonra y derrota.

A pesar de esto, los seguidores de Jesús formaron la Iglesia cristiana, y en el lapso de tres siglos arrasó con el Imperio romano.[447] La iglesia lo hizo sin recurrir a la violencia. Los primeros cristianos no solamente se multiplicaron a pesar de la oposición que resultó en desventajas sociales, políticas y económicas, sino que también corrían el riesgo de ser encarcelados, torturados y martirizados. Sin embargo, la iglesia creció a pasos agigantados. ¿Por qué?

En un estudio reciente, Larry Hurtado, el destacado académico del Nuevo Testamento, realiza la siguiente pregunta: "¿Por qué razón alguien se convertiría en cristiano durante los primeros 300 años de la iglesia?"[448] Es una gran pregunta que nos lleva a entender por qué deberíamos vivir una vida de fe en la actualidad.

¿Qué tenía el cristianismo que a los romanos no les agradaba?

En el tiempo de Jesús y sus primeros seguidores, las personas podían elegir entre cientos de dioses. Naturalmente algunos dioses eran más populares que otros. En la cima de la jerarquía se ubicaban los dioses a quienes prácticamente todos adoraban. Entre ellos se encontraba Zeus, como lo llamaban los griegos, o Júpiter, como lo llamaban los romanos. Otro de los preferidos era Apolo, hijo de Zeus. Artemisa y Venus eran las preferidas entre las deidades femeninas. Dionisio, el dios del vino, también era otro de los favoritos.

La mayoría de los griegos y de los romanos adoraban a estos dioses, además de otras deidades regionales y municipales. Sin embargo, los judíos y los cristianos no lo hacían. De hecho, ni siquiera admitían su existencia. Debido a su larga relación con Roma, los judíos podían ignorar a los dioses grecorromanos, siempre y cuando no hicieran demasiado ruido al respecto. Pero como hemos visto en el capítulo 4, "Un mundo de desigualdad," la tolerancia romana no se extendía a los ateos y a otros "destructores de los dioses," como los cristianos, miembros de una nueva y detestable "superstición."

Los cristianos eran acusados de conducir ritos extraños y vergonzosos. Antes de que el apologista cristiano Justino Mártir fuese ejecutado en 160 d.C., hizo alusión a las declaraciones paganas que establecían que los cristianos consentían "relaciones sexuales promiscuas y alimentarse con carne humana."[449] Justino agregó que algunos paganos creían que un cristiano era una persona que "le parece que está bien darse un banquete con carne humana."[450] Asimismo, declaró en tono burlón, "matamos a un hombre y...nos saciamos al beber su sangre."[451] Los cristianos "son atacados de toda clase de formas."[452]

Acusar a los cristianos de canibalismo no era algo difícil de hacer. Después de todo, comer carne cruda, incluso carne humana, era supuestamente la práctica de algunos misteriosos cultos paganos. Entre ellos se encontraba el culto a Dionisio que era muy conocido.[453] Además, el precedente ya se había establecido, ya que los paganos a veces acusaban a los judíos de canibalismo (y la horrorosa historia de la mujer judía que se estaba muriendo de hambre y se comió a su bebé durante el asedio romano en Jerusalén en el año 70 d.C., solo habría confirmado la calumnia).[454]

La percepción de la eucaristía cristiana, o de la Cena del Señor, contribuyó para que los cristianos pudieran ser fácilmente acusados de cometer actos de canibalismo. "Tomad, comed; esto es mi cuerpo", les dijo Jesús a sus discípulos. "Bebed de ella todos; porque esto es mi sangre del nuevo pacto."[455] Aún peor es lo que afirmó Jesús en la ocasión en que multiplicó los panes y los peces: "El que come mi carne y bebe mi sangre, tiene vida eterna; y yo le resucitaré en el día postrero."[456] Que Jesús estuviera hablado metafóricamente era totalmente irrelevante.[457]

Los críticos del cristianismo se han entretenido mucho con las palabras de la Cena del Señor. Cuando el gran crítico Porfirio comentó acerca del extraño dicho de Jesús, destacó: "Verdaderamente, este dicho no es solamente bestial y absurdo, sino que es más absurdo que cualquier ridiculez y más bestial que cualquiera con apariencia de bestia, que un hombre deba probar la carne humana y beber de la sangre de los miembros de la misma tribu y raza, y que, al hacerlo, tenga vida eterna."[458]

Las acusaciones de estos críticos fueron tomadas muy en serio, y a veces resultaban en severos interrogatorios, e incluso torturas y ejecuciones. Un ejemplo se encuentra en la correspondencia de Plinio el Joven con el emperador Trajano (quien reinó desde el 98 hasta el 117 d.C.). Enviado a Bitinia y a Ponto en Asia Menor (actual Turquía), Plinio se puso a trabajar para reestablecer la ley y el orden. El problema principal era que los templos estaban en su gran mayoría desiertos, no se estaban ofreciendo sacrificios y los dioses no estaban siendo honrados. Al parecer, los culpables eran los miembros de una nueva y extraña superstición. Los llamaban los "cristianos", nombrados de esta manera por su fundador. Plinio mandó que los trajeran delante de él. Si se rehusaban a retractarse, eran ejecutados. Si eran ciudadanos romanos, eran enviados a Roma para ser juzgados. Exasperado por su obstinación (parece que el gobernador se dio cuenta de que los verdaderos cristianos simplemente no se retractarían), Plinio los interrogó/torturó y descubrió, entre otras cosas, que los cristianos se reunían "para consumir alimentos, totalmente normales e inofensivos."[459]

La descripción del gobernador Plinio de alimentos "normales e inofensivos" era en referencia al rumor esparcido de que los cristianos eran caníbales. Aunque durante su tiempo como gobernador Plinio no pudo demostrar que la desagradable acusación fuera verdadera, la denuncia de canibalismo persistió. Casi medio siglo después, Justino Mártir seguiría defendiéndose de esa acusación.

Aparentemente la acusación no solo estaba basada en las palabras de la Cena del Señor, sino también en la práctica cristiana de rescatar bebés y niños que habían sido desterrados. Justino también comentó sobre este asunto: "Profesamos la doctrina de que abandonar a los recién nacidos es obra de malvados." No solo era malvado debido a que muchos de los niños abandonados morían, sino también porque aquellos que eran rescatados por paganos casi siempre eran criados para la prostitución. Aunque ese era el destino de muchas de las niñas desterradas, los niños también eran recuperados por los paganos para ser utilizados para la prostitución.[460] Esta práctica era repugnante para los cristianos.[461]

Una generación más tarde, Tertuliano (160-225 d.C.), un apologista cristiano de origen norafricano que hablaba latín, se quejó de que los críticos paganos seguían difamando a los cristianos con respecto al infanticidio y al canibalismo: "Monstruos de maldad, se rumorea que somos los más criminales por el rito de infanticidio, por el convite hecho con él y por el incesto cometido tras el banquete... Es este un rumor de siempre y vosotros no os preocupáis de constatar lo que hace tanto tiempo se rumorea."[462] Tertuliano luego critica las prácticas paganas de infanticidio, incluida la acción de "ahogarlos en el agua o abandonarlos al frío o al hambre y a los perros."[463]

Aparte de la indignante difamación del canibalismo, las acusaciones presentadas contra los cristianos tendían a ser vagas generalidades. De acuerdo con Justino Mártir, los cristianos eran acusados regularmente de "propósitos insensatos y temerarios", pero no había ninguna evidencia verdadera que lo demostrara.[464] Entonces, ¿cuáles eran realmente estos hechos impíos? Justino agregó que los cristianos eran generalmente castigados simplemente por ser cristianos, y no por algún crimen en particular. Además, declaró que, si una persona era acusada de ser cristiana y lo negaba, entonces era liberada. La inferencia es que el simple hecho de llamarse cristiano era un crimen.[465] En esencia, los romanos estaban participando en política de identidad.

Si el acusado confesaba que era cristiano, como castigo lo encarcelaban, le confiscaban su propiedad o directamente lo ejecutaban. Justino Mártir les expresa a sus lectores: "Sabiendo como sabemos que semejante confesión [es decir, ser cristianos] lleva consigo la pena de muerte"; "somos los únicos a quienes se odia por el nombre de Cristo y, sin cometer crimen alguno, como a malvados se nos quita la vida"; "morimos gustosos por confesar a Cristo"; "la muerte (fue) decretada contra los que enseñan o solo confiesan el nombre de Cristo."[466]

Uno de los pasajes más inquietantes y grotescos de la literatura antigua describe la acción que el odiado emperador Nerón llevó a cabo contra los cristianos luego de un incendio que se desató en las primeras horas del 19 de julio, del año 64 d.C., y que destruyó más de la mitad de la ciudad de Roma. El pasaje, que aparece en Tácito, *Anales* 15.14, y su amplio contexto, requiere un análisis minucioso, ya que revela gran parte del mundo en el cual surgió el primer movimiento cristiano. Ese pasaje es generalmente discutido debido a su referencia a Jesús, crucificado bajo las órdenes de Poncio Pilato, pero su verdadero valor, a mi parecer, se encuentra en lo que establece sobre los peligros que enfrentaron los cristianos en el Imperio romano.

Primero, es importante comprender el contexto del pasaje, que comienza con el devastador incendio de Roma. Tácito lo describió en sus *Anales*, libro 15, capítulos 38-43. La longitud de su descripción es asombrosa. A las grandes guerras en sus *Historias* y *Anales* a veces les dedicó una cobertura más breve. El hecho de que Tácito le haya dedicado seis capítulos a este evento indica la magnitud del incendio y del impacto que tuvo en la población romana.

Tácito comenzó haciendo referencia al evento como un desastre, cuyo origen fue "debido a la casualidad o a la malicia del soberano", es decir, al emperador Nerón.[467] Tácito no tomó partido, pero muchos de sus contemporáneos creían que Nerón fue en realidad el responsable del incendio.[468] No cabe duda de que muchos en Roma creían que el odiado emperador comenzó el incendio. Se consideraba que Nerón estaba maldito, aunque no lo especificaban con su propio nombre.[469]

Es difícil exagerar la devastación. El fuego ardió por siete días. Aproximadamente dos tercios de la ciudad fueron destruidos: edificios históricos, monumentos, museos, santuarios y trofeos. Un naturalista lamentó la pérdida de una invaluable arboleda. Un sinnúmero de personas murió entre las llamas. Otras fueron aplastadas hasta la muerte debido al pánico. En algunos casos, los soldados que debían ayudar a apagar el fuego, lo avivaban para poder saquear las ruinas. Asimismo, es probable que el emperador se haya beneficiado de las propiedades robadas. Algunos afirmaron que Nerón subió a la parte más alta de su palacio, o escenario, y cantó.[470]

Al menos Nerón hizo el esfuerzo de mostrarse preocupado. Proveyó refugio temporario para muchos de los evacuados. Redujo el precio del grano público. Prometió que se haría cargo de los gastos para remover los escombros y los cadáveres. Además, encabezó varios servicios religiosos que tenían la intención de satisfacer a los dioses y asegurar su bendición.[471] Mucho de esto probablemente lo hizo para hacerse notar. A pesar de estos esfuerzos, la mayoría de los romanos continuaron convencidos de que el incendio había sido provocado intencionalmente, y que fue establecido bajo las órdenes del emperador. Tácito destacó que "ni con las diligencias que se hacían para aplacar la ira de los dioses era posible borrar la infamia de la opinión que se tenía de que el incendio había sido voluntario."[472]

Por temor a ser derrocado o asesinado, Nerón decidió echarles la culpa a los cristianos. Nadie lo expresó mejor que este historiador romano de principios del segundo siglo, llamado Tácito. El pasaje es extenso, pero es necesario citar y brindar algunos comentarios sobre la marcha.[473]

> *Y así Nerón, para divertir esta voz y descargarse, dio por culpados de él, y comenzó a castigar con exquisitos géneros de tormentos, a unos hombres aborrecidos del vulgo por sus excesos, llamados comúnmente cristianos.*

Nuestro primer análisis de los cargos imputados contra los cristianos, tales como el canibalismo, la desagradable inmoralidad y el hecho de negarse a adorar a los dioses grecorromanos, nos aclara lo que Tácito quiso decir cuando escribió que los cristianos eran "aborrecidos por sus vicios." Se ha sugerido que Tácito utilizó aquí este fuerte lenguaje debido a que se estaba gestando una segunda rebelión judía en África del Norte al momento en que lo escribió. La mayoría de los romanos asumían que el cristianismo era una secta judía y, por consiguiente, cargaba con cierta responsabilidad por la rebelión, ya sea que los cristianos hayan participado activamente o no.[474] Los "mayores refinamiento de crueldad" se aclararán a continuación.

Luego, Tácito les explicó a sus lectores el origen del nombre o título *cristiano*:

> *El autor de este nombre fue Cristo, el cual, imperando Tiberio, había sido justiciado por orden de Poncio Pilato, procurador, de Judea y aunque por entonces se reprimió algún tanto aquella perniciosa superstición tornaba otra vez a reverdecer, no solamente en Judea, origen de este mal, pero también en Roma, donde llegan y se celebran todas las cosas atroces y vergonzosas que hay en las demás partes.*

Sorprendentemente, Tácito estaba bien informado en la mayoría de los puntos. De forma acertada, declara que Cristo fue el "fundador del nombre" *cristiano*. Cerca de veinte años antes del incendio de Roma, los seguidores de Jesús, o "el Camino" como se conocía el movimiento al principio, fueron llamados cristianos en Antioquía.[475] La cronología de Tácito también era correcta; sabía que Jesús había sido crucificado bajo las órdenes de Poncio Pilato en Judea (gobernador desde el 25 hasta el 37 d.C.), que fue durante el reinado del emperador Tiberio (14 a 37 d.C.).[476] Él le otorgó a Pilato el rango de *procurador*, cuando debería haber sido *prefecto*, pero ese solo es un error menor.[477] Tácito describió el movimiento cristiano con el peor enfoque posible, cuando lo describe como una "superstición muy maliciosa"[478] y una "enfermedad", declara que el mismo movimiento y todas las cosas "atroces y vergonzosas que hay en las demás partes del mundo" encuentran su camino hacia la capital del imperio, es decir, Roma.

> *Entonces, primero, los miembros confesados de la secta eran arrestados; después, según sus declaraciones, grandes cantidades eran condenados, no tanto debido al incendio, sino por el odio de la raza humana.*

Con la palabra *confesados*, Tácito hacía referencia a aquellos que confesaban a Cristo (esto es, Jesucristo), en contraposición al César y a los dioses romanos. Algunos ejemplos fueron citados anteriormente, en los cuales los cristianos fueron acusados por confesar a Cristo.[479] Eso en sí mismo era un crimen; no se necesitaba ninguna otra acusación. Tácito también escribió acerca de "grandes cantidades."[480] Esto es muy importante ya que este lenguaje describe el rápido crecimiento del movimiento cristiano, incluso en la ciudad de Roma. Las estadísticas recientes no son reales, ya que sugieren, por ejemplo, que no existían más que unos pocos cientos de cristianos en todo Egipto a fines del primer siglo y probablemente no más que eso en Italia o en Asia Menor.[481] En definitiva, los cristianos en Bitinia y en Ponto eran tantos que causaron el estancamiento del sistema de sacrificios paganos. En su carta al emperador Trajano, el delegado Plinio el Joven también escribió sobre "multitudes" que se habían convertido en cristianos y, por esa razón, estaban siendo enjuiciados.[482]

Asimismo, Tácito aclaró que los cristianos "eran condenados, no tanto por el incendio, sino por el odio de la raza humana."[483] Este duro lenguaje contrasta drásticamente con el tono más comprensivo utilizado en la carta de Plinio a Trajano. Probablemente esto se trate del desenfrenado antisemitismo de Tácito. Un escritor reciente ha sugerido que el pasaje de Tácito "es en realidad más antisemita que anticristiano, ya que Tácito conocía muy poco acerca de la secta cristiana."[484]

Estoy de acuerdo. Uno sospecharía que esto fue así cuando Suetonio, que había escrito solo tres o cuatro años antes, habló de que Claudio expulsó a los judíos de Roma (49 d.C.) porque ellos "creaban disturbios constantemente por instigación de Cristo."[485] "*Chrestus*" probablemente hace referencia a Jesús (esto es, *Cristus*, que en griego y en latín a veces se escribía como *Crestus*). No hay nada en lo que mencionó Suetonio que indique una distinción entre judíos y cristianos. Parece que pensaba que la controversia centrada en Jesucristo era étnicamente un problema judío.[486]

En otro lugar, Tácito se refirió al pueblo judío, el cual admitió que eran compasivos entre sí, "pero solo sienten desprecio y enemistad por los demás pueblos."[487] Los judíos "desprecian a los dioses", "repudian su país" (esto es, el país donde viven, no Israel) y "consideran impíos a aquellos que hacen... representaciones de los dioses."[488] En la mente de Tácito, aquellos que hacían imágenes de los dioses no eran impíos; todo lo contrario, eran muy piadosos. El pueblo judío, al cual pertenecían los cristianos, era detestable. Por consiguiente, era aborrecido por los romanos. La elección de Nerón para utilizarlos como chivo expiatorio, aunque fuera dudosa, tenía sentido.

> *Y la burla acompañó su final; eran cubiertos con pieles de animales salvajes y eran despedazados por los perros; o eran atados a cruces y, cuando no había luz del día, eran prendidos fuego para servir como lámparas en la noche. Nerón había ofrecido sus jardines para el espectáculo, y brindaba una exhibición en su circo, mezclándose entre el público como lo hacía un auriga, o arriba de su auto. Por esta razón, a pesar de la culpa que era pagada con el castigo más ejemplar, surgió un sentimiento de piedad, debido a la impresión de que estaban siendo sacrificados no por el bien del estado, sino por la ferocidad de un solo hombre.*

Aquí, Tácito describió los "refinamientos de crueldad" de Nerón y el "castigo ejemplar" provocado contra los cristianos: despedazados por perros hasta la muerte y quemados como "lámparas." Tertuliano (c.200 d.C.) exhortó a sus críticos: "Consultad vuestros anales, allí veréis que fue Nerón el primero que arremetió con la espada imperial *[Caesariano gladio]* contra este grupo, que se extendía en ese entonces precisamente por Roma."[489] Pero aun con toda su antipatía hacia los judíos y los cristianos, Tácito tuvo que admitir que "surgió un sentimiento de piedad" para con aquellos que estaban siendo castigados cruelmente. Evidentemente, muchos romanos reconocieron que los cristianos estaban siendo utilizados como chivo expiatorio, y que su castigo no tenía relación alguna con la seguridad de Roma; en cambio, estaba completamente relacionado con Nerón.[490]

Es cierto, había muchas otras cosas relacionadas a los cristianos que no les agradaba a los romanos: su estrecho vínculo con el pueblo judío, la novedad de su "superstición", su reticencia a adorar a los dioses grecorromanos y a confesar la supremacía y divinidad del César y la difundida sospecha de que los cristianos permitían prácticas antinaturales. Sin embargo, la cantidad de cristianos continuó creciendo rápidamente. La fe primitiva demostró ser irresistible.

Muchos cristianos hoy día enfrentan distintas formas de oposición a las que enfrentaban los primeros seguidores. Quizás usted haya estado en partes del mundo donde los cristianos son perseguidos y haya visto su entrega y dedicación. Usted mismo podría haberse quedado solo por causa de su fe. Deberíamos determinarnos a tener una fe que nunca se da por vencida. Deberíamos continuar en el espíritu de los primeros cristianos y mantenernos firmes en la fe: "Mantengamos firme, sin fluctuar, la profesión de nuestra esperanza, porque fiel es el que prometió" (Hebreos 10:23).

CAPÍTULO 14

Vida nueva: ¿Qué hacía que el cristianismo fuera irresistible?

Las desventajas para los cristianos en el Imperio romano eran varias. Al margen de la persecución y el martirio,[491] los cristianos enfrentaban antipatía social, económica y política. Era particularmente peligroso para los esclavos que eran cristianos. Como esclavos, los cristianos legalmente no podían negarse a los avances sexuales de sus amos o negarse a participar en prácticas religiosas paganas. Incluso los ciudadanos romanos no estaban exentos de ser procesados y castigados.

Por lo tanto, es natural preguntarse: *con tantas desventajas, ¿por qué a los romanos les resultaba tan atractiva la fe cristiana?* Se me ocurren cuatro razones:

- La creencia de que Dios amaba a la humanidad, de manera individual y colectiva.
- La enseñanza y la práctica de que a la luz del amor de Dios era responsabilidad de cada cristiano amar a todas las personas, incluidas aquellas que fueran aborrecibles y peligrosas.

- Las enseñanzas y los hechos de Jesús que lo proclamaban como el verdadero e inigualable benefactor de la humanidad.
- La convicción de que en la muerte y resurrección de Jesucristo el creyente era perdonado y viviría por siempre en la presencia de Dios.

Un Dios de amor

Previamente, analizamos las concepciones paganas de los dioses, y destacamos especialmente cómo eran temidos los dioses. No solo eran vistos como potencialmente peligrosos, celosos y vengativos, sino también como extremadamente indiferentes a la humanidad. Los dioses grecorromanos no sentían ninguna obligación hacia los hombres. Por supuesto, los dioses podían ser aplacados, incluso engatusados, pero casi siempre que mostraban interés por los seres humanos o les otorgaban beneficios; el amor por la humanidad tenía poco, o nada, que ver con lo que hacían.

El Dios de Israel sobresalía en gran manera en comparación con los dioses de los griegos y de los romanos. A través de las Escrituras de Israel, podemos leer acerca del amor de Dios por su pueblo. Moisés le dijo al pueblo: "Solamente de tus padres se agradó Jehová para amarlos."[492] Muchísimas veces las Escrituras de Israel declaran la "misericordia" o "maravillosa misericordia", términos que se traducen como *hesed*. El Dios de Israel era un Dios de gracia, piedad, fidelidad y perdón.

Las Escrituras cristianas comparten esta visión de Dios. "Dios es amor", declaró el escritor de una de las cartas.[493] Leemos del amor de Dios en el que probablemente sea el versículo más citado de la Biblia: "Porque de tal manera amó Dios al mundo que ha dado a su Hijo Unigénito, para que todo aquel que en él crea, no se pierda, mas tenga vida eterna."[494] En su carta a los cristianos de Roma, el apóstol Pablo declaró: "Mas Dios muestra su amor para con nosotros en que siendo aún pecadores, Cristo murió por nosotros."[495] En otra carta, el apóstol afirmó que el amor de Dios "sobrepasa todo entendimiento."[496] En resumen, la calidad del amor de Dios es incomprensible. Es importante destacar que el amor de Dios conforma la base de su obra redentora. La Iglesia cristiana afirma que Dios ama a la humanidad y que su intención es salvarla. La humanidad está invitada a volverse a Dios y a recibir su gran amor.

No hay nada que pueda compararse con estas creencias dentro de las religiones paganas. La proclama cristiana del amor de Dios, que en Cristo ahora está gratuitamente disponible para toda la humanidad, atrajo a personas de todo tipo, incluso a los tercos romanos paganos.

Un pueblo afectuoso

La enseñanza cristiana acerca del amor no abarca solamente lo mucho que Dios nos ama. Los primeros cristianos creían que era necesario amar a todas las personas. Asimismo, creían que este amor por las personas básicamente provenía de Dios mismo, tal como lo describió Pablo en su carta a los romanos: "Porque el amor de Dios ha sido derramado en nuestros corazones por el Espíritu Santo que nos fue dado."[497]

El requisito de amar a todos está fundado en la enseñanza de Jesús. No solamente respaldó el conocido mandamiento de amar al prójimo como a uno mismo, [498] sino que también les ordenó a sus discípulos: "Amad a vuestros enemigos, bendecid a los que os maldicen, haced bien a los que os aborrecen, y orad por los que os ultrajan y os persiguen." [499] Amar a los enemigos y orar por los perseguidores eran el tipo de cosas que el mundo grecorromano no practicaba y, por tal motivo, no las comprendían.

Un benefactor poderoso

En la antigüedad tardía, a los reyes y emperadores les encantaba referirse a sí mismos como *benefactores*. Esta palabra proviene del latín y significa "hacedor del bien" (los griegos tenían una palabra equivalente). Ser nombrado benefactor de una ciudad o de un pueblo era un gran honor. Para los gobernantes, también tenía un gran significado político. Comúnmente, encontramos los términos relacionados a la beneficencia en las inscripciones dedicatorias, en las cuales se detallaban los beneficios de los recompensados, seguidos por algún tipo de decreto.[500]

Quizás la inscripción más importante que se haya encontrado sea la de la piedra de Rosetta. El texto bilingüe (egipcio-griego) permitió a los académicos descifrar por primera vez los jeroglíficos egipcios.[501] La piedra de Rosetta se encuentra hoy día en el Museo Británico. Fue descubierta en 1799, durante la invasión de Napoleón y la exploración de Egipto. Junto con algunas antigüedades saqueadas, cayó en manos británicas dos años después y se convirtió en el centro de atención académico y popular. La inscripción, que data del año 196 a.C., relata los numerosos logros y beneficencias del faraón Ptolomeo V, quien reinó desde 204 a 181 a.C.[502] En parte de la inscripción se lee lo siguiente: "El faraón Ptolomeo, el eterno...[gracias al cual] han sido muy beneficiados tanto los templos como los que viven en ellos, además de todos los que de él dependen, siendo un dios nacido de dios y diosa."[503] Tal lenguaje nos parece indignante hoy día, quizás hasta cómico. Sin embargo, en la antigüedad, era considerado con mucha seriedad: los reyes, faraones y emperadores eran vistos como sumos sacerdotes y como los mediadores entre el cielo y la humanidad. En cierto sentido, la divinidad del emperador garantizaba las bendiciones de los dioses para sus súbditos, o al menos se esperaba que fuera así.

Los romanos fueron influenciados por las culturas griegas y egipcias más antiguas. No es de extrañar que los emperadores romanos hayan adoptado algunos títulos, incluido el de *benefactor*, en las inscripciones públicas que celebraban sus logros y su gran devoción a los dioses. El primer emperador de Roma fue Octavio (63 a.C. a 14 d.C.), quien después de haber obtenido el control absoluto del imperio se convirtió en César Augusto (reinado absoluto desde 28 a.C. hasta 14 d.C.).

En la celebración del cumpleaños del César, se colocaron varias inscripciones en puntos clave del imperio. La inscripción griega comienza:

> La providencia, que ordena todas nuestras vidas, que exhibe su preocupación y generosidad hacia nosotros con los mayores bienes, (al otorgarnos) a Augusto, a quien ha dotado de virtud para el beneficio de la humanidad y nos ha brindado, a nosotros y a aquellos que vendrán después, un Salvador que ha acabado con la guerra y quien pondrá todas las cosas en un pacífico orden.[504]

Al final de su vida, Augusto escribió y puso en exhibición una extensa lista de sus logros y beneficios como emperador. La inscripción está en latín y en griego, y comienza con las palabras (en la versión griega): "Aquí se encuentran traducidos y registrados los logros y virtudes del dios Augusto."[505] En la inscripción de su cumpleaños, se afirmaba que los logros y los beneficios de Augusto eran tan numerosos que no podían ser contados y, sin importar cuán grandes fuesen sus sucesores, no tenían ninguna esperanza de igualarlos.

Otro ejemplo interesante involucraba a Nerón, que había participado de los juegos de los corintios en Grecia en el año 67 d.C. Nerón debe haber sido el mejor atleta de todos los tiempos, ya que ganaba el primer premio en todos los eventos en los cuales competía. Se dice que se llevó a su casa ¡1.800 trofeos! Sin perderse la oportunidad de dar un gran discurso, el emperador se dirigió a la audiencia: "Es la benevolencia, no la pena, la que me estimula a ser su benefactor… sus dioses… me han concedido la oportunidad de poner por obra beneficios a una escala sin igual." Un sumo sacerdote griego le respondió. "Nerón: Señor de todo el Cosmos, Emperador Supremo… Padre de este país, el nuevo sol que ilumina Grecia, escogido para ser el benefactor de Grecia."[506] El sacerdote continúa refiriéndose a Nerón como "salvador Zeus" y "libertador Zeus." En Ptolemaida, Egipto, se encontró un papiro que describe a Nerón como el "emperador, salvador y benefactor del mundo habitado."[507] No deja de llamar la atención pensar que menos de un año después de esta exaltación hacia su persona, el Senado romano haya condenado a Nerón el gran benefactor como enemigo del estado.

Jesús hace referencia a estas ideas y expresiones de benefactor y beneficio cuando exhorta a sus discípulos: "Los reyes de las naciones se enseñorean de ellas, y los que sobre ellas tienen autoridad son llamados bienhechores; mas no así vosotros, sino sea el mayor entre vosotros como el más joven, y el que dirige, como el que sirve. Porque, ¿cuál es mayor, el que se sienta a la mesa, o el que sirve? ¿No es el que se sienta a la mesa? Mas yo estoy entre vosotros como el que sirve."[508]

Sin duda, los romanos se burlaban de esta enseñanza. Para muchos, reflejaba debilidad. Servir a otro era vergonzoso y degradante. El servicio no era el camino hacia la grandeza. Estoy convencido de que Platón, el famoso filósofo griego del cuarto siglo a.C., habló en nombre de muchos cuando preguntó: "¿Cómo se puede ser feliz cuando se tiene que servir a alguien?"[509] La lógica es clara "uno no puede ser feliz sirviendo a alguien." Jesús enseñaba algo completamente distinto.

Jesús les explicaba a sus discípulos que él no había venido para enseñorearse de los demás. Refiriéndose a sí mismo como el Hijo del Hombre, Jesús explicó: "Porque el Hijo del Hombre no vino para ser servido, sino para servir, y para dar su vida en rescate por muchos."[510] Esta declaración es increíble en muchos sentidos. En primer lugar, Jesús estaba haciendo alusión a un pasaje del Libro de Daniel que describe a un ser misterioso, "uno como hijo de hombre" que se acercaba al trono de Dios y que recibía poder y dominio para que todas las naciones, pueblos y lenguas le sirvieran.[511] No cabe duda de que Jesús se veía a sí mismo en esa figura. Sin embargo, lo que es sorprendente es que Jesús afirmó que antes de ser honrado y servido, primero él debía servir a otros. Y no solo servirlos, sino que debía dar su vida en rescate, o en forma de pago, por los pecados de los demás.

Esto nos conduce a una importante segunda observación en cuanto a su declaración. Al referirse a un rescate, Jesús estaba haciendo alusión a la famosa profecía de los sufrimientos del siervo de Jehová en el Libro de Isaías.[512] Combinó las dos profecías. Todas las naciones iban a servir al Hijo del Hombre, pero solo después de que este haya servido a la humanidad y, como un siervo que padece, haya sufrido en su lugar.

El beneficio que Jesús le ofrecía al mundo no se podía comparar en nada a lo que los emperadores sostenían que habían entregado. Una de las cosas que Jesús le ofreció a la humanidad fue la vida, una vida eterna. Ningún beneficio imperial se acercaba a igualarlo.

Una esperanza viva

En un capítulo previo, abordé el tema de la salud y la longevidad en el mundo antiguo, o debería decir, la ausencia de salud y longevidad. También comenté el tema del miedo a la muerte y la poca esperanza de una vida después de la muerte que tenían las personas. Esto hacía que Jesús como sanador y Jesús como alguien resucitado se transformara en una realidad revolucionaria.

En el libro del profesor Hurtado en donde pregunta por qué alguien se convertiría al cristianismo en los primeros 300 años de la existencia de la iglesia, explora temas como la sanidad y la resurrección.[513] Creo que ambas han jugado un rol importante para convencer al mundo romano de que Jesús realmente es el Hijo de Dios y el Salvador del mundo. En él hay esperanza.

Los primeros cristianos proclamaron el poder sanador de Jesús y la realidad de su resurrección. Ambos elementos, la sanidad y la vida, eran evidencia del amor de Dios por la humanidad y del verdadero beneficio que Dios le ofrecía a través de la persona y obra de su Hijo. Consideremos ambos elementos, comenzando por la sanidad.

Algunos podrían decir que la sanidad que se producía "en el nombre de Jesús" no era demasiado significativa o decisiva. Después de todo, Hurtado escribió: "Obrar milagros de ninguna manera estaba restringido al cristianismo... los milagros eran ofrecidos por diversas fuentes."[514] Puede ser, pero la sanidad que se producía en el nombre de Jesús no se parecía en nada a la sanidad que supuestamente se llevaba a cabo mediante los poderes y obras de otros sanadores. De hecho, los exorcistas y curanderos no cristianos invocaban el nombre de Jesús. Algunos académicos han sugerido que Apolonio de Tiana (c. 40-110) podría haber sido comparable. Sin embargo, un análisis minucioso y crítico de la evidencia demostró que no conocemos nada acerca de este hombre, y que su biografía escrita por Filóstrato de Atenas (c. 180-244), más de un siglo después de la muerte de Apolonio, es "poco confiable."[515] En cualquier caso, incluso si los milagros que se le atribuyen fuesen tomados al pie de la letra (ningún historiador lo hace de esta manera),[516] serían poco más que trucos y artimañas diseñados para impresionar a la audiencia. Algunos de ellos son bizarros y grotescos.[517]

Los milagros de Jesús atrajeron una gran multitud de seguidores durante su ministerio público. Ninguno de los contemporáneos de Jesús negaba que él realizara milagros y sanara a las personas. Sus críticos contemporáneos le atribuían su poder a Satanás,[518] mientras que algunos críticos posteriores lo acusaron de utilizar magia negra, aprendida quizás en Egipto.[519] Sin embargo, nadie dudaba de que hubiera realizado milagros. Simplemente había demasiados testigos y demasiadas personas sanadas como para ignorarlo.

Los milagros realizados en su nombre, luego de la resurrección de Jesús, resultaron en muchos convertidos (algunos ejemplos se encuentran en el Libro de los Hechos). Pero fue su resurrección y su significado para la humanidad lo que le pareció particularmente convincente al mundo romano.

Tal como lo establecí anteriormente, la mayoría de los romanos no creían que hubiera una vida después de la muerte. Ninguno de los que conocemos creía en la resurrección. Incluso en la mitología, las historias sobre volver a la vida eran poco frecuentes y no reflejaban una creencia con respecto a los mortales. Un lema muy común que figuraba en los epitafios de la antigüedad tardía romana declaraba lo siguiente: "No era. Fui. No soy. No me importa."[520] Sin embargo, sospecho que dicha pasividad representaba más bien un fingimiento que una indiferencia personal genuina. Sin dudas, era una expresión de desesperanza.

Sin embargo, la resurrección de Jesús lo cambió todo. Con su resurrección, la promesa de una vida después de la muerte auténtica y comprobada para los seguidores de Jesús cobró un nuevo significado. Lo que Jesús ofrecía no eran castillos en el cielo, sino una promesa arraigada en un evento real; un evento presenciado directamente por testigos, no todos amigables.[521]

No es de extrañar que los críticos paganos hayan reaccionado con burlas. Y nadie sabía burlarse mejor que Celso, cuyo polémico *True Word* [La verdad] fue publicado en algún momento de la década de 170 d.C. Todo lo que se pudo rescatar de ese enérgico y entretenido ataque contra el cristianismo fueron citas, la mayoría de las cuales se encuentran en la respuesta igual de enérgica y entretenida que escribió Origen denominada *Against Celsus* [Contra Celso]. Celso preguntaba si "alguien que hubiera estado verdaderamente muerto luego había resucitado con un cuerpo de verdad."[522] Dudaba de que eso hubiese ocurrido y no creía que Jesús hubiera sido la excepción. En síntesis, Celso ofrecía tres argumentos en contra de la resurrección.

El primero trataba de una aparente falta de lógica: Si el Jesús vivo, que había hecho milagros no podía salvarse a sí mismo de la cruz, ¿cómo habría podido Jesús, estando muerto, resucitarse a sí mismo?

El segundo argumento se relacionaba con la calidad de los testigos de la resurrección de Jesús. ¿Quiénes habían sido? Una mujer frenética y quizás otra igualmente confundida.[523]Esa dudosa lista de testigos no le inspiraba confianza. ¿Por qué alguien creería esa historia? El tercer argumento estaba relacionado con el segundo: si en realidad Jesús había resucitado de entre los muertos, era de esperar que se presentara ante aquellos que habían ordenado su muerte. Seguramente, aparecer ante los oficiales que lo habían crucificado hubiese sido muy impresionante y convincente. Al escribir una generación más tarde, Porfirio se preguntó lo mismo: ¿Por qué Jesús no confrontó a Pilato?[524] Celso concluyó que la historia de la resurrección estaba basada en el delirio o el engaño.

Los argumentos de Celso son razonables y, en sus términos, probablemente sean irrefutables. Pero si las actividades, las enseñanzas y los eventos relacionados con Jesús son comprendidos de forma apropiada en su contexto histórico y social, dichos argumentos no tienen peso. Déjeme explicarle.

El primer argumento pasa por alto que fue Dios quien resucitó a Jesús, no Jesús mismo. Jesús tenía fe en Dios y les había enseñado a sus discípulos a tener fe en Dios. La mayor prueba de la fe de Jesús fue expresada mientras moría en la cruz: "Padre, en tus manos encomiendo mi espíritu."[525] El segundo y tercer argumento, de que los primeros testigos de la tumba vacía y del Jesús resucitado fueron mujeres atemorizadas y no hombres de buena posición, en realidad refutan los argumentos de Celso. Él argumentó que la historia de la resurrección había sido un delirio o un engaño. Si hubiese sido de esa manera, ¿por qué no contaron una historia mejor? ¿Por qué otorgarles tanta relevancia a las mujeres? Dado el prejuicio que existía contra la mujer en la antigüedad tardía, y tan evidente en Celso también, uno esperaría que una historia inventada fuese protagonizada por hombres verosímiles, incluyendo a los oficiales judíos y romanos que no se encontraban entre los seguidores de Jesús. Los relatos mesurados que hablan acerca de la pasión y muerte de Cristo en los evangelios apuntan hacia la verdad, no al engaño, al delirio o al embellecimiento.

El hecho de que la iglesia cristiana haya crecido rápidamente implica que los argumentos de Celso no tuvieron demasiado éxito. En su crítica burlona, llevada a grandes extremos por Porfirio, intuyo una acción defensiva; hasta se podría decir que eran argumentos de retirada. La burla suele ser una señal de que no se está ganando la disputa.

Adorar a un Salvador crucificado, que había confesado ser el único Hijo de Dios, les pareció absurdo a muchos en el mundo romano. Luciano de Samósata (c. 115-185), que escribió en el mismo tiempo que Celso, les detalló a sus lectores que "los cristianos adoraban a ese sofista crucificado."[526] Otros críticos afirmaron que los cristianos "adoraban una cabeza de asno."[527] Uno de los grafitos más conocidos que se recuperaron de las ruinas de Roma se encontró en el monte Palatino. Data de finales del segundo siglo, y representa a un esclavo cristiano que saluda a una figura crucificada con la cabeza de un burro. Debajo del crudo grabado se encuentra la siguiente inscripción: "Alexamenos adora a su dios."[528] No tengo dudas de que sus compañeros esclavos pensaran que era divertido y que Alexamenos era un tonto. Esta es la razón por la cual Pablo expresó, cuando escribió a mitad del primer siglo, acerca de él mismo y de todos los cristianos: "Nosotros somos insensatos por amor de Cristo."[529] Por este motivo, cuando se dirige a los cristianos en Roma, Pablo declara: "No me avergüenzo del evangelio."[530] Hizo esta declaración porque su cultura contemporánea consideraba la muerte de Jesús como vergonzosa y, por lo tanto, el creer en él era algo insensato.

Sin embargo, la burla, las tergiversaciones, las caricaturas, las persecuciones y los martirios ocasionales no pudieron detener el movimiento cristiano. Su mensaje de un Dios de amor, el ejemplo de una comunidad amorosa, en la cual cada hombre, mujer y niño era deseado y valorado, y la esperanza de vida en este mundo y en el venidero, gracias a la resurrección de Jesús, eran irresistibles. Muchos se burlaban, pero eran muchos más los que creían. Creían (si puedo hacer referencia a Pablo una vez más) porque habían descubierto que el evangelio era "poder de Dios para salvación."[531]

Como podemos observar, las reacciones hacia Jesús eran variadas y diversas. A algunos les agradaba, a otros no; pero parece que todos concordaban en que no había nadie como Él. Fue este "nadie como Él" que finalmente conmovió al Imperio romano. Sus emperadores eran falsos hijos de dios y falsos benefactores que prometieron buenas noticias, pero nunca las cumplieron. En contraposición, las enseñanzas y los hechos de Jesús estaban en otro nivel. Su mensaje era relevante, aunque haya sido inesperado, inusual y contrario a las convenciones de aquel tiempo.

A pesar de su valentía, los romanos se enfrentaban a un mundo incierto y buscaban respuestas donde fuera que pudieran encontrarlas. Entre los papiros recuperados de los basureros de Egipto se encontró una categoría de escritos denominada "Preguntas a los oráculos." Los siguientes son algunos de los ejemplos: en el distrito de Fayum, un hombre se dirige a "Sokanobhoneus, el gran supremo dios. Respóndeme, ¿debo permanecer en Bacchias? ¿Debería encontrarme con él? Contéstame."[532] Otro en una petición de Fayum: "Oh, señores Dioscuros, ¿es su destino dirigirse a la ciudad? Hagan que esto suceda, y que él pueda llegar a un acuerdo con vuestro hermano."[533] Otros les pedían asesoramiento para los negocios al "Señor Serapis" o a "Zeus Helios."[534]

El pueblo del Imperio romano estaba buscando respuestas. Sus dioses y sus emperadores no se las brindaban. Entonces, escucharon acerca de este judío crucificado de Israel. Lo que sus seguidores decían sobre él no se parecía en nada a lo que habían escuchado hasta ese entonces. Los hizo reflexionar. Además de esto, fueron testigos de la compasión y preocupación que demostraban tener los primeros cristianos por la vida humana, que a veces requería grandes sacrificios. Tuvo un profundo impacto en el mundo, incluso el hecho de que los romanos siguieran a Jesús de Nazaret.

CAPÍTULO 15

El cristianismo le puso fin al racismo y a la esclavitud

Mi esposa y yo conocimos por primera vez a Sujo John menos de dos meses después de que sobreviviera a los ataques terroristas del 11 de septiembre. Sujo estaba en el trabajo esa mañana, en el piso ochenta y uno de la Torre 1 del *World Trade Center* en la ciudad de Nueva York, cuando el primer avión impactó solo dos pisos arriba del suyo. Sujo y otros más bajaron las escaleras a toda velocidad, pero justo cuando estaban a punto de salir del edificio, la torre colapsó y quedó atrapado entre los escombros hasta que finalmente logró escapar. Sujo había volado a nuestra ciudad para compartir su historia de supervivencia en la iglesia donde servíamos como equipo pastoral. Decir que su historia es poderosa sería subestimarla demasiado. Durante la cena de la noche anterior al servicio del domingo, Audrey y yo casi no pudimos comer, incluso por momentos nos costaba respirar, mientras escuchábamos el relato de Sujo sobre su experiencia vivida en primera persona del nefasto evento ocurrido el 11 de septiembre. El *New York Times* envió a un periodista a nuestra iglesia, quien más tarde publicó la historia: "UNA NACIÓN DESAFIADA: EL

SOBREVIVIENTE; En los púlpitos, un cristiano agradecido testifica sobre su rescate."[535]

La historia de supervivencia de Sujo y su inquebrantable fe en Dios mientras enfrentaba la muerte continúan capturando los corazones y las mentes de hombres y mujeres de todo el mundo, pero no se lo puede definir solamente como un sobreviviente del 11 de septiembre. Sujo ahora utiliza sus dones y sus oportunidades en el mundo para combatir un mal aun mayor que el extremo terrorismo: el tráfico y la esclavitud de personas.

Sujo y su esposa, Mary, padres de tres hermosos hijos, fundaron la organización internacional de los derechos humanos denominada *You Can Free Us* [Puedes liberarnos] que lucha contra el tráfico de personas alrededor del mundo mediante la concientización, el rescate, la rehabilitación y la prevención. Más de 45 millones de personas se encuentran esclavizadas hoy día en el mundo; más que en cualquier otro momento de la historia. Además, el ochenta por ciento de ellas son utilizadas para la explotación sexual. Las mujeres y los niños representan el noventa y cinco por ciento de los esclavos de la actualidad.

Por supuesto, la esclavitud no es solamente un problema de la modernidad. Se encontraba en todas partes en los tiempos romanos, e incluso mucho antes en la historia griega. Platón reveló que había tenido cinco esclavos y Aristóteles tenía catorce esclavos cuando murió.[536] Sin embargo, Platón no consideraba que alguien fuera rico a menos que tuviera como mínimo cincuenta esclavos.[537] No obstante, le impactará saber que los esclavos son mucho menos costosos (incluso más accesibles) en la actualidad que en el Imperio romano. En tiempos romanos, los esclavos podían costar hasta 175 000 denarios.[538] Cientos de años más tarde, durante el período de esclavitud transatlántica, los esclavos todavía seguían siendo muy costosos; se vendían por una suma aproximada de lo que serían 40 000 dólares en la economía actual.[539] Lamentablemente, hoy día los esclavos se pueden comprar por una suma de noventa dólares, o el costo equivalente a un par de zapatillas *Nike*. Mi propia ciudad de origen, Houston, es uno de los núcleos más importantes del tráfico de personas en Estados Unidos. Durante mi entrevista con Sujo, él destacó que, en el 2009, el tráfico de personas era una industria de 32 000 millones de dólares mundialmente, pero que recientemente se había disparado a 150 000 millones. El problema es real. Es el mal de nuestra época.

Sujo me mostró un video que fue grabado dentro de un burdel moderno, donde los niños que se prostituían estaban encerrados en celdas. La sensación que experimenté mientras miraba ese video solo se asemejó a lo que había sentido una sola vez en mi vida, cuando visité un campo de concentración. Recordé la forma en que Jesús mostró su amor por los niños cuando les pidió a sus discípulos: "Dejad a los niños venir a mí y no se lo impidáis; porque de los tales es el reino de los cielos."[540]

You Can Free Us no es una organización exclusivamente cristiana. Para ser exitosa, debe trabajar con muchas organizaciones para salvar vidas y para rehabilitar a mujeres y a niños para que puedan reinsertarse en el mundo civilizado. Ahora bien, la vida y la cosmovisión de Sujo están conformadas por el amor de Dios, por lo cual todas las personas (hombres, mujeres y niños) son valiosos por naturaleza. Una vida perdida por el tráfico de personas es algo inadmisible. Las personas no deben ser explotadas.

Gracias a una sola religión o sistema de creencias surgió históricamente la conclusión de que la esclavitud era absolutamente mala: el cristianismo. En contraposición, el islam no considera que la esclavitud sea un pecado. Mahoma en persona poseía y vendía esclavos.[541] El Corán, el Hadiz y la Sira (la trilogía del islam) contienen el código de esclavitud más elaborado y amplio del mundo.[542] El Islam ha esclavizado a más cantidad de personas que cualquier otra cultura y todavía lo sigue haciendo en distintos lugares de Arabia Saudita, Mauritania y Sudán.[543]

El cristianismo ha abolido exitosamente la esclavitud no una, sino dos veces en el pasado: en la antigüedad tardía y nuevamente en el 1800, con la eliminación del comercio atlántico de esclavos después de la Guerra de Secesión. Se podría detallar mucho más (y se ha escrito) acerca de los esfuerzos de líderes cristianos como William Willberforce y John Wesley, que trabajaron incansablemente durante los siglos XVIII y XIX para abolir la esclavitud. Más recientemente, una tercera ola de cristianos está a la vanguardia para acabar con la esclavitud del mundo marginado.

Cabe señalar que Willberforce y Wesley vivieron durante la conocida era de la Ilustración [o iluminismo del inglés *Enlightenment*]. Los filósofos seculares de aquel tiempo, ¿habían sido "iluminados" sobre las maldades de la esclavitud? La respuesta simple es no. El "quién es quién" de las figuras más importantes de la Ilustración apoyaban la esclavitud: Thomas Hobbes, John Locke, Voltaire, David Hume y Edmund Burke, entre otros.[544]

Muchos males son pasados por alto cuando se da por sentado que ciertos hombres y mujeres no tienen derecho a existir (véase la parte II de este libro). Espero que nunca olvidemos que hubo cristianos comunes y corrientes que se opusieron a la esclavitud con gran valentía y coraje. Me inspira la afirmación de Rodney Stark de que "la poderosa capacidad del monoteísmo, y especialmente del cristianismo, de activar episodios extraordinarios de fe le ha dado forma a la civilización occidental."[545]

¿Qué detuvo al racismo entonces? ¿Qué puede detenerlo hoy?

Como recordará, a partir de las fuentes que tenemos disponibles, sabemos que los filósofos, los políticos y los dramaturgos expresaban sus opiniones y dogmas racistas. Pero a comienzos del cuarto siglo, el racismo generalizado se acabó durante cientos de años. ¿A qué se debió esto?

Ahí fue cuando el movimiento cristiano emergió como un elemento cultural dominante en el Imperio romano, y cuando se arraigó la audaz declaración socio-teológica "Ya no hay judío ni griego."[546] Desafortunadamente, la ideología racista, y con ella la justificación de la esclavitud en Occidente, resurgió en los siglos XVIII y XIX. Las voces influyentes que soltaron ferozmente esta nueva ideología racista (todas ellas europeas) eran de personas ateas que rechazaban explícitamente la noción de que la humanidad había sido creada a imagen de Dios. La humanidad no era especial. Los seres humanos no eran iguales. La humanidad no era una sola, sino que estaba compuesta por varias razas y subespecies, algunas de las cuales eran inferiores a los europeos blancos. Fue en este pensamiento postcristiano que resurgió el escalofriante racismo de la antigüedad, y sentó las bases sobre las cuales se llevarían a cabo los horrores y tragedias del siglo XX.

Este punto me pesó mucho mientras escribía este libro, tanto que viajé a Baylor para debatirlo académicamente. Me sentí más animado cuando la eminencia en sociología e historiador Rodney Stark se refirió a este punto como "oro puro."

Nuestra sociedad se encuentra fragmentada por el racismo moderno. Los cristianos de hoy deben encabezar este tema en el mismo espíritu que lo hicieron nuestros ancestros cristianos y trabajar sin descanso para que la mancha del racismo sea removida. Esto debe comenzar en nuestros hogares y en nuestras iglesias. ¿Hará usted un nuevo compromiso para acabar con el racismo en su comunidad? Como seguidores de Jesús debemos salir en defensa de cualquiera que sea marginado o victimizado por el racismo. Y no se equivoque, mantenerse callado es lo mismo que apoyarlo. No podemos, ni debemos, mirar hacia otro lado.

A los escépticos les agrada señalar a aquellos cristianos que apoyaron la esclavitud, como si eso debilitara el espíritu y el énfasis teológico del Nuevo Testamento. La importante obra de Alvin Schmidt *How*

Christianity changed the world [Cómo cambió al mundo el cristianismo] declara correctamente que los cristianos equivocados que hayan ignorado las enseñanzas de Cristo o que hayan sido ignorantes con respecto a las palabras de Pablo no deberían proyectarse en la iglesia como un todo.[547] No hay una base bíblica sobre el racismo y la esclavitud, pero existen varios pasajes en contra de la esclavitud, entre los cuales se encuentra Filemón 16: "No ya como esclavo, sino como más que esclavo, como hermano amado."

Busque maneras de acabar con la esclavitud, el racismo y la opresión

Vivimos en tiempos difíciles que nos recuerdan diariamente el dolor y la desesperación que muchos experimentan alrededor del mundo. Muchos claman en busca de ayuda: una niña de doce años de Georgia se quitó la vida en vivo a través de Facebook Live; un grupo de inadaptados transmitió en vivo la tortura y secuestro de un hombre con deficiencia mental. Como cristianos, tal como lo hizo Sujo, debemos enfrentar la oscuridad y estar dispuestos a sacrificar nuestras vidas para eliminar el mal. El Señor no transformó nuestras vidas para que vivamos en una zona de confort. Me vienen a la mente dos ejemplos importantes.

En la cima de su poder, el Imperio romano gobernó sobre más de 2,5 millones de millas cuadradas [alrededor de 6 millones de kilómetros cuadrados]. La pobre visión que se tenía de la vida humana, junto con la mezcla tóxica de racismo y esclavitud, le dieron origen a las competencias romanas de gladiadores que definieron el poder del imperio durante más de 500 años, desde 264 a.C. hasta 378 d.C. Estuve en el Coliseo romano, que fue dedicado por el emperador Tito en 80 d.C. ¿Cómo hicieron los romanos para pagar y construir el Coliseo? Lo pagaron con oro judío y lo construyeron con el esfuerzo de los esclavos judíos capturados luego de la guerra judeo-romana que se llevó a cabo entre 66-70 d.C. Con una capacidad para 70 000 personas sentadas y una altura estructural de 170 pies [aproximadamente 50 metros], no se había construido nada que se le pudiera igualar en el mundo antiguo. Cientos y miles de gladiadores murieron, no solo en el Coliseo, sino también en sitios similares que se encontraban en todo el imperio. ¿Cuál era el estado legal de los gladiadores? Ellos eran esclavos.

Los gladiadores siempre luchaban hasta la muerte en las peleas de uno contra uno. La armadura que utilizaban los gladiadores era sin duda impresionante. Pocas piezas valiosas de armaduras han sobrevivido, pero un casco original que se recuperó de Pompeya pesaba 9 libras [cerca de 4 kilos]. Aunque las competencias de gladiadores estaban arraigadas en el ADN cultural de los romanos, eso no detuvo los incansables esfuerzos del primer movimiento cristiano para acabar con esos juegos. Los primeros padres de la iglesia, como Atenágoras y Terturliano, hablaron en contra de los juegos y les prohibieron a los cristianos disfrutar de ese "entretenimiento" grotesco. Y el movimiento cristiano finalmente triunfó cuando los juegos llegaron a su fin bajo el gobierno de Teodosio I.[548]

Un ejemplo de nuestro tiempo es la "Noche para brillar" de Tim Tebow, la cual inspira a las personas y a las iglesias de todo el mundo a crear un ambiente parecido al de una fiesta de graduación para aquellas personas que tienen necesidades especiales. El sitio web de la fundación de Tim Tebow delibera acerca de la noche del evento, donde participan miles de iglesias, motivadas por el amor de Dios hacia las personas para darles un trato "de reyes" a aquellos que están enfrentando necesidades especiales. En un programa nocturno de entrevistas en la televisión, Tebow disfrutó de un baile de graduación improvisado con Judy, que era discapacitada. El video fue visto cerca de medio millón de veces en YouTube.[549] Al mirarlo, no pude evitar recordar que, en tiempos antiguos, el infanticidio, el abandono de niños y el aborto era algo común, especialmente en niños con necesidades especiales.

En ese entonces, los cristianos rescataban a estos niños "no deseados", y hoy vemos a cristianos que dan el ejemplo y que muestran que cada persona es especial y de gran valor de una manera excepcional.

En todos los rincones de nuestra sociedad, incluso en los más oscuros, los cristianos están trabajando para acabar con el sufrimiento y para traer justicia. Personalmente creo que esta es la evidencia más fuerte del cristianismo: el hecho de que la fe es una fuerza para Dios, que transforma vidas y sociedades.

Cuando Pablo le escribió a la iglesia de Tesalónica, les recordó que su amor los impulsaba a compartir "no sólo el evangelio de Dios, sino también nuestras propias vidas."[550] Nunca olvidemos que nuestro mensaje no se trata solo de palabras, sino de hechos y acciones. Debemos orar diariamente para que Dios nos ayude a personificar el evangelio. Espero que antes de dar vuelta la página, se detenga y reflexione acerca de dónde quiere llevarlo Dios para acabar con la opresión y para mostrarles misericordia a las personas olvidadas. Las palabras de Miqueas 6:8 deberían hacernos reflexionar y redirigir nuestro esfuerzo: "Y qué pide Jehová de ti: solamente hacer justicia, y amar misericordia, y humillarte ante tu Dios."

CAPÍTULO 16

Sin Jesús, las mujeres no serían libres

El gerente de *Dunkin' Donuts* gritó: "¡Las mujeres comen afuera!". Mi amiga Misty estaba con su esposo, Brandon, intentando disfrutar una rosquilla cubierta de azúcar glaseada y de refugiarse del calor sofocante de Riad, Arabia Saudita, cuando se dio cuenta de que se encontraban en un mundo totalmente diferente. La pareja norteamericana estaba trabajando en Riad; pastoreaban la única iglesia cristiana que no era subterránea en el reino de Arabia Saudita. En el país viven 27 millones de personas, incluyendo un estimado de 1,5 millones de cristianos. Misty llevaba puesta una abaya gruesa (una túnica pesada utilizada por las mujeres en el mundo musulmán) y una nicab (un velo con aberturas para los ojos), y de esta forma esta mujer rubia de contextura pequeña estaba irreconocible.

Mientras Misty compartía conmigo esta historia en nuestros estudios de la Universidad Bautista de Houston, comenzó a llorar. "Es una sociedad de hombres. Solo los hombres pueden sentarse a la mesa", me explicaba. "Las mujeres no pueden manejar. Solo los hombres trabajan en las tiendas. No existen probadores para mujeres."

Volvamos a la escena en *Dunkin' Donuts*: el pavimento hervía tanto de calor que creaba un efecto nebuloso, y el gerente de sexo masculino de repente espantó a Misty para que saliera del local. ¿Dónde se iba a sentar para disfrutar su rosquilla que se derretía rápidamente? Brandon y ella encontraron un cordón de vereda en un estacionamiento, pero ella apenas podía soportar el calor. Un minuto más tarde, la rosquilla se había desintegrado y ensuciado su *abaya* negra.

"Nunca me sentí tan avergonzada," me confesó Misty. "¿Y por qué? Porque soy una mujer."

La experiencia de Misty es emblemática del duro trato que reciben las mujeres en los países del mundo donde el cristianismo no es una religión reconocida o una influencia predominante. Debería observarse que en el texto sagrado del islam existen cuatro pasajes explícitos que aprueban la esclavitud sexual:

> *¡Profeta! Hemos declarado lícitas para ti a tus esposas, a las que has dado dote, a las esclavas que Alá te ha dado como botín de guerra*. El Corán 33.50.

> *Si teméis no ser equitativos con los huérfanos, entonces, casaos con las mujeres que os gusten: dos, tres o cuatro. Pero, si teméis no obrar con justicia, entonces con una sola o con vuestras esclavas. Así, evitaréis mejor el obrar mal*. El Corán 4.3.

> *Y las mujeres casadas, a menos que sean esclavas vuestras. ¡Mandato de Alá! Os están permitidas todas las otras mujeres, con tal que las busquéis con vuestra hacienda, con intención de casaros, no por fornicar. Retribuid, como cosa debida, a aquéllas de quienes habéis gozado como esposas. No hay inconveniente en que decidáis algo de común acuerdo después de cumplir con lo debido. Alá es omnisciente, sabio*. El Corán 4.24.

> *Bienaventurados los creyentes, que hacen su azalá con humildad, que evitan el vaniloquio, que dan el azaque, que se abstienen de comercio carnal, salvo con sus esposas o con sus esclavas en cuyo caso no incurren en reproche.* El Corán 23.1-6.

Sin embargo, no solo en el islam se trata a las mujeres como si fueran menos que un ser humano. Como describí en el capítulo 4, las mujeres tampoco gozaban de las mismas libertades que los hombres en la antigüedad tardía; y en nuestros días, existen muchos lugares en el mundo no cristiano donde se trata a las mujeres con injusticia, y ciertamente sin ninguna igualdad.

Como historiador y académico bíblico, puedo afirmar que si existen lugares donde las mujeres gozan de muchas de las libertades de los hombres, se debe solamente a Jesucristo y su influencia en el mundo. Cuando vino Jesús a este mundo, exaltó a las mujeres.

Jesús no era un revolucionario político, como querían algunos de sus seguidores. Pensaron que Él expulsaría a los romanos de Israel y que derrocaría al sumo sacerdocio corrupto y abusivo. Querían que Jesús venciera a los enemigos judíos y que restaurara la gloria de Jerusalén. Probablemente, Judas traicionó a Jesús porque esperaba a un conquistador.

Sin embargo, muchos no comprendieron el mensaje de Jesús acerca del reino y su ministerio. Jesús declaró que su reino no era de este mundo.[551] El poder de Jesús residía en su mensaje, no en su poder. No vencería los poderes del mal mediante la fuerza bruta, sino mediante el amor y la igualdad, al cambiar el núcleo del ADN espiritual de la sociedad. Su mensaje cautivó los corazones y las mentes, derribó prejuicios sociales y revolucionó costumbres antiguas, entre las cuales se encontraba el horrible trato hacia las mujeres.

Sin la influencia de Jesús, las mujeres posiblemente no habrían tenido libertad.

Un rol central

Es una notable omisión de la actualidad que tantas mujeres que se autodenominan feministas ignoran por completo la influencia revolucionaria que tuvo Jesús en la igualdad de la mujer. Para mí son igual de inquietantes las voces en los círculos conservadores que requieren la subordinación de las mujeres. Existen razones políticas y sociales para ambas realidades culturales, pero lo que no se puede ignorar es el rol central que ocuparon las mujeres en el ministerio de Jesús y en el mayor evento de la historia, su resurrección física de los muertos.

Si volvemos un paso atrás en el tiempo, podemos ver la importancia de las mujeres en la vida y en el ministerio de Jesús:

La reencarnación de Jesús (María y Elizabet).[552]
Su resurrección (Ana la profetisa).[553]
La adaptación de su ministerio (la suegra de Pedro).[554]
Sus milagros (sanidad al hijo de la viuda de Naín).[555]
La redención de la "mujer pecadora."[556]
Sus necesidades financieras fueron satisfechas por mujeres.[557]
Permitió que una mujer "lo tocara" para sanar su hemorragia.[558]
Les enseñaba a mujeres (María y Marta).[559]
Sanó a una mujer que había estado encorvada.[560]
Sus parábolas destacaron a las mujeres.[561]

Fueron las mujeres las que demostraron una gran valentía cuando se quedaron con Jesús durante su muerte,[562] y las mismas mujeres que apoyaron financieramente el ministerio de Jesús fueron las primeras testigos presenciales de la tumba vacía.[563]

No debemos dejar que estos hechos pasen desapercibidos rápidamente, sin apreciar cuán fuera de lugar deben haber parecido estas escenas en el primer siglo. Y fíjese que solamente hice referencia al evangelio de Lucas; las mujeres también cumplieron un rol importante en los demás evangelios y en la secuela de Lucas, el Libro de los Hechos, donde aparecen otras trece mujeres o grupos de mujeres. El lugar central de las mujeres en la vida y en el ministerio de Jesús era demasiado asombroso para esa época.

Entre los primeros opositores del Señor resucitado más conocidos se encontraba Celso (que escribió en c. 178 d.C.) y Porfirio (c. 232-303 d.C.), filósofos que ridiculizaron la proclama cristiana de la resurrección de Jesús, cuando declararon que se basaba en poco más que el testimonio confuso y contradictorio de mujeres atemorizadas: "Pero, ¿quién la vio realmente (la resurrección)? Una mujer histérica."[564] En el mundo del primer siglo, era vergonzoso que una mujer haya sido la primera testigo de un evento tan importante como ese. Las mujeres no eran consideradas fuentes confiables.

Las mujeres y la iglesia primitiva

Las mujeres superaban en número a los hombres en la iglesia primitiva, y también desempeñaban funciones de honor y autoridad. Aproximadamente el sesenta y cuatro por ciento de la población cristiana estaba compuesta por mujeres para el año 80 d.C.[565] Esto es sorprendente desde el punto de vista del primer competidor del cristianismo, el culto romano a Mitra, del cual solo participaban los hombres; las mujeres estaban excluidas.

El apóstol Pablo generalmente incluía a las mujeres cuando elogiaba a aquellos que se sacrificaban por el servicio y que encabezaban el movimiento de la iglesia. Las mujeres, así como los hombres, eran animadas a ser bautizadas y a participar de la comunión (la cena del Señor) libremente. Las mujeres oraban y adoraban en los cultos de adoración.[566] En Romanos 16:1-7, 12, se menciona específicamente a las mujeres por su liderazgo, sabiduría y servicio en el ministerio. Podemos observar que en Romanos 16:1 Febe de Cencrea es nombrada con un título que históricamente había sido para los hombres, diácono (en griego lit. *diakonos*, no diaconisa, para ser exactos), que es el término más antiguo utilizado en el Nuevo Testamento para "líder", más comúnmente traducido al inglés como "ministro." Probablemente Febe haya llevado el Libro de Romanos de Corinto a Roma, unas 400 millas [más de 600 kilómetros], lo cual es sorprendente debido al aislamiento de las mujeres en ese entonces. Romanos 16:6 hace memoria de Priscila y Aquila, y he notado que Priscila es mencionada antes que Aquila, tanto en este pasaje como en Hechos 18:26, por Lucas.

Entre otros ejemplos de las mujeres en la iglesia primitiva se encuentra el de María, quien fue elogiada en Romanos 16:6 por haber "trabajado mucho entre vosotros." Andrónico y Junias también fueron reconocidos como "sobresalientes entre los apóstoles" (16:7). Dos hermanas (probablemente gemelas), Trifena y Trifosa, al igual que a Pérsida reciben un saludo (16:12). Es notable que el Libro de Romanos no fue escrito para la iglesia de Roma, por lo que los académicos paulinos como Robert Sloan y Tom Wright creen que aquellos que recibieron saludos en Romanos 16 eran todos líderes de la iglesia en hogares.

En muchos otros lugares de la Escritura, Pablo reconoció el liderazgo femenino en la iglesia, como en Filipenses 4:2-3, donde Evodia y Síntique fueron ministros en la iglesia de Filipo. Según Pablo, la madre y la abuela de Timoteo le transmitieron su gran legado de fe al joven Timoteo: "Trayendo a la memoria la fe no fingida que hay en ti, la cual habitó primero en tu abuela Loida, y en tu madre Eunice, y estoy seguro que en ti también."[567] Pablo les agradeció a Loida y a Eunice llamándolas por sus nombres, por haber inspirado a Timoteo a transitar una vida de fe. Otro punto fascinante, que generalmente se deja de lado, es el que viene después de que Pablo les pide a las mujeres que "estén sujetas a sus propios maridos, como al Señor", donde dedicó nueve versículos para describir cómo deben amar los hombres a sus esposas. De hecho, los hombres deben "[amar] a vuestras mujeres, así como Cristo amó a la iglesia."[568] Esta enseñanza fue completamente singular en el mundo romano de los días de Jesús. No solo las mujeres son iguales, sino que deben ser honradas, amadas, apreciadas, cuidadas y, de ser necesario, los esposos incluso deberían morir por sus esposas. No es de extrañar que el cristianismo se haya expandido tan rápidamente.

Otra razón por la cual la iglesia primitiva creció a pasos agigantados fue debido a los programas de rescate de niños, promulgados por valientes seguidores de Jesús. Como se discutió anteriormente, ser mujer en el mundo romano, casi siempre significaba una sentencia de muerte ("si tienes un hijo y es varón, tenlo, pero si es hembra, abandónala"). Cuando los nuevos convertidos del cristianismo dejaron de practicar el infanticidio, especialmente en las niñas, el número de cristianos se incrementó exponencialmente. De hecho, había escases de hombres cristianos disponibles para el matrimonio. Es bastante interesante que en 1 Pedro 3:1-6 y en 1 Corintios 7:6-24 se hagan exhortaciones detalladas que animan a las mujeres a permanecer casadas con sus esposos que "no creen la palabra." La fidelidad de las mujeres podía ablandar los corazones endurecidos y atraer a sus esposos a la fe. Sabemos por la historia de la iglesia que, debido a la poca cantidad de hombres, muchas mujeres se casaron con hombres paganos e incluso con sacerdotes paganos. Con frecuencia, esos hombres se convertían, y la iglesia crecía.

Se ha dicho que el cristianismo le devolvió el concepto de humanidad a sus convertidos. Como hemos visto, el mundo romano era inhumano, y hoy día las mujeres continúan siendo marginadas y oprimidas en los países no cristianos. El legado duradero del movimiento cristiano primitivo fue su determinación para restaurar la virtud, la dignidad y la igualdad de la mujer. Por ejemplo, yo solía ser un profesor en la Universidad de Acadia, fundada por bautistas en 1838. Acadia fue la primera universidad en el Imperio británico que admitió mujeres en el programa de la licenciatura en Humanidades. Los cristianos fueron responsables de que eso ocurriera.

Personalmente me siento en deuda con mi madre y con mi esposa, por el amor leal y el compromiso con Jesucristo que ejemplifican cada día. En el otoño del año 2000, como estudiante de primer año de la universidad de Liberty, estaba considerando alejarme de mi fe cristiana. Por varios motivos, estaba cada vez más desilusionado de los cristianos y del cristianismo. El 7 de diciembre del 2000, mi madre voló al aeropuerto de Roanoke, Virginia, y viajamos durante dos días desde la universidad hacia nuestra casa. En algún momento de ese viaje de 1042 millas [más de 1600 kilómetros], le volví a dedicar mi vida a Jesucristo, en gran parte porque sentí que Dios me hablaba, me sanaba y me perdonaba a través de mi madre y de su inmensa fe. Estoy seguro de que hoy no sería un seguidor de Jesús si mi madre no se hubiese molestado ni preocupado por mí en ese momento crucial de mi vida.

Finalmente, el compromiso inquebrantable de mi esposa Audrey con Cristo continúa incentivándome. Mientras estaba terminando la residencia de mi doctorado en Oxford, hubo varios momentos en que el nivel de estrés era tan alto que consideré dejar el programa. Fue todo un desafío. Audrey me ayudó a mantener mis ojos en la meta. Obtener el doctorado era la única opción. Las oraciones y la fe de Audrey fueron lo que me sostuvo durante esos días de formación. Estoy agradecido por las mujeres de Dios en mi vida y la profunda influencia de las mujeres en la historia de la fe cristiana.

CAPÍTULO 17

Sanar lo inimaginable en su propia vida

La primera palabra que debería impregnar nuestras mentes cuando pensamos en el cristianismo siempre debería ser *transformación*. Algo que es completamente único acerca del movimiento cristiano, y en mi opinión la mayor evidencia de la fe cristiana, es la completa transformación que el factor Jesús desata en la vida. Nada puede compararsele. Jesús de Nazaret constantemente y de manera audaz trascendió las barreras culturales para poder ofrecer su mensaje de libertad. No una libertad temporal, sino una gracia restauradora, el perdón y una vida completamente nueva. Su misión del perdón, la cual ha comenzado en el primer siglo y que continúa vigente, sigue resonando.

El propósito final de *Inimaginable* es esclarecer algunas antiguas preguntas: ¿Me ama Dios? ¿Cómo puedo saberlo? ¿Dios sigue obrando en el mundo? ¿Mi vida tiene un propósito divino? Y… si Jesús no hubiese venido, ¿la vida sería realmente tan distinta? Como hemos visto, el mundo en el que vivimos sería un lugar mucho más oscuro si no fuese por el cristianismo.

Con toda seguridad, enfrentamos importantes desafíos. Muchos grupos de personas siguen siendo marginados. Los regímenes de maldad continúan infligiendo sufrimiento, incluso contra sus propios pueblos. Existen países donde las mujeres todavía no son consideradas iguales a los hombres, y mucho menos libres. Sin embargo, tenemos esperanza porque el espíritu de Jesús está activo en todo el mundo, especialmente si consideramos que la fe cristiana se está expandiendo a un ritmo de 70 000 nuevos convertidos por día.[569]

Nuestro recorrido a través de las páginas anteriores nos ha permitido evaluar cómo sería nuestro mundo sin el cristianismo, lo cual debería provocar un nuevo nivel de gratitud y aprecio por la fe que compartimos.

Hace más de un siglo, Ferdinand Schenck, profesor en Rutgers College, se adelantó a su época cuando escribió *Christian Evidences and Ethics* [Evidencias y éticas cristianas], en formato de preguntas y respuestas. El capítulo 7, "Practical Evidence of Christianity" [Evidencia práctica del cristianismo], se ha convertido en un clásico de la literatura cristiana. De esas siete evidencias contundentes del cristianismo, tengo especial interés en la número cinco: "lo sociológico, que muestra los efectos del cristianismo en la sociedad."

> Lo que el hombre siente, piensa, y desea con respecto a Dios y a sí mismo, tiene un gran efecto sobre su vida social: la moral está basada en la religión, por lo tanto, una visión equivocada de Dios lo conducirá a una visión equivocada de la naturaleza y del valor del hombre. Una visión equivocada tanto de Dios como del hombre conducen a una conducta equivocada.[570]

Solamente con una visión correcta de Dios, podemos vernos a nosotros mismos de manera correcta y aprender a amar en lugar de odiar a aquellos que nos rodean, que también son amados por nuestro Padre celestial.

Una de las historias más cautivantes se encuentra en el recuerdo de Schenck sobre una cita acerca del impacto del cristianismo declarada por el entonces ministro de EUA en Inglaterra, James Russell Lowell, quien sirvió en la década de 1880. Lowell, un célebre poeta, político, profesor de Harvard y abolicionista, declaró:

> Lo desafío a encontrar sobre la faz de la tierra un solo lugar de tan solo diez millas cuadradas [apróximadamente veinticinco kilómetros cuadrados] donde un hombre decente pueda vivir seguro y feliz, donde la Biblia no haya llegado antes para hacer de esa seguridad y moralidad algo posible.[571]

De hecho, deberíamos cerrar este libro con una profunda motivación para continuar con el legado del cristianismo y realizar buenas obras en nuestras propias comunidades. Podemos dejar estas páginas pudiendo hablar de manera más articulada e inteligente acerca de la maravillosa bendición que el cristianismo le brinda al mundo. El historiador estadounidense y profesor de *Yale Divinity School*, Kenneth Scott Latourette (1884-1968) resumió el poder vivificante del cristianismo:

> Más que cualquier otra religión, o mejor dicho, que cualquier otro elemento de la experiencia humana, el cristianismo ha contribuído en el avance intelectual del hombre al llevar los idiomas a la escritura, crear literatura, promover la educación desde los grados primarios hasta las instituciones de nivel universitario y estimular la mente y el espíritu humano para explorar lo desconocido con una nueva perspectiva. Ha sido el único y mayor factor para luchar, a escala mundial, contra los enemigos antiguos del hombre como la guerra, la enfermedad, el hambre y la explotación de una raza por otra. Más que cualquier otra religión, ha contribuído a la dignidad de la

> personalidad humana. Esto lo ha hecho por el poder inherente que se encuentra en sí misma de tomar las vidas con egoísmo, mediocridad espiritual, y derrota y desintegración moral y llevarlas hacia un logro desinteresado y un poder espiritual y moral contagiosos, por el gran valor que ha depositado en cada alma humana, mediante las posibilidades de crecimiento ilimitado que ofrece a través de la relación con el eterno Dios.[572]

Quizás usted haya experimentado algo *inimaginable* en su vida, algo que parece imposible de superar. Quizás haya hecho algo inimaginable. Mi mensaje final de despedida para usted tiene la intención de animarlo a que invite a Jesús a esa experiencia inimaginable, posiblemente estimulado por esta última historia.

No podría haberme sentido más entusiasmado por tener la posibilidad de hablar en Twin Lakes Church en Santa Cruz, California, por dos motivos. Primero, porque la iglesia cuenta con un enorme y amplio legado de un ministerio tranformador que data de 1890, cuando era conocida como *Little Brown Church by the Sea* [la pequeña iglesia marrón junto al mar]. La iglesia ha crecido a grandes escalas en los últimos años y es conocida en la costa oeste por su alcance formidable y por sus enseñanzas. En segundo lugar, Santa Cruz es conocida como la capital mundial de *surf*. ¿Hace falta que diga algo más?

Uno de los mejores aspectos de viajar y hablar en todo el mundo es la oportunidad de conocer a tantos seguidores fascinantes de Jesús. Uno aprende rápidamente cuán vasto es el reino de Dios en todo el mundo. En la fila para que firmara mi libro luego de haber dado el mensaje en Twin Lakes Church, conocí a Lynn, y su historia es una que nunca olvidaré porque muestra la diferencia que hace Jesús en las circunstancias más trágicas e inimaginables.

Me contó que menos de dos semanas después del 11 de septiembre, ella y su marido, Dan, junto con sus hijas adolescentes, Carrie y Mandie, estaban regresando a casa después de haber asistido a una campaña evangelística de Luis Palau, llamada Beachfest Santa Cruz. Habían disfrutado un gran fin de semana en familia, junto con otros 20 000 asistentes. Se amontonaron en su minivan, se ajustaron sus cinturones, pero no llegaron a casa como una familia completa.

La familia Wagner estaba conduciendo hacia el norte por la calle Cayuga cerca de las diez de la noche. Cuando se estaban aproximando a un cruce, una Chevy Suburban que venía del este pasó el semáforo en rojo y los envistió. El vehículo nunca frenó. No se encontraron marcas de frenado en la escena. Tiempo después se reveló que la conductora, una mujer llamada Lisa, había consumido cocaína, metanfetamina y había tomado alcohol. De acuerdo a los reportes de los diaros, la camioneta de los Wagner "giró y chocó contra un poste de luz, derribó un cartel de tránsito y golpeó contra un Volvo que estaba estacionado, el cual terminó en el patio delantero de una casa de la esquina."[573] El estruendo del choque en esa zona tranquila provocó que los vecinos corrieran hacia la escena, algunos incluso descalzos. Encontraron a Carrie y a Mandie muertas y a Lynn y a Dan gravemente heridos.

Las noticias del trágico accidente se propagaron rápidamente. La noche siguiente, Luis Palau anunció en el cierre del evento de dos días: "Algo terrible ocurrió anoche en este lugar," mientras aparecían fotos de las niñas en las pantallas. Luego, Luis dijo: "Mandie y Carrie se fueron directamente con el Señor en ese mismo momento."

Dan y Lynn fueron trasladados de urgencia desde la escena al Dominican Hospital, ambos con heridas en la cabeza y Lynn con el coxis roto, tres costillas fracturadas al igual que la pelvis. Dan también tuvo una herida en el cuello, se dislocó el coxis y se incrustó en el vidrio delantero. Ninguno de los dos recordaba el accidente.

Cuando Lynn se despertó en la unidad de cuidados intensivos ese domingo por la mañana y le contaron sobre el accidente, las primeras palabras que pudo decirle a una amiga fueron: "¿Están en los brazos de Jesús?" Sharon le contestó: "Sí, están allí." "Dios es un Dios bueno", le respondió Lynn.

Dan no despertó hasta el lunes por la mañana. Su pastor intentó explicarle amablemente la tragedia de sus hijas, pero no lograba entenderlo. En una reflexión que compartió conmigo acerca de algo que escribió un tiempo después, Dan me dijo: "La primera vez que recuerdo haberlo entendido fue cuando alguien que me visitaba en la habitación del hospital me expresó que lamentaba mi pérdida. Entonces le pregunté: "¿Qué pérdida?" Ahí me explicó que había perdido a mis hijas."

Como padre de cinco hijos, cuando me imagino en la situación de Dan, creo que hubiese preferido morir antes que intentar seguir sin mis hijos. Dan me comentó que se sentía bombardeado por los "qué hubiese pasado si..." "¿Por qué Dios no dejó que se me cayeran las llaves de camino al auto esa noche o que me encontrara con un amigo para demorar mi salida tan solo treinta segundos?" Esta tragedia, ¿terminaría con el matrimonio de Dan y Lynn? Frecuentemente, cuando un matrimonio sufre la pérdida de un hijo, la pareja también termina desmoronada.

Finalmente, la conductora de la Suburban se declaró culpable y fue a la prisión estatal. Dan admitió: "Mi enojo y resentimiento hacia Dios comenzaron lentamente a medida que leía versículo tras versículo las promesas de Dios: promesas que aparentemente no se podían aplicar para nosotros." Lynn contó lo difícil que fue la primera navidad sin sus hijas. ¿Cómo podremos celebrar? ¿Cómo sobreviviremos? ¿Perderemos nuestra fe? El enojo con la causante del accidente se trasladó a Dios, que podría haber evitado el accidente, según razonaba Lynn. ¿Por qué se llevó a nuestras hijas? Mientras tanto, algunos consejeros visitaban a Dan y a Lynn durante el primer año. Su iglesia los mantuvo cerca, apoyándolos, amándolos "como una madre ama a su hijo", detalló Dan, "y Dios comenzó a hacer su obra en nosotros."

Dan compartió la forma en que logró procesar el dolor:

> Mis propios pensamientos y sentimientos querían que creyera que quizás:
>
> Dios no tenía el poder suficiente para evitar el accidente,
>
> Dios no sabía que iba a suceder,
>
> Dios estaba ocupado con otros asuntos y no nos podía ayudar en ese momento,
>
> Dios no tenía la autoridad para evitar el accidente o simplemente no le importó.
>
> O podía elegir creer lo que Dios afirma sobre sí mismo en la Biblia:
>
> El es todopoderoso (pudo haberlo evitado);
>
> El todo lo sabe (con toda certeza sabía que iba a ocurrir);
>
> El está en todos lados todo el tiempo (Él estuvo ahí en ese momento);
>
> El es soberano (tenía la autoridad para evitarlo);
>
> El es amor (por lo tanto, su acción, o inacción, fue una expresión de su amor).[574]

No ocurrió de la noche a la mañana, pero Dan y Lynn decidieron confiar en Dios aun en medio de la peor de las adversidades. No solo eso, sino que decidieron perdonar a Lisa. Aquí es donde su historia trasciende la lógica humana común. En agosto del 2008, los Wagner se enteraron de que Lisa sería liberada de prisión, luego de haber cumplido con el ochenta y cinco por ciento de su sentencia. De acuerdo con el oficial de libertad condicional, los Wagner tenían una petición muy inusual. Dios protegió a los Wagner para que no tuvieran que presentarse en la corte y de esa manera revivir la tragedia. Por lo cual, nunca conocieron a Lisa. Los Wagner querían conocerla.

Solo unos pocos días antes del séptimo aniversario de la tragedia, Dan y Lynn conocieron a Lisa bajo la supervisión de su oficial de libertad condicional. Cuando abrazaron a Lisa, una catarata de emociones llenó el corazón de Dan y comenzó a llorar. Descubrieron que Lisa se había convertido a Cristo mientras estuvo en prisión. Dan y Lynn perdonaron a Lisa por haber matado a sus hijas y la perdonaron por todo el dolor que les había causado. Cuando Dan y Lynn giraron para irse de su encuentro con Lisa, el oficial de libertad condicional exclamó: "Nunca vi algo igual, y sucedió solamente debido a nuestra fe. Servimos a un Dios de reconciliación" (nótese que el oficial se incluyó en "nuestra" fe). Qué testimonio. Lynn escribió en su historia *Not Wasted*: "*Esa* mujer ahora es como una hija para mí, y sé que nos acomopañará a mí y a Dan en cualquier circunstancia." Lynn y Dan perdonaron a Lisa no solo porque Dios se los ordenaba, sino porque ellos mismos habían recibido el perdón eterno ofrecido mediante la muerte, sepultura y resurrección de Jesucristo.

El perdón fue la liberación para los Wagner. Su matrimonio jamás estuvo tan sólido. Ellos se ofrecen como voluntarios en distintos ministerios y tocan las vidas de multitudes de personas. Asimismo, Dan y Lynn, junto con Lisa, han compartido en muchas iglesias su historia de tragedia y perdón. Los Wagner admiten sin siquiera pensarlo: "Este no es el plan B. Este fue siempre el plan A, todo el tiempo." Lynn comenta: "Si nuestro objetivo es llevar a las personas a Jesús, entonces la manera en que respondemos al sufrimiento es sumamente importante para aquellos que nos rodean y que todavía no lo conocen."[575] Dan y Lynn se vieron reflejados en la esperanza de la resurrección de Jesús. Ellos volverán a ver a sus hijas. Nuestra futura resurrección está conectada con la resurrección de Jesús. Dan y Lynn comprenden que la vida no se trata de vivir ochenta años en esta tierra. La vida se trata de la eternidad. La vida se trata de brindarle honor y gloria a Dios el día de hoy, sin importar las circunstancias más difíciles e inimaginables.

Cuando me iba de Santa Cruz y conducía hacia el aeropuerto de San José, lloré pensando en los Wagner. Ninguna historia podría ilustrar mejor la diferencia que hace el factor Jesús en el mundo. Podemos invitar a Jesús a una situación que parece no tener solución, y Él le dará sentido. En este libro hemos visto, a nivel general y en particular, cómo el cristianismo trae esperanza y sanidad en este mundo.

Ahora, ¿y usted? ¿Ha tomado la decisión de confiar en Jesucristo y comenzar una relación con Él? Si es un seguidor de Jesús, ¿se detendría y, en este momento, volvería a entregarle su corazón y su vida para vivir para Él? No adoramos el cristianismo, adoramos y seguimos a Jesucristo. Él es el único que hace la diferencia. No existe la iglesia perfecta, porque la iglesia está compuesta por personas imperfectas; sin embargo, vemos el Espíritu de Jesús trabajando en el mundo a través de personas imperfectas y ordinarias cada día. Pídale a Jesús que se encargue de su circunstancia inimaginable. Él le traerá el perdón, la esperanza, la sanidad y una verdadera transformación.

AGRADECIMIENTOS

Tuve la increíble oportunidad de poder investigar en algunos lugares que cuentan con una infinidad de recursos. Entre ellos se encuentra la Universidad de Oxford y su legendaria biblioteca Bodleiana; la Universidad de Yale y su biblioteca Beinecke de manuscritos y libros inusuales; la biblioteca conmemorativa de Vaughan de la Universidad de Acadia; y la biblioteca teológica de Lanier aquí en Houston, donde sirvo en la facultad de la Universidad Bautista de Houston como profesor asociado de la cátedra de Cristianismo Primitivo.

Le agradezco al doctor Rodney Stark, distinguido profesor de Sociología de la Universidad de Baylor, que me invitó a Waco, Texas, para compartir aspectos de mi investigación con él y sus colegas. Fue estimulante y muy positivo.

Le agradezco a Jeff Braun, mi editor y amigo. Su perspectiva e intuitivo trabajo editorial han sido sumamente efectivos e importantes. Su apoyo durante todo el proyecto fue verdaderamente contagioso.

También quiero agradecerle a Jonathan Sandys y a Wallace Henley por reunirse conmigo para conversar acerca de Sir Winston Churchill, el conocido primer ministro en tiempos de guerra de Gran Bretaña y bisabuelo de Jonathan. No estoy seguro de que Occidente entienda cuánto le debe a la valentía y al liderazgo de ese gran hombre.

También le agradezco a mi mentor y querido amigo Craig Evans. Conocer a Craig cambió mi vida para siempre, y es un honor colaborar con él en círculos académicos y populares. Craig es un verdadero erudito, en todo el sentido de la palabra.

Le agradezco a Robert B. Sloan, presidente de la Universidad Bautista de Houston, cuya visión y dedicación son de gran inspiración para todos nosotros. Trabajar como asistente especial del presidente de HBU es una tarea que aprecio en gran manera. El doctor Sloan siempre me brindó respuestas estimulantes y alentadoras cada vez que discutíamos el desarrollo de este libro.

Le agradezco a Christian Thinkers Society por su plataforma y por la oportunidad de difundir el mensaje de *Inimaginable* en todo el mundo.

Estoy profundamente agradecido por el Museo de la Biblia, con sede en Washington D. C., y su misión de alentar a todas las personas a involucrarse con la Biblia: su narrativa, su historia y su impacto.

Deseo expresarles mi gratitud a mis padres, Jerry y Christie Jo, por animarme a perseverar en toda circunstancia.

Por último, doy gracias a Dios por mi esposa, Audrey, y por nuestros cinco hijos, Lily Faith, Justin y los trillizos de Texas: Abel, Ryder y Jaxson. Ellos son, y siempre serán, mi primer enfoque y ministerio.

Jeremiah J. Johnston
Christian Thinkers Society

NOTAS

Introducción

1. Sarah Pulliam Bailey, “Mark Zuckerberg comparte la plegaria que hace con su hija cada noche,” *The Washington Post*, 25 de mayo del 2017, https://www.washingtonpost.com/news/acts-of-faith/wp/2017/05/25/mark-zuckerberg-shares-the-prayer-he-says-to-his-daughter-every-night/.

2. Ruth Gledhill, “El escándalo y la división hacen que los cristianos oren por una ‘nueva reforma’”, *The Times*, 6 de abril del 2010, https://www.thetimes.co.uk/article/scandal-and-schism-leave-christians-praying-for-a-new-reformation-lflgv79r7js.

3. Victor Davis Hanson, “La Grecia que fue sin gloria” y Josiah Ober, “Conquista denegada”, en Robert Cowley, ed., ¿What If? *The World's Foremost Military Historians Imagine What Might Have Been* [¿Qué hubiera pasado si…? Los historiadores militares más importantes del mundo imaginan lo que podría haber ocurrido] (Nueva York: Berkley Books, 1999), 15-36 y 37-56, respectivamente

4. Cecelia Holland, “La muerte que salvó a Europa”, en Cowley, ed., ¿What if? [Qué hubiera pasado si…] 93-106. Holland compara a los mongoles del siglo XIII con el Khmer Rouge del siglo XX, que destruyó y despobló Camboya.

5. Cito de *Mein Kampf*, con introducción de D. Cameron Watt; Ralph Manheim, trans. (Londres: Pimlico, 1992).

6. *Idem*, 129. Hitler aquí se refiere a una oportunidad perdida en 1904, y afirma, “En 1904 la sangre vertida fue diez veces menor que la derramada entre 1914-18.”

7. *Idem*, 171. Con toda la debida modestia y reserva, Hitler les manifiesta a sus lectores: “Más de una vez me atormentó la idea de que, si la Providencia me hubiese colocado en el lugar de esos ignorantes o mal intencionados, incompetentes y criminales de nuestro servicio de propaganda, quizá otro hubiera sido el desenlace de la lucha.”

8. Mateo 5:45.

9. “World Watch List 2017,” Open Doors, https://www.opendoorsusa.org/christian-persecution/world-watch-list/.

10. Christopher Hitchens, *Dios no es bueno: Alegato contra la religión* (Nuevo York: Doce, 2007). El subtítulo del libro de Hitchens recuerda la oscura opinión de Friedrich

Nietzsche (1844-1900), que afirmaba que el cristianismo es un veneno que ha infectado a todo el mundo. Véase F. Nietzsche, *El nacimiento de la tragedia y La genealogía de la moral*, de los libros en inglés *The Birth of Tragedy and the Genealogy of Morals,* Francisco Golffing, trans. (Nueva York: Doubleday, 1956, orig. en alemán 1872 y 1887), 185. Nietzsche expresa ideas similares en *El anticristo* del libro en inglés *The Anti-Christ*, R. J. Hollingdale, trad. (Nueva York: Penguin, 1968, orig. en alemán 1895). Aquí los clérigos son descriptos como envenenadores de la humanidad. Examinaremos detenidamente a este pequeño hombre enojado y enfermo, más adelante en uno de los capítulos.

11. El primero se ve en el politeísmo hindú; el segundo se ve en la violencia islámica.

12. Juan 10:10.

Parte I: El mundo antes del cristianismo
Capítulo 1: El sentido de lo divino

13. Algunas veces la esposa se dirigía a su esposo como hermano. Véase otro ejemplo en papiros, P. Lond. 42 (168 a.C.). Podían referirse a los amigos mayores de la familia como madre o padre.

14. Nombrar a Berous como mi señora era una señal de cortesía. Véase otro P. Leip. 110, así como 2 Juan 1:5.

15. Para la foto, véase Adolf Deissmann, *Light from the Ancient East* [Luz del antiguo este] (Londres: Hodder & Stoughton, 1927), fig. 26 (entre 168 y 169). La caligrafía es correcta, pero hay algunos errores (por ejemplo, el acusativo *you,* en inglés, en la línea 8, que debería ser el dativo *to you*). El mismo error gramatical se encuentra en P. Oxy. 119, líneas 4 y 5. La carta fue originalmente publicada en B. P. Grenfell y A. S. Hunt, eds., *El papiro de Oxirrinco*, del libro en inglés *The Oxyrhynchus Papyri.* Parte IV, OP 4 (Londres: Egypt Exploration Fund, 1904), 243-244 (= no 744). Se reimprimió, con breves notas, en A. S. Hunt y C. C. Edgar, *Select Papyri I* [Papiro selecto I], LCL 266 (Cambridge, MA: Harvard University Press, 1932), 294-295 (= n. ° 105). Me baso en estas traducciones (que no siempre concuerdan), pero en algunos lugares sigo por mi propio camino. Para una discusión más detallada del texto, véase Stanislaus Witkowski, *Epistulae Privatae Graecae* (Berlín: Teubner, 1906), 97-98; George Milligan, *Selections from the Greek Papyri* [Selecciones del papiro griego] (Cambridge: Cambridge University Press, 1910), 32-33 (= no 12); Adolf Deissmann, *Light from the Ancient East* [Luz del antiguo Oriente], 167-170.

16. El significado aquí es incierto. Milligan (Selections, 33) sugiere "¡Buena suerte para ti!" Hunt y Edgar (*Papiro selecto* del original *Select Papyri*, 295) proponen "Si por casualidad." Witkowski (*Epistulae Privatae Graecae*, 98) piensa que las palabras griegas son el equivalente del latín *quod bene vertat.*

17. *Ira* del libro en inglés *De Ira* 1.15.2 (LCL, 214; 144-145).

18. *Las Doce Tablas* del libro en inglés *The Twelve Tables* (LCL, 329; 440-441).

19. La palabra *jerarquía* significa "sagrado" o "gobierno sacerdotal."

20. Para un mayor debate y fotos del templo neolítico en Göbekli Tepe, véase Charles C. Mann, "El nacimiento de la religión," *National Geographic* 214, no. 6 (junio del 2011): 34-59.

21. Véase Wilhelm Schmidt, *The Origin and Growth of Religion* [El origen y crecimiento de la religión] (Londres: Methuen, 1931).

22. C. J. Gadd, "Hammurabi y el final de su dinastía," en I. E. S. Edwards, ed., *The Cambridge Ancient History* [La historia antigua por Cambridge], vol. 1 (Cambridge: Cambridge University Press, 1973), 176-227; Jack M. Sasson, "Rey Hammurabi de Babilonia", en Jack M. Sasson, ed., *Civilizations of the Ancient Near East* [Civilizaciones del antiguo cercano oriente], vol. 2 (Nueva York: Charles Scribner's Sons, 1995), 901-915.

23. L. W. King, trans., *The Code of Hammurabi* [El código de Hammurabi] (1915), edición reeditada de J. S. Pereira, 2011), 32.

24. Éxodo 20:2.

25. Richard Taylor, *Ética, Fe y Razón* del libro en inglés *Ethics, Faith, and Reason* (Englewood Cliffs, NJ: Prentice-Hall, 1985), 83-84.

Capítulo 2: Un mundo de sufrimiento

26. En esta parte del capítulo, me baso en Craig A. Evans, "Los muertos que hablan," un capítulo que se encuentra en su libro *Jesus and the Remains of His Day* [Jesús y los restos de su época] (Peabody, MA: Hendrickson, 2015), 203-236.

27. *Epigrammata Graeca* 646.

28. *Studia Pontica* 145a.

29. *Epigrammata Graeca* 56.

30. *Carmina Latina Epigraphica* 801.

31. *Corpus Inscriptionum Latinarum* I, 2 1222.

32. Hay mucho más sobre la historia de Asclepio, pero para nuestros propósitos lo que resumí aquí es suficiente. Para un resumen conciso del mito de Asclepio, véase Robert Graves, ed., *New Larousse Encyclopedia of Mythology* [Nueva enciclopedia Larousse de mitología] (Nueva York: Prometheus, 1968), 163; Robert Graves, *The Greek Myths* [Los mitos griegos], 2 vols. (Londres: Folio Society, 1996), 1: 168-171.

33. Para una visión general provechosa sobre este tema, véase John J. Pilch *Healing in the New Testament: Insights from Medical and Mediterranean Anthropology*, [Sanidad en el Nuevo Testamento: Una perspectiva de la antropología médica y mediterránea] (Minneapolis: Fortress, 2000). Para obtener una descripción general de las enfermedades en la historia antigua y en diversos entornos geográficos, véase Roland K. Harrison y Edwin M. Yamauchi, "Enfermedades y plagas," en Edwin M. Yamauchi y Marvin R. Wilson, *Dictionary of Daily Life in Biblical and Post-Biblical Antiquity* [Diccionario de la vida cotidiana en la antigüedad bíblica y posbíblica], Volumen II: De-H (Peabody, MA: Hendrickson, 2015), 63-84.

34. Véase Marcos 4:1.

35. Véase Marcos 5:24-34.

36. Véase Marcos 2:1-12.

37. E. P. Sanders, *Jesús y el judaísmo,* del libro en inglés *Jesus and Judaism* (Londres: SCM, 1985), 164.

38. Para una discusión sobre el papel que jugaron los milagros cristianos en la conversión de los romanos antes de Constantino, véase Ramsay MacMullen, *Paganism in the Roman Empire* [Paganismo en el Imperio romano] (New Haven, CT: Yale University Press, 1981), 94-112; *Christianizing the Roman Empire* [La cristianización del Imperio romano] (AD 100-400) (New Haven, CT: Yale University Press, 1984), 3, 22, 25-30, 40, 60-61, 132-134.

39. Marcos 9:38-40. Después de escuchar a Pablo predicar, los siete hijos de un sumo sacerdote judío llamado Esceva intentaron invocar el nombre de Jesús, pero obtuvieron resultados negativos. Véase Hechos 19:13-17.

40. Véase la discusión de esta evidencia en Craig A. Evans, "Jesús, sanador y exorcista: la evidencia arqueológica no cristiana," en Daniel A. Warner y Donald D. Binder, eds., *A City Set on a Hill: Essays in Honor of James F. Strange* (Una ciudad en la colina: ensayos en honor a James F. Strange (Fayetteville, AR: BorderStone, 2014), 55-77. Véase también mi estudio bíblico *The Dark Side* [El lado oscuro], Estudios bíblicos para la vida (Nashville: LifeWay, 2017).

41. La obra apócrifa del primer siglo conocida como *Testament of Salomon* [el testamento de Salomón] cataloga los espíritus malignos, las enfermedades que causan y los pasos que se deben tomar para desatarlos.

42. Hipócrates, *Jus jurandum* 1-5, 18-22.

43. Hipócrates, *De morbis* 1.2; *De natura hominis* 4.

44. *Hector Avalos, Illness and Health Care in the Ancient Near East: The Role of the Temple in Greece, Mesopotamia, and Israel* [Enfermedad y salud en el Oriente Medio antiguo: El rol del templo en Grecia, Mesopotamia e Israel], Monografías semíticas de Harvard, 54 (Atlanta: Scholars Press, 1995).

45. Marcos 5:25-26.

46. *Naturalis historia* 29.7.14.

47. Véase Marcos 1:40-45; Lucas 17:11-19. Para obtener un ejemplo del Antiguo Testamento, véase 2 Reyes 5:1-14.

48. Para la discusión del descubrimiento de esta tumba, llamada "Tumba de la Sábana Santa", véase Shimon Gibson, *The Final Days of Jesus: The Archaeological Evidence* [Los últimos días de Jesús: la evidencia arqueológica] (Nueva York: HarperOne, 2009), 139-147.

49. Suetonio, *Tito* 8.

50. Harrison y Yamauchi, "Enfermedades y plagas," 78.

51. Mateo 8:14; Marcos 1:30; Lucas 4:38; Juan 4:52; *cf.* Hechos 28:8.

52. La literatura académica es vasta. Sugiero a Marvin W. Meyer y Paul Mirecki, eds., *Ancient Magic and Ritual Power, Religions in the Graeco-Roman World* [La magia de los antiguos y el poder de los rituales, religiones en el mundo grecorromano] 129 (Leiden: Brill, 2001); Andrew T. Wilburn, *Materia Magica: The Archaeology of Magic in Roman Egypt, Cyprus, and Spain* [Materia mágica: La arqueología de la magia en el Egipto romano, en Chipre, y en España], Nuevos textos de culturas antiguas (Ann Arbor: University of Michigan Press, 2012).

53. Para obtener más información sobre la esperanza de vida del primer siglo, véase mi libro, *Unanswered: Lasting Truth for Trending Questions* [Sin respuesta: Una verdad duradera para las preguntas más frecuentes] (New Kensington, PA: Whitaker House, 2015), 73-74.

54. Para más información sobre las tradiciones de la vida futura y las creencias post-mortem, véase mi libro, *The Resurrection of Jesus in the Gospel of Peter: A Tradition-Historical Study on the Akhmîm Gospel Fragment* [La resurrección de Jesús en el evangelio de Pedro: Un estudio histórico sobre el fragmento del evangelio de Akhmîm], textos judíos y cristianos en contextos y estudios relacionados, vol. 21 (Londres: Bloomsbury, 2016), 65-110.

55. Esquilo, *Eumenides*, 647-648. El texto es citado y discutido por F. F. Bruce, *Paul: Apostle of the Heart Set Free* [Pablo: El apóstol de corazón libre] (Grand Rapids, MI: Eerdmans, 1977), 246-247; Stanley E. Porter, "Resurrección, los griegos y el Nuevo Testamento," en Stanley E. Porter, Michael A. Hayes y David Tombs, eds., *Resurrection* [Resurrección], JSNTSup 186; RILP 5 (Sheffield, Reino Unido: Sheffield Academic Press, 1999), 52-81, aquí, 52; y Evans, "Los muertos que hablan," 204-211.

56. *Eumenides* 649-651. La traducción está basada en Richmond Lattimore, *Aeschylus I* (Nueva York: Washington Square Press, 1967), 172

57. Marcos 5:21-43.

58. Lucas 7:11-17.

59. Juan 11:1-44.

60. Hechos 4:20.

Capítulo 3: Un mundo de temor

61. Jean-Pierre Vernant, *Mortals and Immortals: Collected Essays*, [Mortales e inmortales: Ensayos recopilados] ed. Froma I. Zeitlin (Princeton, NJ: Princeton University Press, 1991), 273: "Un dios griego es un poder que representa un tipo de acción, un tipo de fuerza."

62. Para una descripción general de los dioses grecorromanos, véase Robert Graves, ed., *New Larousse Encyclopedia of Mythology* [Nueva enciclopedia Larousse de mitología] (Nueva York: Prometheus, 1972) 85-221. Para un enfoque actual de las religiones romanas, véase a Mary Beard, John A. North, y Simon Price, *Religions of Rome* [Las religiones en Roma] (Cambridge: Cambridge University Press, 1998).

63. 1 Pedro 1:19.

64. Thelma Sargent, trans., *The Homeric Hymns* [Los himnos homéricos] (Nueva York: Norton, 1975), 190-192.

65. Hechos 17:22.

66. Los dioses no imponían moralidad entre los seres humanos. La "piedad" de los dioses no tenía nada que ver con el comportamiento humano. Véase Ramsay MacMullen, *Paganism in the Roman Empire* [Paganismo en el Imperio romano] (Nueva York: Yale University Press, 1981), 58.

67. Uno de los ejemplos más gráficos es el dios Pan violando a una cabra (en exhibición en el Museo de Nápoles).

68. En Pompeya, encontramos ejemplos de falos erectos enmarcados en piedras en relieve en miniatura que se asemejan a templos. Véase Michael Grant y Antonia Mulas, *Eros in Pompeii: The Erotic Art Collection of the Museum of Naples* [Eros en Pompeya: Colección de arte erótico del museo de Nápoles [(Nueva York: Stewart, Tabori y Chang, 1997);

Antonio Varone, *Eroticism in Pompeii: Getty Trust Publications* [Erotismo en Pompeya: Publicaciones confiables de Getty] (Los Ángeles: Museo J. Paul Getty, 2001). Para una representación entretenida pero muy bien relatada de la vida en Pompeya poco antes de la erupción del Vesubio, véase Keith Hopkins, *Un mundo lleno de dioses: Paganos, judíos y cristianos en el Imperio romano* del libro en inglés *A World Full of Gods: The Strange Triumph of Christianity* (Nueva York: Plume, 1999) 7-45, 333-337, notas.

69. Peter G. Bolt, "Jesús, los demonios y los muertos," en A. N. S Lane, ed., *The Unseen World: Christian Reflections on Angels, Demons, and the Heavenly Realm* [El mundo invisible: Reflexiones cristianas sobre ángeles, demonios y el reino celestial] (Grand Rapids, MI: Baker, 1996), 75-102.

70. Son revisados en Bolt, "Jesús, los demonios y los muertos."

71. Suetonio, *Calígula* del original *Caligula* 58-59. El pasaje se discute en Evans, *Jesus and the Remains of His Day: Studies in Jesus and the Evidence of Material Culture* [Jesús y los restos de sus días: Estudios sobre Jesús y la evidencia de la cultura material], 229-230.

72. Plinio el joven, *Epistles* [Epístolas] 5.5.5-6.

73. Como el fantasma del violador asesinado que perseguía al pueblo de Temesa. Véase *Pausanius Descripción de Grecia* del libro en inglés *Pausanius, Description of Greece* 6.6.7-9. El espíritu de Aquiles, cuyo cuerpo no había sido enterrado adecuadamente, turbó a los griegos hasta que una doncella fue sacrificada. Véase Ovidio, *Metamorfosis* del libro en inglés *Metamorphoses* 13.441-480.

74. Marcos 5:1-20; 9:14-29.

75. Para una mayor discusión de estas prácticas, véase Evans, *Jesus and the Remains of His Day* [Jesús y los restos de sus días], 234-235.

76. El miedo al "mal de ojo" impregnaba la cultura judía y pagana. Sobre este último, véase Matthew W. Dickie, "Heliodoro y Plutarco sobre el mal de ojo," *Classical Philology* [Filología clásica] 86 (1991): 17-29. Para un estudio completo, cuyos volúmenes todavía siguen apareciendo, véase John H. Elliott, *Beware the Evil Eye: The Evil Eye in the Bible and the Ancient World* [Cuidado con el mal de ojo: El mal de ojo en la Biblia y en el mundo antiguo, 5 vols. (Eugene, OR: Cascade Books, 2015).

77. Mateo 6:23.

78. John H. Elliott, "El mal de ojo y el sermón del monte," *Biblical Interpretation* [Interpretación bíblica] 2 (1994): 51-84. Es importante señalar que muchas versiones de la Biblia no traducen la palabra *mal*, a pesar de que es la traducción correcta de *poneros*.

79. Sobre este extraño tema, se puede consultar a John G. Gager, Curse Tablets y Binding *Curse Tablets and Binding Spells from the Ancient World* [Tablillas de maldiciones y hechizos vinculantes del mundo antiguo] (Oxford: Oxford University Press, 1992). Sobre el tema general de la magia, véase a Christopher A. Faraone y Dirk Obbink, eds., *Magika Hiera: Ancient Greek Magic and Religion* [Magika Hiera: Magia griega antigua y religión] (Oxford: Oxford University Press, 1991).

80. *PGM* XII.376-96. Para ejemplos, véase Craig A. Evans, "Jesús, sanador y exorcista: La evidencia arqueológica no cristiana," en Daniel A. Warner y Donald D. Binder, eds., *A City Set on a Hill: Essays in Honor of James F. Strange* [Una ciudad en la colina:

Ensayos en honor a James F. Strange] (Mountain Home, AR: BorderStone, 2014), 55-77, aquí, 61-62.

81. En esta retorcida e hilarante sátira, Séneca sugiere que al morir Claudio no se transformó en un dios (llamado *aphoteosis*) sino en una calabaza *(apocolocyntosis)*.

82. En los párrafos que siguen, me baso en Matthew Dennis, *The Twelve Caesars: The Dramatic Lives of the Emperors of Rome* [Los doce Césares: Las dramáticas vidas de los emperadores de Roma] (Nueva York: St. Martin's Griffin, 2012).

83. Suetonio, *Vespasianio* del libro en inglés *Vespasian*, 23.4.

84. Ludwig Feuerbach, *La esencia de la religión*, Tomás Cuadrado Pescador (ed. y trad.), Madrid, Páginas de Espuma, 2005 del libro en ingles *Lectures on the Essence of Religion* (Nueva York: Harper & Row, 1967), 187. La frase completa dice: "Dios no hizo, como dice la Biblia, al hombre a su imagen; por el contrario, el hombre, como lo he descripto en *La esencia del cristianismo*, hizo a Dios a su imagen." Feuerbach se refiere a su *Das Wesen des Christenthums* (1841, 2da. edición, 1848), que aparece en español como *La esencia del cristianismo*, Franz Huber (trad.), Buenos Aires: Editorial Claridad, 1941 y en inglés como *The Essence of Christianity* (1854; 2da. edición, 1881) (Nueva York: Prometeo, 1989). Feuerbach, por supuesto, está contradiciendo a Génesis 1:26, "Entonces dijo Dios: Hagamos al hombre a nuestra imagen."

Capítulo 4: Un mundo de desigualdad

85. Véase Hechos 19 para conocer el momento en que el evangelio de Pablo se topó con la venta de templecillos de Diana (Artemisa).

86. Frank Cowell, *Life in Ancient Rome* [La vida en la antigua Roma] (Nueva York: Berkley Publishing Group, 1961), 97.

87. Gálatas 3:28.

88. A lo largo de esta sección me baso en John F. DeFelice Jr., "Slavery" [Esclavitud] en Edwin M. Yamauchi y Marvin R. Wilson, eds., *Dictionary of Daily Life in Biblical and Post-Biblical Antiquity* [Diccionario de la vida cotidiana en la antigüedad bíblica y posbíblica], Volumen IV: O-Z (Peabody, MA: Hendrickson, 2016), 191-215.

89. Para una serie de ejemplos gráficos en Homer, véase *La Odisea* del original en inglés *Odyssey* 4.244-246; 14.324-343; 22.35-41, 462-473; 24.249-250; *La Ilíada* del original en inglés *Iliad* 1.12-13; 2.699; 6.654-655; 7.472-475.

90. *Politica* 1253b.

91. *Ethica nicomachea* 8.11.

92. *La Odisea* del original en inglés *Odyssey* 1.147; 7.104-109, 340-342; 10.123; Hesiod, *Opera et dies* 405-409, 458-461, 469-471, 502-503, 571-573, 597-599.

93. Jo-Ann Shelton, *As the Romans Did* [Como hicieron los romanos] (Oxford: Oxford University Press, 1998), 163.

94. Walter Scheidel, "Movilidad humana en la Italia romana, II: La población esclava," *Journal of Roman Studies* [Diario de estudios romanos] 95 (2005): 64-79. Las estimaciones conservadoras de Scheidel son probablemente demasiado pobres.

95. La ley romana regulaba esos comercios. Véase *Digesta* 5.27.1. La *Digesta* es una compilación de la ley romana del siglo VI d.C., pero gran parte de su contenido data del primer al tercer siglo.

96. Como se articula en *Digesta* 48.5.6.1; 48.5.35.

97. Dio Chrysostom, *Orationes* 7.133-152.

98. *Digesta* 11.4.1-3.

99. La misma acusación fue dirgida en contra de Alexander Jannaeus, el jasmoneano, cuando asumió el sumo sacerdocio judío. Véase Josefo, *Antiguedades judías* del libro en inglés *Jewish Antiquities* 13.373.

100. Como fue citado por Rodney Stark, *For the Glory of God: How Monotheism Led to Reformations, Science, Witch-Hunts, and the End of Slavery* [Por la gloria de Dios: La forma en que el monoteísmo condujo a las reformas, la ciencia, la caza de brujas y el fin de la esclavitud] (Princeton, NJ: Universidad de Princeton) Press, 2003), 297.

101. En los párrafos que siguen, me baso en Robin G. Branch y Emerson B. Powery, "Riqueza y pobreza" en Yamauchi y Wilson, eds., *Dictionary of Daily Life in Biblical and Post-Biblical Antiquity* [Diccionario de la vida diaria en la antigüedad bíblica y postbíblica], Volumen IV: O -Z, 367-392, especialmente 377-383.

102. Richmond Lattimore, *Greek Lyrics* [Cartas griegas] (Chicago: University of Chicago Press, 1949), 44.

103. *Idem*, 30.

104. Aristófanes, *Pluto* del libro en inglés *Wealth* [Riqueza], 362-363.

105. 1 Timoteo 6:10. Véase también Hebreos 13:5: "Libérese del amor al dinero, y conténtese con lo que tiene."

106. Cicero, *Sobre los deberes* del libro original *De officiis* 1.150.

107. Seneca, *De vita beata* 24.1.

108. Polybius, *Historiae* 31.25.

109. Lucas 16:3.

110. Lucas 16:19-30. También podemos pensar en las metáforas intercambiadas entre Jesús y la desesperada mujer cananea, que habla del pan arrojado a los perrillos callejeros y las migajas que caen de la mesa que los perrillos hogareños comen mientras la familia está cenando.

111. Juvenal, *Sátiras* del original Satirae 5.11. Para más ejemplos, véase Marvin R. Wilson, "Mendigos y limosnas", en Yamauchi y Wilson, eds., *Dictionary of Daily Life in Biblical and Post-Biblical Antiquity* [Diccionario de la vida cotidiana en la antigüedad bíblica y postbíblica], Volumen I: A-Da, 157-166.

112. Sófocles, *Ajax* 292-293.

113. Demócrito, Frag. 110-111.

114. Yeshua ben Sira, Sir 26:14.

115. Yeshua ben Sira, Sir 7:19; 25: 8, 13, 16, 20, 23, 25; 26: 1, 2, 3, 6, 7, 8, 15, 16; 40:19; 42: 6.

116. *Sipre Deut.* 235 (en Deuteronomio 22:13).

117. *t. Berakoth* 6:18. Muchas veces se han subrayado los paralelos y el contraste con

la declaración de Pablo en Gálatas 3:28. Antes de su encuentro con Cristo en el camino a Damasco, Saulo de Tarso bien pudo haber estado de acuerdo con las opiniones expresadas por el rabino Judá.

118. *y. Sota* 3.19a.

119. *BGU* 1104.

120. *Leges Duodecim Tabularum*, cuadro IV.1.

121. *Didaché* 2:2b

122. *Bernabé* 19:5c.

123. *Didaché* 5:2.

124. Sabiduría de Salomón 12:5.

125. Puede ser que se haya practicado algún sacrificio humano en Egipto en el período romano. Véase también la referencia en Sabiduría de Salomón 14:23, donde matan a los niños "en sus iniciaciones" y cuando habla de "misterios secretos" probablemente se refiere a las misteriosas religiones griegas, especialmente el culto a Dionisio, cuyos seguidores en una época supuestamente desgarraban a sus víctimas y se las comían crudas.

126. Según Cicero, *De natura deorum* 1.85.121.

127. Platón, *Phaedo* 117A-118A.

128. Philo, *Quod omnis probus liber sit* 127.

129. Platón, *Apología* del original *Apologia* 26C.

130. La referencia es de *Sisyphus* [Sísifo] frag. 19, pero la autoría de este trabajo está en disputa.

131. Por ejemplo, Philo habla críticamente sobre "la opinión que niega a cualquier dios" (*De migratione Abrahami* 69). De hecho, "el teísmo es el comienzo de toda iniquidad" (De *decalogo* 91). En otro contexto, Philo describe el ateísmo, a menudo asociado con hombres que estudian filosofía, como "el más grande de todos los vicios" (*De specialibus legibus* 1.32). Los comentarios de Philo presuponen claramente que había ateos en Egipto en esa época.

132. Sobre el ateísmo en la antigüedad tardía, véase Jan N. Bremmer, "El ateísmo en la antigüedad," en Michael Martin, ed., *The Cambridge Companion to Atheism* [El ateísmo por Cambridge] (Cambridge: Cambridge University Press, 2007), 11-26.

133. Larry Hurtado, *Destructor de los dioses: El cristianismo en el mundo antiguo* del libro en inglés *Destroyer of the Gods: Early Christian Distinctiveness in the Roman World* (Waco, TX: Baylor University Press, 2016), 56-57.

134. *Martirio de Policarpo* del libro en inglés *Martyrdom of Polycarp* 3:2. La historia se vuelve a contar en Eusebio, *Historia Ecclesiastica* 4.15.6; cf. 4.15.18.

135. *Martirio de Policarpo* del libro en inglés *Martyrdom of Polycarp* 9:2; 10:1.

136. *Idem*, 12:2.

137. Como se ve en su correspondencia con el emperador Trajano. Plinio, *Epistulae* 106-197.

138. Justino Mártir, *Primera apología* del libro original *1 Apologia* 6.1.

139. *Idem*, 13.1.

140. *Idem*, 46.2.

141. Justino Mártir, *Segunda apología* del libro original 2 *Apologia* 3. La historia se vuelve a narrar en Eusebio, *Historia Ecclesiastica* 4.16.3.

142. Tatian, *Oratio ad Graecos* 27.1.

143. Atenágoras, *Legatio pro Christianis* 4-30.

144. Hechos 19:25-27.

145. *Martirio de Policarpo* del libro en inglés *Martyrdom of Polycarp* 9:3. Cuando le pidieron que insultara a Cristo, Policarpo respondió: "Lo he servido por 86 años y Él jamás me ha hecho ningún mal, ¿Cómo voy a blasfemar contra mi Rey, que me salvó?"

Capítulo 5: Un mundo de esclavitud: El racismo

146. Gálatas 3:28.

147. Como hemos visto en George M. Frederickson, *Racism: A Short History* [Racismo, una historia corta] (Princeton, NJ: Princeton University Press, 2002). En la página 17, Frederickson afirma: "Es la opinión dominante entre los estudiosos que han estudiado las concepciones de la diferencia en el mundo antiguo que ningún concepto realmente equivalente al de 'raza' se puede detectar en el pensamiento de los griegos, romanos y cristianos."

148. Un caso convincente para el proto-racismo en la antigüedad se ha realizado en Benjamin Isaac, *The Invention of Racism in Classical Antiquity* [La invención del racismo en la antigüedad clásica (Princeton, NJ: Princeton University Press, 2004). Me beneficié enormemente del estudio muy bien documentado de Isaac y lo utilicé a lo largo de la primera sección del presente capítulo.

149. Mateo 6:22.

150. A menudo en la literatura griega, *barbaros* se usaba en referencia a los persas, un pueblo poderoso y desafiante del este.

151. Es decir, "tartamudear" o "balbucear." Véase el extenso tratamiento léxico en Hans Windisch, "Barbaros," en Gerhard Kitte, ed., *Theological Dictionary of the New Testament* [Diccionario teológico del Nuevo Testamento], 10 vols. (Grand Rapids, MI: Eerdmans, 1964-1976), 1: 546-53. Platón habla abiertamente del repudio griego al bárbaro (*Menexenus* 254c-d). Aristóteles asegura a sus lectores que los bárbaros son mucho más aptos para la esclavitud (*Politica* 1285a). Para una bibliografía sobre este tema, véase Isaac, *The Invention of Racism* [La invención del racismo], 3-4, n. 6.

152. Aristóteles, *Physiognomonica* 806b.

153. Ptolomeo, *Tetrabiblos* 2.3.65-66.

154. Para textos, notas y breves comentarios, véase Isaac, *The Invention of Racism in Classical Antiquity* [La invención del racismo en la antigüedad clásica]. 157-158, nn. 409-411.

155. Platón, *Respublica* 546d-547a.

156. *Politica* 1334b-1335b.

157. Aristóteles, *Politica* 1327b; véase también 1252b; 1255a; 1285a. Para una discusión académica, véase Peter Garnsey, *Ideas of Slavery from Aristotle to Augustine* [Ideas

sobre esclavitud de Aristóteles a Agustino] (Cambridge: Cambridge University Press, 1996), 105-127; Malcolm Heath, "Aristóteles sobre la esclavitud natural", *Phronesis* 53 (2008): 243-270.

158. Éxodo 34:24; Levítico 18:24; Números 24: 8; Deuteronomio 4:38; 7:1, 22; 8:20; 9:1; 19:1.

159. Génesis 26:4; 27:29; Levítico 26:45; Deuteronomio 7:6; 14:2; 1 Reyes 3:8.

160. El apóstol Pablo, un "hebreo de hebreos" (Filipenses 3:5), apela a las Escrituras de Israel para argumentar que Dios en su soberanía puede elegir a los gentiles, así como a Israel, para bendecirlos y salvarlos. Véase Romanos 9:14-29.

161. Como en Éxodo 33:16b: ¿... sino en que tú andes con nosotros, y que yo y tu pueblo seamos apartados de todos los pueblos que están sobre la faz de la tierra?

162. Éxodo 33:19b.

163. Isaías 19:22.

164. Isaías 19:25.

165. 1 Reyes 8:41-43a.

166. Isaac, *The Invention of Racism in Classical Antiquity* [La invención del racismo en la antigüedad clásica], 8-14.

167. Georges-Louis Leclerc, "La dégénération des animaux" en Buffon, *Histoire naturelle* 14 (1766).

168. Para discusión y bibliografía, véase Isaac, The Invention of Racism in Classical Antiquity [La invención del racismo en la antigüedad clásica], 9-11, incluye notas al pie de página 14-20.

169. Hume, "Ensayo XXI. De los caracteres nacionales", 240.

170. Voltaire, *Essai sur les moeurs et l'esprit des nations,* tomo 1 (París: Stoupe, 1792, orig. 1756). "Voltaire" es el *nom de plum* de François-Marie Arouet.

171. Isaac, *The Invention of Racism in Classical Antiquity* [La invención del racismo en la antigüedad clásica], 11.

172. *The Cambridge Companion to Voltaire* [La vida de Voltaire por Cambridge] (Cambridge: Cambridge University Press, 2009), 199.

173. Según lo citado por Paul Edwards, *God and the Philosophers* [Dios y los filósofos] (Amherst, NY: Prometheus, 2009), 145.

174. Dublin Review: *A Quarterly and Critical Journal* [Un diario trimestral y crítico] (1840), 208.

175. Léon Poliakov, *La historia del antisemitismo: De Voltaire a Wagner* del libro en inglés *The History of Anti-Semitism: From Voltaire to Wagner* (Nueva York: Routledge y Kegan Paul, 1975), 88-89; Dennis Prager y Joseph Telushkin, *Why the Jews?* [¿Por qué los judíos?] *The Reason for Antisemitism* [La razón del antisemitismo] (Nueva York: Simon & Schuster, 1983), 128-189.

176. Immanuel Kant, *Beobachtungen über das Gefühl des Schönen und Erhabenen* (Königsberg: Johann Jacob Kanter, 1764). La cita es de la versión en inglés de John T. Goldthwait, *Observaciones sobre el sentimiento de lo bello y lo sublime* del libro en inglés *Observations on the Feeling of the Beautiful and the Sublime* (Berkeley: University

of California Press, 1960), 110. ¿Cómo sabe exactamente Kant que los negros no tienen sentimientos profundos? Por "sentimientos" Kant se refiere tanto al pensamiento como a la emoción. Su afirmación es completamente arbitraria.

177. Karl Vogt, *Untersuchungen über Thierstaaten* (Frankfurt, Alemania: Literarische Anstalt, 1851), 29-31. El título en español: "Estudios sobre especies animales."

178. Como se cita en Annette Wittkau-Horgby, *Materialismus: Entstehung und Wirkung in den Wissenschaften des 19. Jahrhunderts* (Göttingen: Vandenhoeck & Ruprecht, 1998), 90. El título en inglés: *Materialism: Origin and Function in the Scholarship of the 19th Century* [Materialismo: Su origen y función en los estudios del siglo XIX]. Vogt, por supuesto, tomó prestada la famosa frase de Anthelme Brillat-Savarin (1755-1826), abogado francés, gastrónomo y autor de *La filosofía del gusto* del libro en inglés *The Physiology of Taste* (1825). El significado de Vogt, sin embargo, era bastante diferente. Se especula que la expresión de Vogt fue inspirada en el famoso y con bastante frecuencia incomprendido aforismo de Feuerbach "Somos lo que comemos" (*Der Mensch ist, was er isst*). Aunque debería poder entenderse a Feuerbach, aun así refleja la idea de que un ser humano no es más que una máquina biológica, una idea que Vogt aceptó y siguió con entusiasmo.

179. Karl Vogt, *Vorlesungen über den Menschen, seine Stellung der der Schöpfung und in der Geschichte der Erde*, 2 vols. (Giessen: J. Richer, 1863), 1: 295. El escrito apareció en inglés *como Lectures on Man: His Place in Creation and in the History of the Earth* [Lecciones sobre el hombre: Su lugar en la creación y en la historia de la tierra] (Londres: Sociedad antropológica de Londres, 1864). La prueba que Vogt ofrece para su afirmación es muy dudosa.

180. Ludwig Büchner, *Fuerza y materia: Estudios populares de historia y filosofía naturales* del libro en inglés *Force and Matter, or Principles of the Natural Order of the Universe* (Londres: Trubner, 1864, Nueva York: 1950). En alemán, el libro apareció como *Kraft und Stoff: Empirisch-naturphilosophische Studien* (Fráncfort del Meno: Meidinger Sohn, 1855), luego más tarde como *Kraft und Stoff oder Grundzüge der natürlichen Weltordnung*, 20.ª ed. (Leipzig: Theodor Thomas, 1902). El objetivo de Büchner era lograr una explicación materialista más consistente del universo, e incluso de la vida humana.

181. Como se ve, por ejemplo, en Büchner *Naturaleza y espíritu: Conversaciones entre amigos sobre el materialismo*, del original en alemán *Natur und Geist: Gespräche zweier Freunde über den Materialismus* del libro en inglés *Nature and Spirit: Conversations among Friends on Materialism* (Frankfurt am Main: Meidinger Sohn, 1857); *Ciencia y naturaleza: Ensayos de filosofía y de ciencia natural* del original en alemán *Aus Natur und Wissenschaft: Studien, Kritiken, Abhandlungen und Entgegnungen* del libro en *inglés From Nature and Science: Studies, Critiques, Treatises, and Replies* (Leipzig: Theodor Thomas, volumen I, 1862, volumen II, 1884); *Der Fortschritt en Natur und Geschichte im Lichte der Darwinschen Theorie* del libro en inglés *Progress in Nature and History in the Light of the Darwinian Theory* [Progreso en la naturaleza e historia a la luz de la teoría darwiniana] (Stuttgart: E. Schweizerbart, 1884), entre otros.

Parte II: El mundo sin cristianismo
Capítulo 6: Un terreno incierto

182. Citado en Andrew Roberts, *The Death of Winston Churchill Was the Day the Empire Died* [Con la muerte de Winston Churchill murió el imperio], *The Telegraph*, 18 de enero del 2015, https://www.telegraph.co.uk/history/11351639/The-death-of-Winston-Churchill-was-the-day-the-Empire-died.html

183. Discurso pronunciado en la escuela de Harrow, el 29 de octubre del 1941. Véase https://www.nationalchurchillmuseum.org/never-give-in-never-never-never.html.

184. Winston Churchill, *We shall fight on the beaches* [Lucharemos en las playas]. Discurso al Parlamento, en Londres, el 4 de junio de 1940. Véase www.winstonchurchill.org/resources/speeches/1940-the-finest-hour/we-shall-fight-on-the-beaches.html.

185. Para una evaluación de la vida y el pensamiento de Ludwig Feuerbach, véase Van A. Harvey, *Feuerbach and the Interpretation of Religion* [Feuerbach y su interpretación de la religión], Cambridge University Press, 1995.

186. Ludwig Feuerbach, *La esencia del cristianismo* del libro en inglés *The Essence of Christianity* (Nueva York: Calvin Blanchard, 1855), 269. Evans cambió la forma en que se escribe su nombre.

187. Referencia y oposición a Génesis 1:26. Véase Ludwig Feuerbach, *Lectures on the Essence of Religion* [Análisis de la esencia de la religión] (New York: Harper & Row, 1967), 187. La versión en inglés está basada en Feuerbach, *Vorlesungen über das Wesen der Religion*. Nebst Zusätzen und Anmerkungen (Stuttgart: Frommann, 1908).

188. Charles Lyell, Principios de Geología, 3 volúmenes. (Londres, John Murray, 1830-1833). El primer volumen se publicó poco antes del viaje de Darwin. Los dos restantes aparecieron durante ese mismo viaje.

189. Darwin sintió gran admiración por Charles Lyell durante toda su vida.

190. Charles Darwin, *El origen de las especies* del libro en inglés *On the Origin of Species* (Londres: John Murray, 1859). Charles Lyell ayudó a que Darwin publicara el libro.

191. Darwin, *El origen de las especies* del libro en inglés *On the Origin of Species,* 488.

192. Charles Darwin, *El origen del hombre* del libro en inglés *The Descent of Man* (Londres: John Murray; Nueva York: Appleton, 1871), 204-205. La siguiente es una declaración interesante: "Entonces los simiadeos se habrán separado en dos grandes troncos, los monos del nuevo y los del antiguo mundo; y de estos últimos, en una época remota, ha procedido el hombre, esta maravilla y gloria del universo."

193. *Darwin Correspondence Project: Letter to John Fordyce* [Proyecto de correspondencia de Darwin: Carta a John Fordyce] (7 de mayo de 1879), carta 1,2041.

194. *Idem.*

195. Para mayor información véase Alfred Kelly, *The Descent of Darwin: The Popularization of Darwinism in Germany* [El origen de Darwin: La popularización del Darwinismo en Alemania], 1860–1914. (Chapel Hill: University of North Carolina Press, 1981).

196. Para mayor discusión, véase Isaac, *The Invention of Racism in Classical Antiquity* [La creación del racismo en la antigüedad clásica], 29–30, incluídas las notas al pie 74–77.

197. Es importante remarcar que "las razas humanas no existen realmente... las razas no son una realidad biológica." Isaac, *The Invention of Racism in Classical Antiquity* [La invención del racism en la antigüedad clásica], 34.

198. Acerca del sinsentido de los monos y los hombres, véase Kelly, *The Descent of Darwin* [Los descendientes de Darwin], 32.

199. Para un estudio más extenso de Charles Darwin, véase Adrian Desmond y James Moore, *Darwin: La vida de un evolucionista atormentado* del libro en inglés *Darwin: The Life of a Tormented Evolutionist* (Londres: Norton, 1991).

200. Francis S. Collins, *¿Cómo habla Dios? La evidencia científica de la fe* del libro en inglés *The Language of God: A Scientist Presents Evidence for Belief* (Nueva York: Free Press, 2006).

201. Guillermo González y Jay W. Richards, *El planeta privilegiado: Cómo nuestro lugar en el cosmos está diseñado para el descubrimiento* del libro en inglés *The Privileged Planet: How Our Place in the Cosmos Is Designed for Discovery*, (Washington D. C.: Regnery, 2004); Roy A. Varguese, *The Wonder of the World: A Journey from Modern Science to the Mind of God* [La maravilla del mundo: Un viaje desde la ciencia moderna hacia la mente de Dios] (Fountain Hills, AZ: Tyr, 2004); Denyse O'Leary, *¿Por diseño o por azar?: El origen de la vida en el universo* del libro en inglés *By Design or By Chance? The Growing Controversy on the Origins of Life in the Universe* (Minneapolis: Augsburg, 2004).

202. Solo si la Biblia se interpreta sin un sentido crítico y de manera literal.

203. Marx escribió "Tesis sobre Feuerbach," que sirvió de guía para una serie de manuscritos de Marx y Engels denominada *La ideología alemana* del libro original *Die Deutsche Ideologie* ("*The German Ideology*") redactada en 1846. El material, que principalmente trataba la comprensión materialista de la historia, no se publicó hasta el año 1932. Para conocer más acerca de cómo Marx fue influenciado por Feuerbach, véase Van A. Harvey, "Ludwig Feuerbach y Karl Marx" en Ninian Smart et al., eds., *Religious Thought in the West* [El pensamiento religioso de occidente], volumen 1 (Cambridge: Cambridge University Press, 1986), 291-328.

204. Georg Wilhelm Friedrich Hegel (1770-1831) consideró la historia principalmente como una lucha entre fuerzas opuestas, como la tesis versus la antítesis, que finalmente producía la síntesis. Sus ideas dejaron una huella duradera en el pensamiento alemán en varias áreas, incluso en la filosofía y la teología. Por supuesto, es mera ideología. Nada tiene que ver con la ciencia y no tiene respaldo en ningún estudio objetivo de la historia. Sin embargo, su concepto influenció varias generaciones.

205. El trabajo de Bauer le otorgó gran impulso a lo que hoy llamamos misticismo. Véase Bruno Bauer, *Kritik der evangelischen Geschichte der Synoptiker*, 2 volúmenes (Leipzig: Otto Wigand, 1841); *Christus und die Cäsaren: Der Ursprung des Christenthums aus dem römischen Griechenthum* (Berlin: Eugen Grosser; 1877; 2.ª ed., 1879). El título del primer libro en inglés es *Criticism of the History of the Synoptic Gospels* [Crítica a la historia de los Evangelios]. El título del segundo es *Christ and the Caesars: The Origin of Christianity from the Roman-Greek Culture* [Cristo y el César: El origen del cristianismo a partir de la cultura grecorromana]. Hoy en día estos libros se consideran excéntricos. Lo último que

se ha visto de lo que se podría considerar como misticismo fue la obra de Artur Drews *Die Christusmythe* (Jena: Diederichs, 1909; 3ra ed., 1924); en inglés: *The Christ Myth* [El mito del Cristo] (Londres: Unwin, 1910). El misticismo hoy tiene pocos adeptos intelectuales.

206. En una oportunidad, Bauer y Marx, borrachos, montaron burros por las calles de Berlín. Véase David McLellan, *Karl Marx: Biografía*, del libro en inglés *Karl Marx: Biography* 4ta ed. (Basingstoke: Palgrave Mac-Millan, 2006), 32-33.

207. *El capital: Crítica de la economía política* del libro en alemán *Das Kapital: Kritik der politischen Ökonomie* se publicó en tres partes. La primera en 1867, la segunda y la tercera en 1885 y 1894, después de la muerte de Marx. Fueron editadas por Engels. La edición en inglés se llamó *Capital: A Critique of Political Economy* (New York: Modern Library, 1906).

208. Para una breve evaluación acerca de los estudios de Marx y su tendencia a malinterpretar y tergiversar sus fuentes, véase Paul Johnson, *Intelectuales: de Marx y Tolstoy a Sartre y Chomsky* del libro en inglés *Intellectuals: From Marx and Tolstoy to Sartre and Chomsky* (Nueva York: HarperCollins, 1988), 52-81.

209. *Ibid.*, 54.

210. Citado por Johnson, *Idem*

211. *Ibid.*, 55.

212. En alemán: *Sie ist das Opium des Volkes*. Marx no fue el creador de la famosa frase; la tomó de Heinrich Heine. Véase Johnson, *Intelectuales* del libro en inglés *Intellectuals*, 56. Muchas de las famosas ocurrencias de Marx fueron tomadas de otras personas, casi siempre sin darse cuenta de eso.

213. Karl Marx, *Critique of Hegel's Philosophy of Right* [Crítica de la filosofía del derecho de Hegel], Annette Jolin, trans.; Joseph O'Malley, ed. (Cambridge: Cambridge University Press, 2009), 131. Versión en inglés basada en el original *Zur Kritik der Hegelschen Rechtsphilosophie* Deutsch-Französische Jahrbücher (febrero de 1844): 378–391, aquí, 378–379. Las palabras en itálica se encuentran así en el original en alemán.

214. Es irónico en esta conexión, notar que Marx, no conocía personalmente a ningún operario de fábrica o minero de carbón, cuyas vidas económicas defendía tan fervorosamente. La única persona de la clase trabajadora que conocía era su criada, a quien nunca le pagó ni un centavo.

215. Jim Yardley, "Con la intención de elogiar al Papa, el presidente cubano afirma que podría regresar a la iglesia," *New York Times* (11 de mayo del 2015): A4.

Capítulo 7: La deshumanización de la humanidad

216. Sigmund Freud, *El malestar en la cultura*, del libro en inglés *Civilization and Its Discontents* James Strachey, ed. y trad. (Nueva York: (Norton, 2010, orig. en alemán 1930), 67.

217. Freud, *El malestar en la cultura* del libro en inglés *Civilization and Its Discontents*, 57, 66–67. Véase también los comentarios de Freud en 36, 56-58.

218. Jörg Salaquarda, "Nietzsche y la tradición judeo-cristiana", Bernd Magnus y Kathleen Higgins, eds., *The Cambridge Companion to Nietzsche* [Nietzche por Cambridge]

(Cambridge: Cambridge University Press, 1996), 90–118, aquí, 99. Para una evaluación más completa del punto de vista de Nietzsche sobre el Nuevo Testamento, véase Hans Hubner, *Nietzsche und das Neue Testament* (Tubingen: Mohr Siebeck, 2000).

219. Friedrich Albert Lange, *Geschichte des Materialismus und Kritik seiner Bedeutung in der Gegenwart* (Iserlohn: J. Baedeker, 1866). Traducida al inglés como *History of materialism and criticism of its importance in the present* [Historia del materialismo y criticism de su importancia en el presente]. Aunque era un materialista, Lange rechazó el concepto de materialismo de Marx. El libro de Lange fue republicado en su edición extendida de dos volúmenes en 1873-1875. Entre los años 1877-1881 apareció una versión en inglés de tres volúmenes. La versión en inglés de 1950 contiene una introducción realizada por el ateo Bertrand Russell.

220. En una carta que Nietzsche escribió a Hermann Mushacke en 1868, Nietzche describió el libro de Lange como "la obra filosófica más importante que haya surgido en las últimas décadas." Véase Giorgio Colli y Mazzino Montinari, eds., *Nietzsche Briefwechsel: Kritische Gesamtausgabe* (Berlín y Nueva York: de Gruyter, 1975), 1:2. El significado de su título en español es "La correspondencia de Nietzsche: Una edición crítica general."

221. Para analizar las publicaciones originales, véase Friedrich Nietzsche, *Jenseits von Gut und Böse: Vorspiel einer Philosophie der Zukunft* (Leipzig: C. G. Naumann, 1886); *Zur Genealogie der Moral: Eine Streitschrift* (Leipzig: C. G. Naumann, 1887); *Götzen-Dämmerung: Wie man mit dem Hammer philosophirt* (Leipzig: C. G. Naumann, 1888); *Der Antichrist: Versuch einer Kritik des Christentums* (Leipzig: Alfred Kroner, 1895). El último título es ambiguo, ya que puede considerarse como anticristo o anticristiano. Muchos seguidores de Nietzsche admiten que en algunas partes del libro el autor parece desquiciado. Aunque se escribió en 1888, no se publicó hasta 1895. El subtítulo de *Götzen-Dämmerung* traducido al inglés como *The Twilight of the Idols*, y en español como *El ocaso de los ídolos*, significa "Cómo se filosofa con el martillo."

222. En un comienzo, todos los libros de Nietzsche fueron publicados en alemán. Algunos de ellos fueron publicados y traducidos al inglés. Quizás una de sus obras más famosas sea *Also Sprach Zarathustra* (Chemnitz: Ernst Schmeitzner, 1883). Para su traducción al inglés, véase Walter Kaufmann, *Thus Spoke Zarathustra: A Book for All and None* (Nueva York: Random House, 1966), que se imprimió varias veces. Existen varias versiones en inglés. Véase la versión en español *Así habló Zaratustra: Un libro para todos y para nadie* (traducido por Andrés Sánchez Pascual, Madrid: Alianza, 1972). *Ecce Homo* fue publicado después de su muerte en 1908. No es de extrañar que los ateos y los relativistas morales se hayan deslumbrado con los pensamientos de Nietzsche.

223. Supuestamente surgió luego de haber visto a un caballo que estaba siendo golpeado con un látigo.

224. Dimitri Hemelsoet, Koenraad Hemelsoet, y Daniel Devreese, "La enfermedad neurológica de Friedrich Nietzsche," Acta *Neurologica Bélgica 108* (2008): 9–16.

225. Algunos aseguran que la demencia de Nietzsche se debió a su filosofía. Por ejemplo, véase René Girard, *Literatura, Mímesis y Antropología* del libro en inglés *To Double*

Business Bound: Essays on Literature, Mimesis, and Anthropology, Barcelona: Gedisa, en el cap. 4: "Estrategias para la locura, Nietzsche, Wagner, y Dostoevski" (61–83). Este capítulo apareció previamente como "El superhombre en las sombras: Estrategias para la locura; Nietzsche, Wagner, y Dostoevski," *Modern Language Notes* [Notas en lenguaje actual], 91 (1976): 1,161–1,185.

226. Aunque conozco muchas obras de Nietzsche, en este capítulo me baso en todo momento en el capítulo "El superhombre y su desprecio por la humanidad" de Richard Weikart, en su libro *The Death of Humanity and the Case for Life* [La muerte de la humanidad y la defensa de la vida] (Washington D. C.: Regnery, 2016), 185-213. Para un análisis de la psicología de Nietzsche, véase Paul C. Vitz, *Faith of the Fatherless: The Psychology of Atheism* [La fe de los sin padre: La psicología del ateísmo], segunda ed. (San Francisco: Ignatius Press, 2013), 34–40.

227. Weikart, "El superhombre y su desprecio por la humanidad", 189, con cita de Nietzsche, *Así habló Zaratustra*, trad. por Andrés Sánchez Pacual, Alianza Editorial (Blau-Mar, Llavaneras, 1997), pág. 40. Del libro en inglés *Thus Spake Zarathrustra* Walter Kaufmann, trans. (New York: Penguin, 1976), 125.

228. Nietzsche, *Más allá del bien y del mal*, del texto en inglés *Beyond Good and Evil*, Walter Kaufmann, trans. (New York: Vintage, 1966), 201; Weikart, "El superhombre y su desprecio por la humanidad," 189.

229. Nietzsche, *Will to power* [Voluntad de poder], 872, como lo citó Weikart, "El superhombre y su desprecio por la humanidad," 191.

230. Nietzsche, *La genealogía de la moral*, del libro en inglés *The Genealogy of Morals*, Francis Golffing, trans. (Garden City, NY: Doubleday, 1956), 210, como lo citó Weikart, "El superhombre y su desprecio por la humanidad," 191.

231. Weikart, "Superman's Contempt for Humanity" [El superhombre y su desprecio por la humanidad], 190.

232. Nietzsche, *El Anticristo*, Karl Schlechta, del libro en inglés *Antichrist* ed. (Munich: Carl Hanser, 1966), 2:1, como lo tradujo Weikart, "El superhombre y su desprecio por la humanidad," 191.

233. Nietzsche, *El ocaso de los ídolos* del libro en inglés *The twilight of the idols*, traducido al inglés por Walter Karfmann (Nueva York: Penguin, 1976), 536-537, como lo citó y analizó Weikart, "El superhombre y su desprecio por la humanidad," 192.

234. Weikart dirige nuestra atención hacia la declaración absurda de Michael Lackey de que la "filosofía de Nietzsche ordena que las personas se relacionen con extremo respeto, ya que eso implica el ennoblecimiento." Weikart responde a esta mala interpretación: "Salvo que Lackey se olvidó de que eso no incluye a las personas que están enfermas, débiles, minusválidas, a las mujeres o a la gran parte de las masas." Weikart recurrió al crítico Simon May, quien rechazaba a los apologistas de Nietzsche: "Nietzsche ni siquiera intenta tender una red contra la crueldad… el valor total que dedica a la mejora personal y a gobernarse a uno mismo conllevan, y en algunos casos justifican, la brutalidad sin restricciones." Simon May, *Nietzsche's Ethics and His War on 'Morality'* [La ética de Nietzsche y su guerra contra la moral] (Oxford: Oxford University Press, 1999), 132.

235. Simon May, *Nietzsche's Ethics and His War on 'Morality'* [La ética de Nietzsche y su guerra contra la moral], 132.

236. Véase Richard Wolin, *The Seduction of Unreason: The Intellectual Romance with Fascism from Nietzsche to Postmodernism* [La seducción de la insensatez: El romance con el fascismo desde Nietzsche al postmodernismo] (Princeton, NJ: Princeton University Press, 2004). Véase el capítulo "Zaratustra viaja a Hollywood: La bienvenida a Nietzsche en el postmodernismo," 27-62.

237. El segundo nombre de Freud, Schlomo, representa al nombre hebreo Salomón.

238. Existen muchos escritos acerca de este tema tan controversial. Sugiero a Marie E. Tomeo, Donald I. Templer, Susan Anderson y Debra Kotler "Información comparativa sobre abusos en la niñez y la adolescencia a personas heterosexuales y homosexuales," *Archives of Sexual Behavior* [Archivos de abuso sexual], 30 (2001): 535-541; William C. Holmes y Gail B. Slap, "Abuso sexual en niños: definición, frecuencia, correlaciones, secuelas y manejos," *Journal of the American Medical Association* 280 (1998): 1.855-1.862.

239. En *Die Zukunft einer Illusion* (Leipzig: Internationaler Psycholoanalytischer Verlag, 1927) podemos encontrar su declaración completa acerca de la psicología de la religión. La obra fue traducida al inglés como *The Future of an Illusion,* trad. W. D. Robson-Scott (Londres: Hogarth, 1928), rev. y ed. James Strachey (Garden City, NY: Anchor Books, 1964). *El porvenir de una ilusión*, traducida al español por Luis López-Ballesteros y de Torres, Alianza Editorial (Madrid: 1969).

240. Freud, *El porvenir de una ilusión* del libro en inglés *The Future of an Illusion*, 30.

241. Freud, *El malestar en la cultura*, del libro en inglés *Civilization and Its Discontents* James Strachey, trans., 22, 36. *El porvenir de una ilusión* del libro en inglés *The Future of an Illusion*, 86.

242. Freud, *El porvenir de una ilusión* del libro en inglés *The Future of an Illusion*, 76–82. Para comentarios, véase Steven D. Kepnes, "Acortando la brecha entre el entendimiento y la explicación: Enfoques al estudio de la religión," *Journal for the Scientific Study of Religion* [Diario del estudio científico de la religión], 25 (1986): 504-512, en especial 510.

243. Acerca de este punto, véase Peter Gay, *A godless jew: Freud, atheism, and the making of psychoanalysis* [Un judío sin Dios: Freud, el ateísmo y el origen del psicoanálisis] (New Heaven, CT: Yale University Press, 1987), 4-5. Freud establece que la fe en Dios frecuentemente "abrumaría a la razón y la ciencia." Véase Freud, *El hombre Moisés y la religión monoteísta,* trad. Alfredo Brotons Muñoz, Ed. Akal, pág. 171, del libro en inglés *Moses and Monotheism* Katherine Jones, trans. (New York: Vintage Books, 1967), 157. En este libro, Freud ofrece una crítica al judaísmo y al cristianismo a la vez. Para una evaluación crítica de *El hombre Moisés y la religión monoteísta*, el último libro sobre religión de Freud, véase R. Z. Friedman "La religión de Freud: Edipo y Moisés," Religious Studies [Estudios religiosos], 34 (1998): 135–149. Él encuentra la crítica de Freud como un fracaso intelectual y políticamente mal enfocada.

244. Gay, *Un judío sin Dios*, del libro en inglés *A Godless Jew*, 37.

245. Vitz, *La psicología del ateísmo* del libro en inglés *Faith of the Fatherless,* 11-17,

165-169. Vitz destaca: "En cuanto al origen de la religión, los antropólogos rechazan completamente la interpretación de Freud," 14.

246. Freud, *El malestar en la cultura*, trad. Alfredo Brotons Muñoz, Ed. Akal, (Madrid, España, 2017). Del libro en inglés *Civilization and Its Discontents*, 109. Para una opinión crítica, véase Ernest Wallwork, "Amarás a tu prójimo como a ti mismo: La crítica Freudiana," *Journal of Religious Ethics* [Dioario de ética religiosa], 10 (1982): 264-319; Timothy Patrick Jackson, *Love Disconsoled: Meditations on Christian Charity* [Amor desconsolado: Meditaciones de la caridad cristiana], *Cambridge Studies in Religion and Critical Thought* [Estudios de Cambridge sobre religión y pensamiento crítico] 7 (Cambridge: Cambridge University Press, 1999), 56-70. Ambas palabras son de origen griego. Ágape y su verbo afín aparecen más de 200 veces en la Biblia, mientras que *eros* no aparece nunca. Para Freud, *eros* es la "pulsión de vida" que para muchos supera la "pulsión de muerte." Véase Freud, *Más allá del principio del placer* (Obras Completas de Sigmund Freud, Volumen XVIII, 1920-1922, Amorrortu Editores), 52. Del libro en inglés *Beyond the Pleasure Principle*, James Strachey, trad. y ed. (New York: Norton, 1961), 73. Es extraño el entendimiento reduccionista simplista sobre la humanidad que tenía Freud.

247. Freud y Bonaparte (2009), 238-239.

248. Peter J. Swales, "Freud, Minna Bernays y la conquista de Roma: Un nuevo enfoque sobre el origen del psicoanálisis," *The New American Review* [La nueva revisión americana] (Spring/Summer 1982):1-23. Existe evidencia de que, como resultado del romance, Minna Bernays se realizó un aborto.

249. Ernest Jones, *Vida y obra de Sigmund Freud*, vol. 1(Barcelona, Ed. Anagrama, trad. Mario Carlisky y José Cano Tembleque) del libro en inglés Sigmund Freud: Life and Work, vol. 1 (London: Hogarth, 1953), 94–96.

250. Jones, *Vida y obra de Sigmund Freud*, (Barcelona, Ed. Anagrama, trad. Mario Carlisky y José Cano Tembleque), 1.ª ed., 107-116. Del libro en inglés Sigmund Freud, 86–108. Robert Byck, *Cocaine Papers by Sigmund Freud* [Escritos sobre la cocaína de Sigmund Freud] (New York: Stonehill, 1974); Elizabeth Thornton, *Freud and Cocaine: The Freudian Fallacy* [Freud y la cocaína: La falacia freudiana] (London: Blond & Briggs, 1983), 45–46.

251. Aunque continuó consumiendo la droga de vez en cuando. Véase Jeffrey M. Masson, ed., *Cartas a Wilhelm Fliess*, (trad. del alemán por José Luis Etcheverry, Buenos Aires: Amorrortu Editores, 1986), págs.42, 106, 128, 135. Del libro en inglés *The Complete Letters of Sigmund Freud to Wilhelm Fliess* 1887-1904 (Cambridge, MA: Harvard University Press, 1985), 49, 106, 126–127, 132, 201.

252. Wilhelm Fliess, *Neue Beiträge zur Klinik und Therapie der nasalen Reflexneurose* (Leipzig: Franz Deuticke, 1893). Del libro en inglés *New contributions to the clinic and therapy of nasal réflex neuroses* [Nuevas contribuciones a la clínica y terapia de las neurosis reflejas nasales].

253. Gay, *A godless jew* [Un judío sin Dios], 84-87.

254. *Ibid.*, 650-651.

255. Aparentemente, Minna le confesó su romance a Carl Jung en 1907. Debe destacarse que las cartas entre Freud y Minna Bernays (1893-1910), que proporcionarían la más

clara prueba del romance, fueron robadas y, quizás, destruidas. Aún sin esta evidencia, otras cartas y anotaciones en un diario respaldan fuertemente la conclusión de que Freud y Minna estuvieron involucrados íntimamente.

256. El romance infame se describe, en detalle y con documentación respaldatoria, en E. Michael Jones, *Degenerate moderns: modernity as rationalized sexual misbehavior* [Degenerados modernos: La modernidad como una mala conducta sexual racionalizada] (South Bend, IN: Fidelity, 2012), 139-212. Carl Jung (1875-1961) le confesó a Freud su romance con su paciente Sabina Spielrein, y luego descubrió que Freud, a quien consideraba como la figura de un padre, también estaba involucrado en un romance clandestino. Jung perdió el respeto por Freud, mientras que siguió teniendo aventuras amorosas con otras mujeres, muchas de las cuales eran sus pacientes.

Capítulo 8: El ateísmo y el alma quebrantada

257. Paul Johnson, *Los intelectuales,* del libro en inglés *Intellectuals* (Nueva York: Harper, 2007), 342.

258. E. Michael Jones, *Degenerate Moderns* [Modernos degenerados] (San Francisco: Ignatius Press, 1993).

259. Se pueden encontrar distintas variantes de esta declaración, dependiendo de qué versión de las obras de Freud se consulten. Estoy citando textualmente a Freud, *Un recuerdo infantil de Leonardo da Vinci*, del libro en inglés *Leonardo da Vinci: A psychosexual study of an infantile reminiscence*, A. A. Brill, trans. (Nueva York: Moffat, Yard, 1916), 103. Una versión de esta declaración fue citada y discutida en Paul C. Vitz, "Freud y la psicología del ateísmo," en Mark Andrew Holowchak, ed., *Radical Claims in Freudian Psychoanalysis: Point-Counterpoint* [Demandas radicales en el psicoanálisis de Freud: Punto-contrapunto] (Lanham, MD: Jason Aronson, 2011), 129-144, aquí, 138.

260. John Cottingham, "Respuesta al doctor Vitz," *Radical Claims in Freudian Psychoanalysis: Point-Counterpoint* [Demandas radicales en el psicoanálisis de Freud: Punto-contrapunto], 151.

261. C. S. Lewis, *Cautivado por la alegría, historia de mi conversión*, del libro en inglés *Surprised by Joy: The Shape of My Early Life* (Nueva York: Harcourt Brace, 1956).

262. Richard Dawkins, *El río del Edén: Una vision darwinista de la vida,* del libro en inglés *River out of Eden: A Darwinian View of Life* (Nueva York: Basic Books, 1995), 133.

263. Johnson, *Los intelectuales*, del libro en inglés *Intellectuals*; Jones, *Degenerate Moderns* [Modernos degenerados]; James Spiegel, *The Making of an Atheist* [El origen de un ateo], 70-80.

264. Véanse los esquemas resumidos proporcionados en Spiegel, *The Making of an Atheist* [El origen de un ateo] (Chicago: Moody, 2010), 71-72.

265. Aldous Huxley, *El fin y los medios: Sobre los ideales y los métodos empleados para su realización* del libro en inglés *Ends and Means: An Inquiry into the Nature of Ideals and into the Methods Employed for Their Realization* (Nueva York: Harper & Bros., 1937), 316 (itálicas agregadas); citado por Spiegel, *The Making of an Atheist* [El origen de un ateo], 73.

266. Huxley, *El fin y los medios,* del libro en inglés *Ends and Means*, 312 (itálicas agregadas); nuevamente citado por Spiegel, *The Making of an Atheist* [El origen de un ateo], 73.

267. Margaret Mead, *Adolescencia, sexo y cultura en Samoa*, del libro en inglés *Coming of Age in Samoa: A Psychological Study of Primitive Youth for Western Civilization* (Nueva York: Blue Ribbon Books, 1928), 222.

268. Jones, *Degenerate Moderns* [Modernos degenerados], 19-40; James Spiegel, *The Making of an Atheist* [El origen de un ateo], 74-76.

269. Jones, *Degenerate Moderns* [Modernos degenerados], 37: "Las conclusiones antropológicas de Mead fueron obtenidas principalmente de sus propios conflictos sexuales sin resolver." Véanse también los comentarios en Spiegel, *The Making of an Atheist* [El origen de un ateo], 74-76. La naturaleza incompetente, incluso fraudulenta, del estudio de Mead en Samoa fue expuesta en Derek Freeman, *Margaret Mead and Samoa: The Making and Unmaking of an Anthropological Myth* [Margaret Mead y Samoa: La creación y destrucción de un mito antropológico] (Nueva York: Penguin Books, 1983). Aunque no estén libres de errores, la mayoría de las conclusiones del libro de Freeman son hoy en día ampliamente aceptadas. Es una desgracia que la academia no haya descubierto el engaño de Mead durante medio siglo.

270. El *Informe Kinsey*, de su original en inglés *Kinsey Reports*, se encuentra en Alfred Kinsey, Wardell Pomeroy et al., *Sexual Behavior in the Human Male* [Comportamiento sexual en el hombre] (Bloomington: Indiana University Press, 1948) y *Sexual Behavior in the Human Female* [Comportamiento sexual en la mujer] (Bloomington: Indiana University Press, 1953).

271. Como lo estableció abiertamente Kinsey. Véase Cornelia Christenson, *Kinsey: A Biography* [Kinsey: La biografía] (Bloomington: Indiana University Press, 1971), 6-7. Para una crítica bastante fuerte, véase Jones, *Degenerate Moderns* [Modernos degenerados], 83-108.

272. En un caso especialmente preocupante, Kinsey redactó un informe basado en un diario escrito por un pedófilo (y lo presentó engañosamente como una recopilación de confesiones de varias personas). Si la información proviene de recuerdos de pedófilos, es científicamente inútil. Si proviene de experimentos llevados a cabo por Kinsey y sus colegas, es criminal. Véase, Jones, *Degenerate Moderns* [Modernos degenerados], 99-105. Para una evaluación verdaderamente negativa del trabajo de Kinsey, véase Judith A. Reisman y Edward W. Eichel, *Kinsey, Sex and a Fraud: The Indoctrination of a People* [Kinsey, sexo y fraude: El adoctrinamiento de un pueblo] (Lafayette, LA: Huntington House, 1990). En vista de los descubrimientos de Reisman, Patrick Buchanan se pregunta si "Kinsey acabará en el mismo escalón ético y científico ahora reservado para los médicos alemanes que condujeron experimentos en vivo con niños judíos." Véase Patrick Buchanan, "*Kinsey: Medical Pioneer or Criminal Fraud?*" [Kinsey: ¿Médico pionero o fraude criminal?] *Human Events* [Eventos humanos] (2 de julio, 1983):14.

273. Sin embargo, hubo algunas fuertes críticas académicas del *Informe Kinsey*, del libro en inglés *Kinsey Reports*. Véase Abraham H. Maslow y James M. Sakoda, "*Volunteer Error in the Kinsey Study*" [Error voluntario en el informe Kinsey], *Journal of Abnormal*

Psychology [Diario de psicología anormal], 47 (1952): 259-262; Peter Gay, *La experiencia burguesa: De Victoria a Freud*, vol. 2, *La delicada pasión*, del libro en inglés *The Bourgeois Experience: Victoria to Freud*, vol. 2, *The Tender Passion* (Nueva York: Oxford University Press, 1986), 447: los descubrimientos de Kinsey "están lejos de ser persuasivos." También véase Jones, *Degenerate Moderns* [Modernos degenerados], 96.

274. Le agradezco al doctor Peter J. Williams, director de Tyndale House, Cambridge, por este punto esclarecedor.

275. Consulté varias fuentes, pero me basé plenamente en Johnson, *Intelectuales*, del libro en inglés *Intellectuals*, 197-224, con sus respectivas notas en 355-358.

276. *Idem*, 217-218.

277. Bertrand Russell, *Por qué no soy cristiano, y otros ensayos sobre asuntos relacionados con la religión,* del libro en inglés *Why I Am Not a Christian, and Other Essays on Religion and Related Subjects,* Paul Edwards, ed. (Nueva York: Simon & Schuster, 1957). El ensayo principal, "Por qué no soy cristiano," se dio como un discurso público en 1927.

278. Sartre guardaba el recuerdo de que en su niñez decía frases extraordinarias que las personas escribían y memorizaban. Sin embargo, los demás no tienen ese mismo recuerdo. Para una reseña crítica de la vida y pensamiento de Sartre, véase Johnson, *Intelectuales*, del libro en inglés *Intellectuals*, 225-251, con sus respectivas notas en 358-360.

279. Vitz, *La psicología del ateísmo*, del libro en inglés *Faith of the Fatherless*, 146-150.

280. Khwaja Masud, *"Remembering Che Guevara"* [Recordando al Che Guevara], *The News International* (9 de octubre del 2006).

281. Weikart, *Death of Humanity* [La muerte de la humanidad], 198-204.

282. Johnson, *Intelectuales*, del libro en inglés *Intellectuals*, 246.

283. *Idem*, 246-247, 340-341. Sartre incitaba a los estudiantes a participar en la violencia: "La violencia es lo único que les queda a los estudiantes que todavía no han entrado en el sistema de sus padres." Johnson cita a Annie Cohen-Solal, *Jean-Paul Sartre*, del libro en inglés *Sartre: A life* (Londres: Heinemann, 1987), 459.

284. Como lo citó Weikart, *Death of Humanity* [La muerte de la humanidad], 204. Para la fuente, véase Jean-Paul Sartre, *Talking with Sartre: Conversations and Debates* [Una charla con Sartre: Conversaciones y debates], John Gerassi, trad. y ed. (New Heaven, CT: Yale University Press, 2009), 14-15.

285. Johnson, *Intelectuales*, del libro en inglés *Intellectuals*, 250.

286. Richard Dawkins, *El espejismo de Dios*, del libro en inglés *The God Delusion* (Boston: Houghton Mifflin Harcourt, 2006).

287. Johanthan Leake, *Dawkins Evolves into Single Man After 'Amicable' Split with Time Lady* [Dawkins se vuelve un hombre soltero luego de separarse "en buenos términos" de la señorita Time], *The Times*, 17 de julio del 2016, http://www.thetimes.co.uk/article/dawkins-evolves-into-single-man-after-amicable-split-with-time-lady-sp911k2nt.

288. Vitz, *La psicología del ateísmo*, del libro en inglés *Faith of the Fatherless,* 78-80, con cita de 80.

289. Daniel C. Dennett, *Romper el hechizo: la religión como un fenómeno natural*, del libro en inglés *Breaking the Spell: Religion as a Natural Phenomenon* (Nueva York: Viking, 2006).

290. Christopher Hitchens, *Dios no es bueno: Alegato contra la religión*, del libro en inglés *God Is Not Great: How Religion Poisons Everything* (Nueva York: Twelve, 2007).

291. Vitz, *La psicología del ateísmo*, del libro en inglés *Faith of the Fatherless*, 157.

292. MDMA= Metilen-dioxi-metanfetamina, comúnmente conocida como éxtasis.

293. En el orden cronológico: Sam Harris, *El fin de la fe: Religión, terror y el futuro de la razón*, del libro en inglés *The End of Faith: Religion, Terror, and the Future of Reason* (Nueva York: Norton, 2004); *Carta a una nación cristiana*, del libro en inglés *Letter to a Christian Nation* (Nueva York: Knopf, 2006); *Despertar: Una guía para una espiritualidad sin religión*, del libro en inglés *Waking Up: A Guide to Spirituality without Religion* (Nueva York: Simon & Schuster, 2014); *Islam and the Future of Tolerance* [El islam y el futuro de la tolerancia] (Cambridge, MA: Harvard University Press, 2015).

294. Sam Harris, *The Moral Landscape: How Science Can Determine Human Values* [El paisaje moral: Cómo la ciencia puede determinar los valores humanos] (Nueva York: Free Press, 2010). Friedrich Nietzsche, Sigmund Freud y muchos otros ateos en los siglos XIX y XX estaban convencidos de que "la ciencia puede determinar valores," El resultado fue una gran inmoralidad, engaño y fraude intelectual, racismo, eugenesia, esclavitud, guerra y asesinatos masivos; muy lejos de ser una sociedad altruista y progresista. Encontrar una moralidad humana basada en una visión atea continuará siendo difícil de alcanzar, a pesar de los grandes esfuerzos de filósofos y científicos bien intencionados como Sam Harris.

295. Por ejemplo, véase Peter Foster, "El nuevo mundo valiente de Sam Harris," *National Post* (29 de octubre del 2010); K. A. Appiah, "La ciencia lo sabe mejor," *The New York Times* (1 de octubre del 2010); Simon Blackburn, "La moral sin Dios," *Prospect* (23 de marzo del 2011); H. Allen Orr, "La ciencia del bien y del mal," New York Review of Books (mayo del 2011); Scott Atran, "La guía de casi todas las cosas de Sam Harris," *The National Interest* (marzo / abril del 2012).

296. Incluso en el caso de un teísta de la estatura intelectual de Albert Schweitzer, una moralidad basada en la razón, sin recurrir a Dios, realmente no funciona. Schweitzer, un gran pensador y humanitario, con tres doctorados (en Filosofía, Teología y Medicina) intentó fundamentar la ética humanitaria en la razón, resumida por su conocida descripción "la reverencia por la vida." Schweitzer realizó un valiente esfuerzo, sin ninguna duda, pero al final no logró generar convencimiento. La razón por la cual dicha afirmación no es suficiente es que una ética humana que es realmente humana y humanitaria debe fundamentarse en Dios, quien por sí solo otorga un punto fijo de la moral de referencia. Véase Benjamin L. Hall, *Reverence for Life: An Examination of Albert Scheweitzer's Attempt to Ground Ethics in Rational Thought* [Reverencia por la vida: Un estudio del intento de Albert Scheweitzer por fundamentar la ética en el pensamiento racional] (disertación doctoral inédita; Durham, NC: Duke University, 1985).

297. Spiegel, *The Making of an Atheist* [El origen de un ateo], 64-87.

Capítulo 9: La llegada del superhombre

298. J. Rufus Fears, *The Wisdom of History* [La sabiduría de la historia], lección 3 (Chantilly, VA: The Great Courses, 2007).

299. Algunos piensan que, a María, una empleada de un hogar judío, la pudo haber dejado embarazada el hijo de la familia, Leopold Frankenberger. Véase Ron Rosenbaum, *Explicar a Hitler: Los orígenes de su maldad*, del libro en inglés *Explaining Hitler: The Search for the Origins of His Evil* (Londres: Harper Perennial, 1999), 21. Sin embargo, la evidencia para llegar a esta conclusión es muy debatida. Incluso la existencia de Leopold Frankenberger está en duda.

300. *Hitler*, también escrito como *Hittler* o *Huttler*, es un nombre verdadero, aunque comprensiblemente hoy en día no muchos se hacen llamar así por su notoriedad. También existen en la actualidad unas pocas familias en Alemania y en Austria que tienen el apellido *Hiedler*.

301. Richard J. Evans, "*How the First World War Shaped Hitler,*" [Cómo moldeó a Hitler la Primera Guerra Mundial], *The Globe and Mail* (22 de junio del 2011). Evans es un profesor de historia británico distinguido. Hitler declaró que Alemania, aunque había salido invicta en el frente de batalla, había sido "apuñalada por la espalda" en su propio territorio por judíos y marxistas. Véase Ian Kershaw, *Hitler,* del libro en inglés *Hitler: A Biography* (Nueva York: Norton, 2008), 61–63; Michael Kellogg, *The Russian Roots of Nazism: White Émigrés and the Making of National Socialism* [Las raíces rusas del nazismo: La emigración blanca y la creación del Socialismo Nacional], 1917–1945 (Cambridge: Cambridge University Press, 2005), 203.

302. Verdaderamente, Hitler estaba muy agradecido por la guerra, tal como describe en *Mi Lucha* del original en alemán *Mein Kampf*: "Caí de rodillas y, de todo corazón, agradecí a los cielos haberme proporcionado la felicidad de haber vivido en esa época." La cita se encuentra en la página 148 de mi edición en inglés de *Mein Kampf*. Más adelante se proporcionarán los datos bibliográficos completos en las versiones en alemán y en inglés. La naturaleza de la época ciertamente favoreció a Hitler. Richard J. Evans destaca acertadamente que los incultos y enojados austríacos "hubieran seguido siendo una figura ignorada en la franja lunática de las políticas alemanas, si no hubiese sido por la Depresión de 1929-1933 y la relacionada crisis de la República de Weimar." Véase Richard J. Evans, *In Defence of History* [En defensa de la historia] (Londres: Granta, 2000, orig. 1997), 188.

303. Alan Bullock, *Hitler: Estudio de una tiranía*, del libro en inglés *Hitler: A Study in Tyranny* (Londres: Penguin, 1962), 121.

304. Todavía algunos historiadores lo sostienen. Véase Richard Steigmann-Gall, *El Reich sagrado: Concepciones nazis sobre el cristianismo, 1919-1945*, del libro en inglés *The Holy Reich: Nazi Conceptions of Christianity, 1919–1945* (Cambridge: Cambridge University Press, 2004). Para una crítica de Steigmann-Gall, véase el análisis de Richard Weikart en *German Studies Review* [Análisis de los estudios alemanes], 27 (2004): 174–176; y Mark Edward Ruff, "*The Nazis' Religionspolitik: An Assessment of Recent Literature,*" [La política religiosa de los nazis: Una evaluación de la reciente literatura], *Catholic Historical Review* [Análisis histórico católico], 92 (2006): 252–266.

305. El mejor análisis disponible sobre este tema es Richard Weikart, *Hitler's Religion: The Twisted Beliefs that Drove the Third Reich* [La religión de Hitler: Las creencias retorcidas que condujeron al tercer Reich] (Washington D. C.: Regnery History, 2016). Me beneficié en gran manera con este estudio.

306. Tal como lo citó Weikart, *Hitler's Religion* [La religión de Hitler], 72. Véase también "Programa de la NSDAP de 1920," en Peter Matheson, ed., *The Third Reich and the Christian Churches* [El tercer Reich y las iglesias cristianas] (Grand Rapids, MI: Eerdmans, 1981), 1.

307. Véase, por ejemplo, Norman H. Baynes, ed., *Los discursos de Adolf Hitler, abril de 1922-agosto 1939, 2 volúmenes*, del libro en inglés *The Speeches of Adolf Hitler, April 1922– August 1939, 2 vols.* (Oxford: Oxford University Press, 1942): 1:19–20, 402.

308. William L. Shirer, *Auge y caída del tercer Reich*, del libro en inglés *The Rise and Fall of the Third Reich* (Londres: Secker & Warburg, 1960), 238–239. En referencia a la fe en Jesucristo, Kerrl destacó: "Eso me hace reír."

309. Shirer, *Auge y caída del tercer Reich*, del libro en inglés *The Rise and Fall of the Third Reich*, 238–239. Rosenberg fue el autor de *Der Mythus des 20. Jahrhunderts: Eine Wertung der seelisch-geistigen Gestaltenkämpfe unserer Zeit* (Múnich: Hoheneichen, 1930), un discurso antisemita con apariencia religiosa que incluso Hitler describió como incomprensible. Véase Albert Speer, *Inside the Third Reich: Memoirs by Albert Speer* [El tercer Reich por dentro: Memorias de Albert Speer], Richard y Clara Winston, trans. (Nueva York: Macmillan, 1970), 115. El título en inglés del libro de Rosenberg es *The Myth of the Twentieth Century: An Evaluation of the Mental and Spiritual Forms of Struggle in Our Time* [El mito del siglo XX: Una evaluación de las formas de lucha mentales y espirituales de nuestra época].

310. Shirer, *Auge y caída del tercer Reich*, del libro en inglés *The Rise and Fall of the Third Reich*, 234.

311. Heinz Hurten, "'Endlosung' fur den Katholizismus? Das nationalsozialistische Regime und seine Zukunftsplane gegenuber der Kirche," *Stimmen der Zeit 203* (1985): 534–546. El título en español de este artículo es "¿Una 'solución final' para el catolicismo? El Régimen Nacional Socialista y sus futuros planes contra la iglesia."

312. Robert Cecil, *The Myth of the Master Race: Alfred Rosenberg and Nazi Ideology* [El mito de la raza superior: Alfred Rosenberg y la ideología nazi] (Londres: Batsford, 1972), 119.

313. Ian Kershaw, *Hitler 1936–1945*, del libro en inglés *Hitler* (Londres: Norton, 2000), 40.

314. Estos incluyen a Carl Spiecker, *Hitler gegen Christus: Eine katholische Klarstelllung und Abwehr* (Paris: Société d'éditions européennes, 1936); y a Waldemar Gurian, *Hitler and the Christians* [Hitler y los cristianos] (Londres: Sheed & Ward, 1936). El título en español del libro de Spiecker "Hitler contra Cristo: Una aclaración y defensa católica." Debería destacar que Spiecker escribía con el pseudónimo en latín *Miles Ecclesiae* ("Soldado de la iglesia").

315. Fred Taylor, *The Goebbels Diaries 1939–1941* [Los diarios de Goebbels 1939-1941] (Londres: Hamish Hamilton, 1982), 340. Aquí, Goebbels también describe a Hitler como un oponente del cristianismo.

316. Como está descrito en Richard Overy, *Dictadores: La Alemania de Hitler y la Unión Soviética de Stalin*, del libro en inglés *The Dictators: Hitler's Germany and Stalin's*

Russia (Londres: Allen Lane, 2004), 281: "Hitler era lo suficiente políticamente prudente como para no expresar sus puntos de vista científicos de manera pública, en particular porque quería mantener la distinción entre su propio movimiento y la impiedad del comunismo soviético." Laurence Rees afirma el mismo punto en El *oscuro carisma de Hitler*, del libro en inglés *The Dark Charisma of Adolf Hitler* (Londres: Ebury Press, 2012), 135: "Hitler, como político, simplemente reconocía la realidad práctica del mundo en que vivía... Por lo tanto, su relación en público con el cristianismo, en efecto, su relación con la religión en general, era oportunista. No existe evidencia de que Hitler mismo, en su vida personal, alguna vez haya expresado su creencia individual en los dogmas básicos de la Iglesia cristiana."

317. Se debate si, o hasta qué punto, Hitler pudo haber leído alguna de las obras de Nietzsche. Lo haya hecho o no, no tengo dudas de que Hitler fue influenciado por Nietzsche. En *Mein Kampf* el futuro *führer* declara: "La debilidad y la indecisión con las que, ya en la vieja Alemania, se encaraba esa grave cuestión, deben ser examinadas como síntoma de la decadencia de un pueblo. *Cuando ya no hay fuerza para el combate por la salud de una nación, su pueblo no tiene más derecho a la vida en un mundo de luchas como el actual.* El mundo pertenece a los fuertes, a los decididos, y no a los tímidos." Nietzsche mismo no pudo haberlo declarado mejor. La traducción al inglés se extrajo de la edición Pimlico de 1992 (234; itálicas en el original en alemán). Más adelante comentaremos un poco más sobre esta edición. Podemos observar más evidencia de la fascinación y admiración que tenía Hitler por Nietzsche en una fotografía en la cual Hitler está contemplando el busto de Nietzsche con evidente respeto. Que eso fuera así parece cierto ya que la foto aparece en el libro de fotografías que utilizaban como propaganda, *Hitler wie ihn keiner kennt* (1938), editado por Heinrich Hoffmann. Debajo de la fotografía la "leyenda asegura que Nietzsche fue un precursor del nazismo." Véase Weikart, *Death of Humanity* [La muerte de la humanidad], 188. Más adelante comentaremos con más profundidad el libro de Hoffmann.

318. Una vez más, como está descrito en Overy, *Los dictadores*, del libro en inglés *The Dictators,* 281: "Los pocos comentarios hechos en privado por Hitler acerca del cristianismo delatan un profundo desprecio e indiferencia." Overy agrega: "Hitler ahora creía que todas las religiones eran 'decadentes.'"

319. Ian Kershaw, *Hitler*, del libro en inglés *Hitler: A Biography* (Londres: Norton, 2008), 295.

320. *Idem*, 295.

321. Véase Alan Bullock, *Hitler: Estudio de una tiranía*, del libro en inglés *Hitler: A Study in Tyranny* (Nueva York: Harper Perennial, 1991), 219: "A los ojos de Hitler, el cristianismo era una religión apropiada solamente para los esclavos... Una vez terminada la guerra, se prometió a sí mismo que exterminaría y destruiría la influencia de las iglesias cristianas." La primera edición del libro de Bullock apareció en 1952. Fue revisado en 1962 y ha sido reimpresa varias veces.

322. Hitler a veces hablaba de hacer "la voluntad de Dios" y de "la providencia." La primera frase la utilizaba a modo de burla y el segundo término era su forma de hablar acerca de su destino, que formaba parte de su animismo pagano. Véase Alan Bullock, *Hitler*

y Stalin: vidas paralelas, del libro en inglés *Hitler and Stalin: Parallel Lives* [Hitler y Stalin: Vidas paralelas] (Londres: Fontana Press, 1993), 412.

323. *Idem*, 412.

324. Overy, *Los dictadores*, del libro en inglés *The Dictators*, 281: Hitler creía que en su época el cristianismo estaba colapsando en Europa debido a la ciencia.

325. Heinrich Hoffmann, *Hitler wie ihn keiner kennt: 100 Bilddokumente aus dem Leben des Führers* (Berlín: Zeitgeschichte-Verlage, 1935). En español el título significa "El Hitler que nadie conoce: 100 imágenes de la vida del *führer*."

326. *Idem*, 57. En la leyenda en alemán, *Marienkirche* estaba mal escrita como *Marinekirche*.

327. Weikart, *Hitler's Religion* [La religión de Hitler], 68: "La declaración de Hoffmann de que había sido un 'evento fortuito' es bastante sospechosa."

328. Hoffmann, *Hitler wie ihn keiner kennt*, segunda ed. (1938), 73. Una vez más, en la leyenda en alemán, *Marienkirche* estaba mal escrita.

329. Traducida por Weikart, *Hitler's Religion, xviii* [La religión de Hitler, xviii]. Para el texto en alemán, véase Werner Reichelt, *Das braune Evangelium: Hitler und die NS-Liturgie* (Wuppertal: Peter Hammer Verlag, 1990), 134–133. Nótese lo conveniente del título del libro de Reichelt: *The Brown Gospel: Hitler and the NS-Liturgy* [El evangelio pardo: Hitler y la litúrgica Nacionalsocialista]. Pardo, por supuesto, se refiere a los Camisas Pardas (es decir, el SA o *Sturmabteilung*, lit. "Destacamento de la tormenta"), el sector paramilitar del Partido Nacionalsocialista Obrero Alemán. Los Camisas Pardas, muchos de los cuales eran poco más que delincuentes callejeros, fueron reemplazados por las SS [Escuadras de Protección] que eran más profesionales y estaban mejor entrenados.

330. Luego de haber leído *Mein Kampf* de Hitler en el otoño de 1925, un asombrado Joseph Goebbels escribió en su diario: "¿Quién es este hombre? ¡Mitad plebeyo, mitad Dios! En realidad, es el Cristo, ¿o solo Juan (el Bautista)?" Weikart, *Hitler's Religion, xviii* [La religión de Hitler, xviii]. La fuente es Elke Frohlich, *Die Tagebücher von Joseph Goebbels*, part 1: *Aufzeichnungen* 1923–1941, vol. 1: *junio* 1924–*dic.* 1930 (Múnich: K. G. Saur, 1987), 365.

331. Una canción nazi patriótica, escrita por Horst Wessel en 1929. Luego del asesinato de Wessel, se hizo conocida como "Horst-Wessel-Lied" (en español "La canción de Horst Wessel").

332. Traducida y citada por Weikart, *Hitler's Religion* [La religión de Hitler], 55, 212. El comentario provino de los monólogos de Hitler. Véase Werner Jochmann, ed., *Monologe im Führerhauptquartier 1941–1944: Die Aufzeichnungen Heinrich Heims* (Hamburgo: Albrecht Knaus, 1980), 40.

333. Tal como lo creían Alfred Rosenberg y Hans Frank. Véase Weikart, *Hitler's Religion* [La religión de Hitler], 57, 312–313, notas en 71–72.

334. Weikart, *Hitler's Religion* [La religión de Hitler], 58. La referencia es de Max Domarus, *The Complete Hitler* [El Hitler completo], 4 vols. (Wauconda: Bolchazy-Carducci, 2007), 1:29.

335. Weikart, *Hitler's Religion* [La religión de Hitler], 219.

Capítulo 10: El infierno en la tierra de Hitler

336. La traducción al inglés estándar de *Mi lucha* del libro en alemán *Mien Kampf* fue realizada por Ralph Manheim, y fue publicada por primera vez por Houghton Mifflin en 1943. Mi edición de Manheim fue publicada por Pimlico en 1992, en un volumen, e incluye una excelente introducción de D. Cameron Watt. La edición de Pimlico contiene 628 páginas. Todas mis citas y referencias son de esta edición.

337. *Mi lucha,* del libro en alemán *Mein Kampf,* 295. Hitler se refiere a las tropas de ocupación africana que Francia había traído de Senegal. Estaban localizadas en Renania en la década de 1920.

338. *Idem*, 391; véase también, 260: "La bastardización de una raza superior."

339. Para una observación complementaria del uso deformado de la ciencia por parte de Hitler, véase Richard Weikart, *From Darwin to Hitler: Evolutionary Ethics, Eugenics, and Racism in Germany* [De Darwin a Hitler: Éticas evolutivas, eugenesias y racismo en Alemania] (Nueva York: Palgrave Macmillan, 2004); Richard Weikart, *Hitler's Ethic: The Nazi Pursuit of Evolutionary Progress* [La ética de Hitler: La búsqueda nazi del progreso evolutivo] (Nueva York: Palgrave Macmillan, 2009).

340. *Mi lucha,* del libro en alemán *Mein Kampf,* 140. Estas "colonias judías", por supuesto, facilitaban el plan judío de obtener el control de las finanzas de Europa. Véase *Mein Kampf,* 175–176, 187: "Con los judíos no caben compromisos; para tratar con ellos, no hay sino un "sí" o un "no" rotundos."

341. *Idem,* 142. Este curioso lenguaje nuevamente refleja la pseudo antropología de Hitler, en la cual imaginaba que la humanidad estaba conformada por varias subespecies. Por supuesto, este lenguaje es consistente con el discurso de Hitler sobre la "infección" (*Mein Kampf,* 569), a lo que se hace referencia arriba. En ocasiones, Hitler también relacionaba el matrimonio interracial con la prostitución, cuando hablaba, a veces metafórica y otras literalmente, de la propagación de una enfermedad venérea. Por ejemplo, Hitler aseguraba que "los crímenes contra la sangre y la raza" (aria) podían considerarse "la propagación sifilítica en el pueblo" (*Mein Kampf,* 226; véase también, 227–231). Hitler escribió acerca del "joven judío de pelo oscuro" observando "con un placer satánico, a la muchacha inocente que él ensuciará con su sangre." Véase *Mi lucha* del libro en alemán *Mein Kampf,* 295.

342. *Ibid.*, 105. Se hace alusión a Mateo 6:24; Lucas 16:13.

343. En los Evangelios, Jesús les advierte a sus discípulos que uno no puede servir al mismo tiempo a Dios y a las riquezas, porque indefectiblemente ambas lealtades entrarán en conflicto. En *Mi lucha*, Hitler escribió acerca de la imposibilidad de ser leal a la iglesia y al estado al mismo tiempo. Hizo referencia a la Unión Demócrata Cristiana de la década de 1920.

344. El pasaje se encuentra en *Mi lucha*, del libro original *Mein Kampf,* 278.

345. Marcos 11:15–18 y sus paralelos.

346. De hecho, Hitler frecuentemente recurría a Jesús y a sus azotes. Era prácticamente lo único que le gustaba a Hitler de Jesús, porque le permitía retratarlo "como un luchador ario que combatía el materialismo y un leal oponente de los judíos." Para una mayor

discusión y para la literatura principal, véase Weikart, *Hitler's Religion* [La religión de Hitler], 80–83, con cita en 81. Véase especialmente la fotografía en la página 82, en la cual Hitler posa con un látigo.

347. Miklós Nyiszli, *Fui asistente del doctor Menguele* del libro en inglés *Auschwitz: A Doctor's Eyewitness Account*, Tibere Kremer y Richard Seaver, TT. (Nueva York: Arcade, 1960, 2011), 171. Nyiszli escribió su relato en 1946.

348. *Idem*, 181.

349. Acerca de la sórdida historia de Mengele y sus médicos asociados del Tercer Reich, véase Robert Jay Lifton, *The Nazi Doctors: Medical Killing and the Psychology of Genocide* [Los médicos nazis: La matanza de los médicos y la psicología del genocidio] (Nueva York: Basic Books, 1986); Gerald L. Posner y John Ware, *Mengele: The Complete Story* [La historia completa de Mengele] (Nueva York: McGraw-Hill, 1986); Helena Kubica, "Los crímenes de Josef Mengele" en Yisrael Gutman y Michael Berenbaum, eds., *Anatomy of the Auschwitz Death Camp* [Anatomía del campo de muerte de Auschwitz] (Bloomington: Indiana University Press, 1994), 317–337.

350. Eugen Kogon, *Der SS-Staat: Das System der deutschen Konzentrationslager* [El estado de la SS: El sistema de los campos de concentración alemanes] (Múnich: Karl Alber, 1946); traducción al inglés: *The Theory and Practice of Hell: The German Concentration Camps and the System Behind Them* [La teoría y práctica del infierno: Los campos de concentración y el sistema detrás de ellos], Heinz Norden, trad. (Londres: Secker & Warburg; Nueva York: Farrar, Strauss y Giroux, 1950). A usted podría interesarle leer el ensayo afín en Michael Kogon y Gottfried Erb, eds., *Eugen Kogon: Gesammelte Schriften*, 8 vols. (Berlin: Quadriga, 1995–1997), Vol. 1: *Ideologie und Praxis der Unmenschlichkeit: Erfahrungen mit dem Nationalsozialismus*. El título en inglés del vol. 1 es *Ideology and Practice of Inhumanity: Experiences with National Socialism* [La ideología y la práctica de la inhumanidad: Experiencias con el Partido Nacionalsocialista]. También debería consultar Nikolaus Wachsmann, *Hitler's Prisons: Legal Terror in Nazi Germany* [Las prisiones de Hitler: El terror legal en la Alemania nazi] (New Haven, CT: Yale University Press, 2004).

351. Para las reflexiones y recuerdos de Kogon relacionados con su fe, entre otras cosas, véase Michael Kogon y Gottfried Erb, eds., *Eugen Kogon: Gesammelte Schriften*, 8 vols. (Berlín: Quadriga, 1995–1997), 6:39–70.

352. Kogon, *The Theory and Practice of Hell* [La teoría y práctica del infierno], 49–50, 228. El relato de Kogon (225–235) sobre la brutalidad que se llevó a cabo en el llamado "búnker" de Buchenwald, excede la comprensión.

353. Juan 8:32. En la traducción de Lutero al alemán se lee: *und die Wahrheit wird euch frei machen*.

354. Juan 18:37-38.

355. Jonathan Sandys y Wallace Henley, *God and Churchill: How the Great Leader's Sense of Divine Destiny Changed His Troubled World and Offers Hope for Ours* [Dios y Churchill: Cómo el sentido del destino divino del gran líder cambió su complejo mundo y hoy nos trae esperanza para el nuestro] (Carol Stream, IL: Tyndale, 2015). Hasta el momento, el tema no ha sido desarrollado.

356. Para un listado de las referencias a "la civilización cristiana" en los discursos más importantes de Churchill, véase *Idem*, 91-93. Todos los discursos de Churchill se encuentran disponibles en inglés en www.winstonchurchill.org.

357. Sandys y Henley, *God and Churchill: How the Great Leader's Sense of Divine Destiny Changed His Troubled World and Offers Hope for Ours* [Dios y Churchill: Cómo el sentido del destino divino del gran líder cambió su complejo mundo y hoy nos trae esperanza para el nuestro], 91–92, 248, n. 3. El discurso fue dado el 5 de octubre de 1938.

358. Winston Churchill, discurso a la Cámara de los Comunes del Reino Unido, 13 de mayo de 1940.

359. Winston Churchill, discurso a la Cámara de los Comunes del Reino Unido, 4 de junio de 1940.

360. Winston Churchill, discurso a la Cámara de los Comunes del Reino Unido, 18 de junio 18 de 1940.

361. Sandys y Henley, *God and Churchill: How the Great Leader's Sense of Divine Destiny Changed His Troubled World and Offers Hope for Ours* [Dios y Churchill: Cómo el sentido del destino divino del gran líder cambió su complejo mundo y hoy nos trae esperanza para el nuestro], 92, 248, n. 4. La fuente es de Richard M. Langworth, ed., *Churchill by Himself: The Definitive Collection of Quotations* [Churchill por el mismo Churchill: La colección definitiva de sus citas] (Nueva York: Public Affairs, 2008), 170.

362. Véase, por ejemplo, Salmos 7:1; 16:1; 18:2; 36:7; 46:1; Proverbios 30:5.

363. Rodney Stark, distinguido profesor de sociología de la Universidad de Baylor, ha publicado varios estudios muy bien investigados que documentan los numerosos beneficios que ha obtenido el Occidente gracias al cristianismo. Véase, por ejemplo, Rodney Stark, *The Rise of Christianity: How the Obscure, Marginal Jesus Movement Became the Dominant Religious Force in the Western World in a Few Centuries* [El ascenso del cristianismo: El movimiento desconocido y marginado de Jesús termina convirtiéndose en la fuerza religiosa dominante en el mundo occidental en pocos siglos] (Nueva York: HarperCollins, 1996); *America's Blessings: How Religion Benefits Everyone, Including Atheists* [Las bendiciones de los Estados Unidos de América: Cómo nos beneficia a todos la religión, incluidos los ateos] (West Conshohocken, PA: Templeton, 2012); *How the West Won: The Neglected Story of the Triumph of Modernity* [La victoria de Occidente: La historia olvidada del triunfo de la modernidad] (Wilmington, DE: Intercollegiate Studies Institute, 2014).

364. Winston Churchill, discurso a la Cámara de los Comunes del Reino Unido, 18 de junio de 1940.

365. Véase Larry P. Arnn, *Churchill's Trial: Winston Churchill and the Salvation of Free Government* [El juicio de Churchill: Winston Churchill y la salvación del libre gobierno] (Nashville: Thomas Nelson, 2015).

366. Winston S. Churchill, *My Early Life: A Roving Commission* [Mi juventud: Una comisión errante] (Londres: Thornton Butterworth, 1930; Londres: Macmillan, 1941), 289–290.

Capítulo 11: Cuando la verdad es lo que uno quiere que sea

367. Weikart, *Death of humanity* [La muerte de la humanidad], 187. Para la fuente, véase Wolin, *Seduction of Unreason* [La seducción de la insensatez], 27.

368. D. M. Smith, *Mussolini* del libro en inglés *Mussolini: A Biography* (Nueva York: Knopf, 1982), 12–15.

369. Véase Ruth Ben-Ghiat, "¿El menor de los males? El fascismo italiano en la ecuación totalitaria" en Helmut Dubiel y Gabriel Motzkin, eds., *The Lesser Evil: Moral Approaches to Genocide Practices* [El menor de los males: Un enfoque moral a las prácticas del genocidio] (Londres: Routledge, 2004), 137–153.

370. Jan Nelis, "Constructing Fascist Identity: Benito Mussolini and the Myth of Romanità," [La construcción de la identidad fascista: Benito Mussolini y el mito de Romanità] *Classical World: A Quarterly Journal on Antiquity* [El mundo clásico: Un diario trimestral sobre la antigüedad], 100 (2007): 391–415; Nelis, *From Ancient to Modern: The Myth of Romanità during the Ventennio Fascista* [De lo antiguo a lo moderno: El mito de Romanità durante los veinte años del fascismo]. *The Written Imprint of Mussolini's Cult of the "Third Rome"* [La huella escrita del culto de Mussolini a la "Tercera Roma"], Etudes d'Institue Historique Belge de Rome 1 (Turnhout: Brepols, 2011).

371. Jan Nelis, "Modernist Neo–Classicism and Antiquity in the Political Religion of Nazism: Adolf Hitler as *Poietes* of the Third Reich," [El neoclasisismo modernista y la antigüedad en la religión política del nazismo: Adolf Hitler como *Poietes* del Tercer Reich], *Totalitarian Movements and Political Religions* [Los movimientos totalitarios y las religiones políticas], 9 (2008): 475–490.

372. Nelis, "La construcción la identidad fascista: Benito Mussolini y el mito de Romanità 395, 405. Véase también Jan Nelis, "The Clerical Response to a Totalitarian Political Religion: *La Civilità Cattolica* and Italian Fascism," [La respuesta clerical a una religión política totalitaria: *La Civilità Cattolica* y el fascismo italiano] *Journal of Contemporary History* [Diario de la historia contemporánea], 46 (2011): 245–270, aquí, 260–261: la celebración romana de la vida de Augusto efectuaba "una identificación explícita entre la Roma de Augusto y el fascismo."

373. Nelis, "La respuesta clerical a una religión política totalitaria: *La Civilità Cattolica* y el fascismo italiano," 267. Para un testimonio de un contemporáneo, Nelis cita a G. Messina, "L'apoteosi dell'uomo vivente e il Cristianesimo," *La Civilità Cattolica* 3 (1929): 295–310.

374. Nelis, "Constructing Fascist Identity," [La construcción de la identidad fascista: Benito Mussolini y el mito de Romanità], 391–93.

375. *Idem*, 397.

376. *Idem*, 398.

377. Nelis, "The Clerical Response to a Totalitarian Political Religion," [La respuesta clerical a una religión política totalitaria: *La Civilità Cattolica* y el fascismo italiano], 249.

378. Nelis, "Constructing Fascist Identity," [Construyendo la identidad fascista: Benito Mussolini y el mito de Romanità], 399.

379. *Idem*, 409.

380. *Idem*, 398, 401.

381. Robert Himmer, "On the Origin and Significance of the Name 'Stalin'" [Sobre el origen y significado del nombre 'Stalin'], *Russian Review* [Análisis ruso], 45 (1986): 269–286.

382. Stephen Kotkin, *Stalin: Paradoxes of Power, 1878–1928* [Stalin: Paradojas del poder] (Nueva York: Penguin, 2014), 31–36.

383. Robert Conquest, *El gran terror: Una reevaluación*, del libro en inglés *The Great Terror: A Reassessment* (Oxford: Oxford University Press, 2007), xvi.

384. "Soviet Ends Silence on Stalin Wife's Suicide," [Un soviético rompe el silencio acerca del suicidio de la esposa de Stalin] Reuters, 14 de abril de 1988, www.nytimes.com/1988/04/14/world/soviet-ends-silence-on-stalin-wife-s-suidide.html.

385. Jasper Becker, *Hungry Ghosts: Mao's Secret Famine* [Fantasmas hambrientos: La hambruna secreta de Mao] (Nueva York: Henry Holt, 1998), 81.

386. Becker, *Hungry Ghosts*, [Fantasmas hambrientos], 86–93.

387. Véase Li Zhisui, *The Private Life of Chairman Mao*, [La vida privada del presidente Mao], Tai Hung-Chao, trad. (Nueva York: Random House, 1995), 102. Para una revisión favorable de este libro, véase Richard Bernstein, "The Tyrant Mao, as Told by His Doctor," [El tirano Mao, descripto por su doctor] *New York Times* (2 de octubre, 1994).

388. Patrick Johnstone, *Operación mundo*, del libro en inglés *Operation World* (Londres: Paternoster, 2001), 168.

389. Véase el artículo de mi autoría, "Modern Day Martyrs: A Non-Christian's Chronicle of China's Dark Side," [Mártires modernos: Una crónica no cristiana acerca del lado oscuro de China] *Christian Research Journal*, 35 (2012), 60.

390. William J. Duiker, *Ho Chi Minh: A Life* [Biografía de Ho Chi Minh] (Nueva York: Hachette, 2000).

391. Véase Johnson, *Intelectuales*, del libro en inglés *Intellectuals*, 340–341. La irritante ironía aquí no se pierde en Noam Chomsky, un radical de izquierda que es muy crítico de los Estados Unidos de América y de Occidente, y que no encuentra errores en ningún gobierno comunista o dictadura. Véase Noam Chomsky, *Towards a New Cold War* [Hacia una nueva guerra fría] (Nueva York: New Press, 1982), 183, 213, 382, n. 73. Para las referencias, me baso en Johnson, *Intelectuales*, del libro en inglés *Intellectuals*, 365, nn. 76–79. Chomsky frecuentemente daba rienda suelta a defensas especiales extravagantes y a ocasionales distorsiones rotundas de los hechos.

392. "Half-Kilometre Long Kim Jong-un Propaganda Message Visible from Space," [La propaganda de medio kilómetro de Kim Jong-un que es visible desde el espacio], *National Post* (23 de noviembre del 2012).

393. Stephane Courtois, et al., *Le livre noir du Communisme: Crimes, terreur, répression* (Paris: Robert Laffont, 1997); traducción al inglés: *The Black Book of Communism* (Cambridge, MA: Harvard University Press, 1999); traducción al español: *El libro negro del comunismo* (España. Traducido por Césal Vidal).

394. Marius Stan y Vladimir Tismaneanu, "Coming to Terms with the Communist Past" [Tiempo de aceptar el pasado comunista] en Lavinia Stan y Diane Vancea, eds.,

Post-Communist Romania at Twenty-Five: Linking Past, Present, and Future [La Rumania postcomunista veinticinco años después: Una conexión entre el pasado, el presente y el futuro] (Lanham, MD: Lexington Books, 2015), 23–39, aquí, 34.

395. Acerca de este punto importante, véase Steven Lukes, "On the Moral Blindness of Communism," [Sobre la ceguera moral del comunismo] en Helmut Dubiel y Gabriel Motzkin, eds., *The Lesser Evil: Moral Approaches to Genocide Practices* [El menor de los males: Un enfoque moral a las prácticas del genocidio] (Londres: Routledge, 2004), 154–166. Lukes aborda el tema de la pobreza moral del comunismo, pero mucho de lo que escribe también se puede aplicar a los regímenes nazi y fascista de Alemania e Italia.

396. R. Z. Friedman, "Does the 'Death of God' Really Matter?" [¿Realmente importa la 'muerte de Dios'?", *International Philosophical Quarterly* 23 (1983): 321–332, aquí, 322.

397. Richard Taylor, *Ethics, Faith, and Reason* [La ética, la fe y la razón] (Englewood Cliffs, NJ: Prentice-Hall, 1985), 83–84.

398. Paul Kurtz y William Lane Craig, "Is Goodness without God Good Enough?" [La bondad sin Dios, ¿es suficientemente buena?] en Robert K. Garcia y Nathan L. King, eds., *Is Goodness without God Good Enough? A Debate on Faith, Secularism, and Ethics* [¿Es la bondad sin Dios suficientemente buena?: Una discusión sobre la fe, el secularismo y la ética] (Nueva York: Rowman & Littlefield, 2009), 25–46, aquí, 32.

399. *Idem.*, 33.

400. Richard Dawkins, *El relojero ciego*, del libro en inglés *The Blind Watchmaker* (Londres: Norton, 1986), 133.

401. Kurtz y Craig, "Is Goodness without God Good Enough?" [¿Es la bondad sin Dios suficientemente buena?], 29. No es mi intención faltarle el respeto al doctor Kurtz, pero no hay nada de lo que él declara en defensa de la moralidad basada en el ateísmo que no haya sido afirmado por los intelectuales que apoyaban a Hitler y a Stalin. Todos ellos "razonaban juntos" y "buscaban intereses en común." Todos actuaban por el supuesto bien de la humanidad, para mejorar la civilización.

402. Paul Froese, *The Plot to Kill God: Findings from the Soviet Experiment in Secularization* [El complot para matar a Dios: Descubrimientos del experimento soviético en la secularización] (Berkeley: University of California Press, 2008), 176–177.

403. *Idem*, 177.

404. Él acabó con la disidencia mediante su policía secreta de Seguridad de Estado.

405. Sandys y Henley, *God and Churchill* [Dios y Churchill: Cómo el sentido del destino divino del gran líder cambió su complejo mundo y hoy nos trae esperanza para el nuestro], 152. La fuente es Tim Townsend, *Mission of Nuremberg: An American Army Chaplain and the Trial of the Nazis* [La misión de Núremberg: Un capellán del ejército de los Estados Unidos y el juicio a los nazis] (Nueva York: HarperCollins, 2014), 11.

406. Para un recuento de las valientes proezas de monseñor O'Flaherty, véase J. P. Gallagher, *Scarlet Pimpernel of the Vatican* [Pimpinela escarlata del Vaticano] (Londres: Souvenir Publishing; Toronto: Ryerson, 1967); edición posterior: J. P. Gallagher, *The Scarlet and the Black: The True Story of Monsignor Hugh O' Flaherty, Hero of the Vatican Underground* [Escarlata y negro: La verdadera historia de monseñor Hugh O'Flaherty, el héroe

clandestino del Vaticano] (San Francisco: Ignatius Press, 2009). La película, que hace énfasis en la rivalidad entre Herbert Kappler y Hugh O'Flaherty, se hizo pública en 1983 como *Escarlata y Negro*. La protagonizaban Christopher Plummer como Kappler y Gregory Peck como O'Flaherty. El nombre de la película refleja el color escarlata de la casaca del monseñor y el color negro del uniforme de las Escuadras de Protección alemanas de Kappler.

407. Tom Phillips, "China on Course to Become 'World's Most Christian Nation' within 15 Years," [China está en el proceso de convertirse en la 'mayor nación cristiana del mundo' dentro de los próximos 15 años], *The Telegraph* (19 de abril del 2014); Matthew Carney, "Chinese Communist Party Readies Crackdown on Christianity," [El Partido Comunista de China se prepara para acabar con el cristianismo] *ABC News Net* (2 de octubre del 2016).

408. Andrey Shirin, "Russia: The Other Christian Nation," [Rusia: La otra nación cristiana] *Christianity Today* (13 de julio del 2016); Marc Bennetts, "Who's 'Godless' Now? Russia Says It's the U.S.," [¿Quién es impío ahora? Rusia acusa a los Estados Unidos] *Washington Times* (28 de enero del 2014). Encuestas recientes sugieren que más de la mitad de la población rusa se declara cristiana. Dichas encuestas fueron llevadas a cabo por Pew (2011), Ipsos (2011), Levada Center (2012) y Public Opinion Foundation (2013). Los musulmanes rusos también se están convirtiendo al cristianismo.

409. Donald DeMarco y Benjamin Wiker, *Arquitectos de la cultura de la muerte*, del libro en inglés *Architects of the Culture of Death* (San Francisco: Ignatius Press, 2004).

410. Véase Wesley J. Smith, *Culture of Death: The Assault on Medical Ethics in America* [La cultura de la muerte: El ataque a la ética médica en los Estados Unidos] (San Francisco: Encounter Books, 2000). El libro fue republicado como *Culture of Death: The Age of "Do Harm" Harms Medicine* [La cultura de la muerte: La era de 'haz daño' daña a la medicina] (San Francisco: Encounter Books, 2016). Véase también Wesley J. Smith, *Forced Exit: Euthanasia, Assisted Suicide, and the New Duty to Die* [Salida forzada: Eutanasia, suicidio asistido y la nueva obligación de morir] (Nueva York: Times Books, 1997).

Parte III: El mundo con cristianismo

Capítulo 12: La gran proeza de Jesús: Buenas noticias para todos

411. "Religion: Promises," [Religión: Promesas] *Time* (24 de diciembre de 1956).

412. Génesis 12:3, énfasis agregado.

413. Énfasis agregado.

414. Génesis 26:4.

415. Génesis 28:14-15.

416. Hechos 3:25.

417. Hechos 3:13-15.

418. Gálatas 3:8.

419. Lucas 2:10.

420. "'Nones' on the Rise" ["Ninguna religión" en aumento], informe del Centro de Investigaciones Pew, 9 de octubre del 2012, pág. 60: http://www.pewforum.org/2012/10/09/nones-on-the-rise-religion/.

421. "What Would America Look Like, If We Were a Nation Without Faith?" [¿Cómo sería Estados Unidos si fuésemos una nación sin fe?], Republican Study Committee 2016, http://rsc.walker.house.gov/Americawithoutfaith/.

422. *Idem*.

423. *Idem*.

424. *Idem*.

425. Brian Grim y Melissa Grim, "La contribución socioeconómica de la religión a la sociedad estadounidense: Un análisis empírico", *Interdisciplinary Journal of Research on Religion* [Diario interdisciplinario de investigación sobre religión], 12 (2016): 2, http://www.religjournal.com/pdf/ijrr12003.pdf.

426. *Idem*, 14.

427. *Idem*, 10.

428. "What Would America Look Like If We Were a Nation Without Faith?" [¿Cómo sería Estados Unidos si fuésemos una nación sin fe?].

429. Rodney Stark, *America's Blessings* [Las bendiciones de Estados Unidos] (West Conshohocken, PA: Templeton, 2012), 168.

430. Sarah Kliff, "Seven Facts About America's Mental Health-Care System," [Siete hechos acerca del sistema de salud mental de los Estados Unidos] *Washington Post*, 17 de diciembre del 2012, https://www.washingtonpost.com/news/wonk/wp/2012/12/17/seven-facts-about-americas-mental-health-care-system/.

431. "What Would America Look Like If We Were a Nation Without Faith?" [¿Cómo sería Estados Unidos si fuésemos una nación sin fe?]

432. Stark, *America's Blessings* [Las bendiciones de Estados Unidos], 109

433. *Idem*, 165.

434. Council for American Private Education [Comité para la educación privada de los Estados Unidos], perspectiva de *CAPE, Students Significantly Exceed SAT Benchmark,* 1 [Los estudiantes exceden de manera significativa el punto de referencia de SAT] (enero del 2015).

435. Council for American Private Education [Consejo para la educación privada de Estados Unidos], perspectiva de *CAPE, Federal Report Looks at Crime and Safety in Schools*, 1 [Un informe federal pone su mirada en el crimen y la seguridad en las escuelas] (enero del 2015).

436. Stark, 164.

437. Grim y Grim, 7.

438. Reportado por la Catholic Health Association of the United States [Asociación Católica de Salud de Estados Unidos], "U.S. Catholic Health Care, 2017," [Servicios de salud católicos de los Estados Unidos, 2017] https://www.chausa.org/docs/default-source/default-document-library/cha_2017miniprofile.pdf.

439. Howard W. Haggard, *El médico en la historia*, del libro en inglés *The Doctor in History* (New Haven, CT: Yale University Press, 1934), 108.

440. Guenter Risse, *Mending Bodies, Saving Souls* [Curar el cuerpo, salvar el alma: Una historia de hospitales] (Oxford: Oxford University Press, 1999), 74.

441. Jeremiah J. Johnston, "Kingdom of God/Heaven," [El reino de Dios / de los cielos] con Craig Evans, en S. E. Balentine, ed., *Oxford Encyclopedia of Bible and Theology* [Enciclopedia de la Biblia y teología de Oxford], 2 vols. (Oxford: Oxford University Press, 2015), vol. 2, cols. 1–9; Jeremiah J. Johnston, "Kingdom of God" [El reino de Dios], en P. J. J. Geest, Bert Jan Lietaert Peerbolte, y David Hunter, eds., *Brill Encyclopedia of Early Christianity* [Enciclopedia Brill del cristianismo primitivo] (Leiden: Brill), en preparación; Jeremiah J. Johnston, "Gottesherrschaft" en Jens Schroter y Christine Jacobi, eds., *Jesus Handbuch*, Theologen-Handbucher (Tubingen: Mohr Siebeck), en preparación.

442. Marcos 1:15.

443. Isaías 40:9.

444. Isaías 52:7.

445. Isaías 61:1-2.

446. Génesis 12:3.

Capítulo 13: Una nueva esperanza: Jesús y su proclama

447. Rodney Stark, *The Rise of Christianity: How the Obscure, Marginal Jesus Movement Became the Dominant Religious Force in the Western World in a Few Centuries* [El origen del cristianismo: Cómo el desconocido y marginado movimiento de Jesús se convirtió en la fuerza religiosa dominante en occidente en pocos siglos] (Nueva York: HarperCollins, 1996); Stark, *The Triumph of Christianity: How the Jesus Movement Became the World's Largest Religion* [El triunfo del cristianismo: Cómo se convirtió el movimiento de Jesús en la religión más grande del mundo] (Nueva York: HarperOne, 2011).

448. Larry W. Hurtado, *Why on Earth Did Anyone Become a Christian in the First Three Centuries? [¿Por qué alguien se convertiría en cristiano en los tres primeros siglos?]* (The Pere Marquette Lecture in Theology, 2016) (Milwaukee: Marquette University Press, 2016); y, más completo en, Hurtado, *Destructor de los dioses: El cristianismo en el mundo antiguo*, del libro en inglés *Destroyer of the Gods: Christian Distinctives in the Roman World* (Waco, TX: Baylor University Press, 2016).

449. Justino Mártir, *1.ª Apología*, del libro original *1 Apologia* 26.7.

450. Justino Mártir, *2.ª Apología*, del libro original *2 Apologia* 12.1.

451. *2.ª Apología*, del libro original *2 Apologia*, 12.5. Justino argumentaba que los cristianos eran (falsamente) acusados de realizar las mismas cosas que algunos paganos hacían en su verdadera adoración perversa a Júpiter y a otros dioses. En *Apologético* 9.1 [original en latín *Apologeticus*], Tertuliano presentó la misma acusación. Sobre este tema, véase James B. Rives, "Human Sacrifice among Pagans and Christians," [El sacrificio humano entre los paganos y los cristianos], *Journal of Roman Studies* [Diario de estudios romanos], 85 (1995): 65–85, aquí, 75–76. La práctica pagana también fue criticada por Tatiano, el discípulo de Justino. Véase Tatiano, *Oratio ad Graecos* 29.1. Es descripta por el Dionisio de Halicarnaso, *Antiquitates* 4.49.2–3. Los griegos y romanos doctos consideraban el canibalismo como algo terrible, como podemos ver en Juvenal, *Sátiras*, del original *Satirae* 15.78–83; Porfirio, *Sobre la abstinencia*, del original *De abstinentia*

3.17.3; 4.21.4 (en referencia a los bárbaros escitas); cf. Tertuliano, *Apología*, del original *Apologeticus* 9.9.

452. 2.ª *Apología*, del libro original *2 Apologia* 12.6.

453. Gráficamente representado en Eurípides, *Bacchae*, especialmente en las líneas 1122–1147, donde Ágabe, poseída por el espíritu de Dionisio, descuartiza y devora pedazos de su hijo Penteo. Otro mito popular es el banquete servido a Tiestes, culpable de adulterio contra su hermano Atreo. Luego de que Tiestes come la cena, su hermano le informa que había devorado la carne de sus propios hijos (Esquilo, *Agamenón*, del original *Agamemnon* 1590–1599; Séneca, *Tiestes*, del original *Thyestes*). Existe un relato similar sobre Harpago, quien inconscientemente "se alimentó de la carne de su amada" (como se describe en Macarius Magnes, *Apocriticus* 3.15).

454. La historia se relata en Josefo, *Las guerras de los judíos*, del original en inglés *Jewish Wars* 6.201–213. Sobre la difamación pagana contra los judíos, véase Pieter W. van der Horst, "The Myth of Jewish Cannibalism: A Chapter in the History of Antisemitism" [El mito del canibalismo judío: un capítulo en la historia del antisemitismo] en van der Horst, *Studies in Ancient Judaism and Early Christianity* [Ensayo acerca del judaísmo antiguo y el cristianismo primitivo] (Leiden: Brill, 2014), 173–187. La acusación de canibalismo no era extraña en los contextos de difamación. Véase Andrew McGowan, "Eating People: Accusations of Cannibalism against Christians in the Second Century" [Devorar personas: Acusaciones de canibalismo contra los cristianos del segundo siglo], *Journal of Early Christian Studies* 2 [Diario de ensayos cristianos primitivos] (1994): 413–442.

455. Las palabras de la Santa Cena son mencionadas en tres de los Evangelios y por Pablo: Mateo 26:26–29; Marcos 14:22–25; Lucas 22:14–23; 1 Cor. 11:23–25.

456. Juan 6:54. El pasaje completo (esto es, Juan 6:48–58), si se lo considera literalmente, podría ser interpretado en términos de canibalismo. Los críticos paganos del movimiento cristiano primitivo estaban más que deseosos de que así lo fuera.

457. En contexto, Jesús se está comparando a sí mismo con el pan que Dios le había provisto a Israel en el desierto. Comer de ese pan, llamado maná, era necesario para mantenerse con vida en el ámbito terrenal (Números 16:13–30), pero "comer" a Jesús, el pan de vida (Juan 6:35), significa vivir para siempre.

458. Macarius Magnes, *Apocriticus* 3.15. El pasaje completo está citado y discutido en John Granger Cook, *The Interpretation of the New Testament in Greco-Roman Paganism* [La interpretación del Nuevo Testamento en el paganismo grecorromano], Studies and Texts in Antiquity and Christianity [Ensayos y textos de la antigüedad y el cristianismo], 3 (Tubingen: Mohr Siebeck, 2000), 202–205. Aunque la crítica "griega" en *Apocriticus* no se identifica explícitamente, se cree que es Porfirio (234–305 d.C.).

459. Plinio el Joven, *Epístolas*, del original *Epistulae* 10.96. 1–10. La referencia a los alimentos "inofensivos" [*innoxium*] se encuentra en 10.96.7.

460. Justino Mártir, *1.ª Apología* 27.1; 29.1; del original *1 Apologia*; cf. Tertuliano, *Apologética* 9.17, del original *Apologeticus*. Para un debate académico, véase William V. Harris, "Child-Exposure in the Roman Empire," [Abandono infantil en el Imperio romano] *Journal of Roman Studies* 84 [Diario de ensayos romanos] (1994): 1–22. Las razones para el

aborto y para el infanticidio variaban. Véase Cornelia B. Horn y John W. Martens, *"Let the Little Children Come to Me": Childhood and Children in Early Christianity* ["Dejad a los niños venir a mí": La infancia y los niños en el cristianismo primitivo] (Washington D. C.: Catholic University Press of America, 2009), 18–21.

461. Véase la carta cristiana a Domicio 5:6: los cristianos "contraen matrimonio como todos los demás, y tienen hijos, pero no abandonan a su descendencia." Aunque los judíos, hasta donde conocemos, no rescataban niños paganos, no practicaban el aborto o el infanticidio. Acerca de este punto importante, véase Daniel R. Schwartz, "Did the Jews Practice Infant Exposure and Infanticide in Antiquity?" [¿Abandonaban los judíos a los niños y practicaban infanticidio en la antigüedad?] *Studia Philonica Annual* 16 (2004): 61–95. Schwartz acertadamente criticó a algunos que han declarado que las prácticas judías eran tan malas como las paganas. Los comentarios del historiador romano Tácito (c.56–118 d.C.), que no era amigo de los judíos, le brinda un respaldo importante a la posición tomada por Schwartz. De acuerdo con Tácito, *Historias* 5.5, del original *Historiae*: los judíos "pensaron aumentar en número, ya que consideran un crimen matar a cualquier niño inelegible." Por "inelegible" *(agnatus)* se refiere a un niño que no está calificado para recibir herencia. Dicho niño en la antigüedad se encontraba en mayor peligro de ser abandonado. Uno también debería consultar Estrabón, *Geografía* 17.2.5, del original *Geographica*. De acuerdo con Séneca (*De ira* 1.15.2), solo los niños con defectos debían ser abandonados.

462. Tertuliano, *Apologético 8.1*, del original *Apologeticus*.

463. *Idem*, 9.6–9. Los lectores recordarán las instrucciones de Hilarión a su esposa embarazada: "Si tienes un hijo y es varón, tenlo, pero si es hembra, abandónala" (P. Oxy 744, líneas 9–10).

464. Justino Mártir, *1.ª Apología* 3.1; 10.6; 23.3; 26.7; 27.5; 68.10, del original *1 Apologia*; *2da. Apología* 10.5; 12.1–13.1, del original *2 Apologia*.

465. Justino Mártir, *1.ª Apología* 4.1–8; 7.3–4; 11.1; 24.1; 39.3; 45.5, del original *1 Apologia*; *2.ª Apología* 2.7, 10–13, 16–18, del original *2 Apologia*.

466. Justino Mártir, *1ra. Apología* 11.1; 24.1; 39.3; 45.5, del original *1 Apologia*.

467. Tácito, *Anales* 15.38, del original *Annales*.

468. Suetonio, *La vida de Nerón*, 38, del original *Nero*; Dión Casio, *Historia Romana* 62.16.2; 62.17.3; Plinio, *Historia Natural* 17.1.5, del original *Historia Naturalis*. En Anales 15.38, del original *Annales*, incluso Tácito, quien no llegó a acusar a Nerón, admitió que algunos hombres, que arrojaban abiertamente antorchas en llamas, gritaban que tenían la autoridad para hacerlo. Nerón pudo haber instigado el incendio, quizás con la intención de despejar un área de la ciudad en la que esperaba construir. Si ese fue el caso, supongo que el fuego, avivado por vientos fuertes, se extendió más allá del plan original. Por supuesto, existen dudas de que Nerón haya sido en realidad el impulsor del fuego. Véase Christian Hulsen, "The Burning of Rome under Nero," [El incendio de Roma bajo el gobierno de Nerón] *American Journal of Archaeology* [Diario de arqueología estadounidense], 13 (1909): 45–48; Hugh Last, "The Study of the 'Persecutions'" [El estudio de las "persecuciones"], *Journal of Roman Studies* [Diario de ensayos romanos], 27 (1937): 80–92, aquí, 89–90.

469. Dión Casio, *Historia Romana* 62.17.3: "No hubo maldición que el pueblo no haya invocado sobre Nerón, aunque no haya sido mencionado su nombre, simplemente maldijeron en términos generales a aquellos que habían provocado el incendio."

470. Pliny, *Historia Natural* 17.1.5, del original *Historia Naturalis*; Suetonio, *Nerón* 38, del original *Nero*; Tácito, *Anales* 15.38–40, del original *Annales*; Dión Casio, *Historia Romana* 62.16–18. Se disputa cuál canción fue cantada.

471. Tácito, *Anales* 15.44, del original *Annales*: "Se acudió a las (diligencias) divinas con el deseo de aplacar la ira de los dioses… se hicieron procesiones… aplacaron con sacrificios a Juno… tendidas por devoción en el suelo del templo, velaron toda la noche."

472. Tácito, *Anales* 15.44, del original *Annales.*

473. Este pasaje caracteriza la mayor parte de *Anales* 15.44, del original *Annales.* Mi traducción está basada, con algunas modificaciones, en John Jackson, *Tacitus V: Annals Books* [Tácito V: Los libros anales] *13–16*, LCL 322 (Cambridge, MA: Harvard University Press, 1937), 283, 285.

474. Como fue sugerido probablemente en Percival Frost, *The Annals of Tacitus, with a Commentary* [Los anales de Tácito, con un comentario] (Londres: Whittaker, 1872), 440–441. Además de la rebelión de África del Norte (115-117 d.C.), los romanos sin duda todavía recordaban la terrible guerra de los años 66-70 d.C.

475. Como está escrito en Hechos 11:26.

476. Es posible que Tácito haya estado familiarizado con el relato que proporcionó Josefo (en *Antiquitates Judaicae* 18.63–64), o con la fuente en la cual se basó Josefo.

477. A comienzos del año 44 d.C., Roma nombraba procuradores en Israel (que en ese entonces incluía a Judea, Samaria, Galilea, Gaulanítide y Perea, básicamente el mismo territorio que había sido gobernado por Herodes el Grande). El rango de Pilato como prefecto se confirmó por el descubrimiento de una piedra conmemorativa en Cesarea Marítima, en 1961.

478. "Superstición" *(superstitio)* era un término despectivo; insinuaba que era algo extraño o barbárico, en cualquiera de los casos, no romano. Véase Suetonio, *La vida de Nerón* 16.2, del original Nero: "El castigo se infligía en los cristianos, una clase de personas dedicadas a una nueva y maliciosa superstición *[superstitionis novae ac maleficae].*" Acerca de la superstición en la antigüedad tardía, véase L. F. Janssen, "'Superstition' and the Persecution of Christians," [La "superstición" y la persecución de los cristianos], *Vigiliae Christianae* 33 (1979): 131–159. Para un análisis más amplio del tema, véase Dale B. Martin, *Inventing Superstition* [Inventando la superstición] (Cambridge, MA: Harvard University Press, 2004).

479. Como en Justino Mártir, *1.ª Apología* 11.1, del original *1 Apologia*; etc.

480. Livy habla de esta manera en referencia a las 7.000 personas. Véase Livy 39.13: *multitudinem ingentem.* El *multitudo ingens* de Tácito no puede aplicarse a unas pocas docenas. La población cristiana en Roma debe haber sido considerable en la década 60 del primer siglo.

481. Roger S. Bagnall, *Early Christian Books in Egypt* [Los primeros libros cristianos en Egipto] (Princeton, NJ: Princeton University Press, 2009), 20. Bagnall estima que al

principio del segundo siglo solo había un poco más de 750 cristianos en Egipto. Sospecho que esa cifra es demasiado pequeña.

482. Plinio el Joven, *Epístolas* 10.96.9, del original *Epistulae.*

483. Latín: *odio humani generis.*

484. Ronald Mellor, *Tacitus' Annals* [Los anales de Tácito], "Oxford Approaches to Classical Literature" [El enfoque de Oxford a la literatura clásica] (Oxford: Oxford University Press, 2011), 56–57. Mellor agrega que "Tácito bien pudo haber visto la incipiente expansión del cristianismo como otro ejemplo de una creciente aceptación de las ideas judías" (59). Tácito estaba muy preocupado, por ejemplo, cuando Pomponia Graecina fue acusada de adoptar una superstición desconocida. Tácito despreciaba todas las cosas que no eran romanas. Véase Tácito, *Anales* 13.32, del original *Annales.*

485. Suetonio, *La vida de Claudio* 25.4, del original *Claudius*: *Iudaeos impulsore Chresto assidue tumultuantis.*

486. Es posible que Suetonio realmente haya pensado que no solo sus seguidores, sino que Jesús mismo, haya estado en Roma.

487. Tácito, *Historias* 5.5, del original *Historiae*: *hostile odium.*

488. *Idem.*

489. Tertuliano, *Apologético* 5.3, del original *Apologeticus.*

490. Un escritor de más de un siglo después de Tertuliano, el gran historiador de la iglesia, Eusebio, se refirió a las acciones de Nerón: "Para nosotros es un gozo tener a este causante de nuestro castigo, pues la persona que le conozca sabrá que nada que no fuera un gran bien podía ser condenado por Nerón." Véase Eusebio, *Historia eclesiástica* 2.25.4, del original *Historia Ecclesiastica.*

Capítulo 14: Vida nueva: ¿Qué hacía que el cristianismo fuera irresistible?

491. En publicaciones recientes, la profesora Cándida Moss, de la Universidad de Notre Dame, ha argumentado que los cristianos enfrentaron poca persecución en el Imperio romano en los primeros tres siglos de la iglesia. Explica que la historia de una iglesia perseguida, incluido el martirio de muchos cristianos, es un mito que ha provocado graves consecuencias a través de los siglos. Véase Cándida Moss, *Ancient Christian Martyrdom: Diverse Practices, Theologies, and Traditions* [El martirio de los primeros cristianos: Diversas prácticas, teologías y tradiciones], AYBRL (New Haven: Yale University Press, 2012); Moss, *The Myth of Persecution: How Early Christians Invented a Story of Martyrdom* [El mito de la persecución: Los primeros cristianos fueron los que inventaron la historia del martirio] (Nueva York: HarperOne, 2013). Ambos libros son problemáticos, especialmente el último, en su presentación más popular. Si bien se ha admitido que en algunos círculos cristianos existía la tendencia de exagerar los relatos del martirio y, a veces, incluso inventar historias de martirios; la evidencia de fuentes paganas, tales como la de Plinio el Joven y Tácito, deja en claro que ser un cristiano en Roma en los primeros 300 años del movimiento cristiano era algo difícil y hasta a veces peligroso. Desde el punto de vista cristiano, uno debe preguntarse cómo pudo la exageración de la

persecución atraer a nuevos creyentes o apaciguar a los desconfiados oficiales romanos. Creo que es correcta la opinión de la mayoría de los historiadores: que realmente hubo una gran persecución. Los cristianos no inventaron una historia de persecución; intentaron hacer una virtud de eso. Los libros de Moss han sido criticados duramente, sobre todo por los particulares argumentos con respecto al enfoque de la evidencia antigua. Para una evaluación particularmente crítica y esclarecedora, véase el análisis de N. Clayton Croy en *Review of Biblical Literature* [Análisis de la literatura bíblica] (publicado en octubre del 2013). Aunque es algo anticuado y fue descartado con indiferencia por Moss, podemos encontrar un enfoque mejor en Glen W. Bowersock, *Martyrdom and Rome* [El martirio y Roma], Wiles Lectures, Queen's University of Belfast [Universidad de la reina de Belfast] (Cambridge: Cambridge University Press, 1995). Bowersock es un clasisista ampliamente respetado. En otro ensayo, Brent Shaw ha argumentado que el emperador Nerón no persiguió a los cristianos. Véase Brent Shaw, "The Myth of the Neronian Persecution," [El mito de la persecución neroniana] *Journal of Roman Studies* [Diario de ensayos romanos], 105 (2015): 73–100. La tesis no es convincente. Para su refutación, véase Christopher P. Jones, "The Historicity of the Neronian Persecution: A Response to Brent Shaw," [La historia de la persecución neroniana: Una respuesta a Brent Shaw] *New Testament Studies* [Ensayos del Nuevo Testamento], 63 (2017): 146–152.

492. Deuteronomio 10:15. Véase también Deuteronomio 7:7–8.

493. 1 Juan 4:8, 16.

494. Juan 3:16.

495. Romanos 5:8.

496. Efesios 3:19.

497. Romanos 5:5.

498. Mateo 19:19 y paralelos en Marcos y Lucas. El mandamiento se encuentra en Levítico 19:18.

499. Mateo 5:44. El versículo paralelo en Lucas 6:27 establece: "Amad a vuestros enemigos, haced bien a los que os aborrecen." En Lucas 6:35 Jesús añadió: "Amad, pues, a vuestros enemigos, y haced bien, y prestad, no esperando de ello nada."

500. La mejor colección sobre este tema se encuentra en Frederick W. Danker, *Benefactor: Epigraphic Study of a Greco-Roman and New Testament Semantic Field* [Benefactor: Un ensayo epigráfico del campo semántico grecorromano y del Nuevo Testamento], (St. Louis: Clayton, 1982).

501. La piedra inscripta fue encontrada en Rosetta, Egipto. Está tallada en egipcio antiguo en la parte superior y en el centro, con jeroglíficos y escritura demótica, respectivamente, y abajo está tallada en griego. El paralelismo en griego y la escritura demótica hizo posible comprender los jeroglíficos.

502. Para las escrituras y traducciones originales, véase E. A. Wallis Budge, *The Rosetta Stone in the British Museum* [La piedra de Rosetta en el Museo Británico] (Londres: Religious Tract Society, 1929). Para un enfoque popular, véase Carol Andrews, *The Rosetta Stone* [La piedra de Rosetta] (Londres: British Museum Press, 1981).

503. Líneas 9–10 (del griego). La traducción al inglés es de Andrews, *The Rosetta Stone*

[La piedra de Rosetta], 25. Véase también Budge, *The Rosetta Stone in the British Museum* [La piedra de Rosetta en el Museo Británico], 54; Danker, *Benefactor*, 208.

504. Danker, *Benefactor*, 217. El texto en griego se encuentra en *OGIS* 458 = Wilhelm Dittenberger, ed., *Orientis Graeci Inscriptiones Selectae: Supplementum Sylloges Inscriptionum Graecarum*, 2 vols. (Leipzig: S. Hirzel, 1903–1905), II, 48–60, aquí, 54.

505. Para los textos en griego y en latín, con la traducción y comentarios en inglés, véase Alison E. Cooley, *Res Gestae Divi Augusti: Text, Translation, and Commentary* [*Res Gestae Divi Augusti*: Texto, traducción y comentarios] (Cambridge: Cambridge University Press, 2009). El fragmento citado se encuentra en 59.

506. *SIG* 814 = Wilhelm Dittenberger, ed., *Sylloge Inscriptionum Graecarum*, 4 vols. (Leipzig: S. Hirzel, 3.ª ed., 1915–1924), II, 505–508, aquí, 507. Adapté la traducción de Danker, *Benefactor*, 284.

507. *OGIS* 668 = Dittenberger, ed., *Orientis Graeci Inscriptiones Selectae*, II, 387. Véase también *SIG* 804 = Dittenberger, ed., *Sylloge Inscriptionum Graecarum*, II, 498, donde se dirige a Nerón como "Benefactor de la patria, sumo sacerdote de los dioses."

508. Lucas 22:25-27.

509. Platón, *Gorgias* 491e.

510. Marcos 10:45.

511. Daniel 7:9-14.

512. Isaías 52:13–53:12. Para un ensayo sobre este importante pasaje, véase Darrell L. Bock y Mitch Glase, eds., *The Gospel According to Isaiah 53: Encountering the Suffering Servant in Jewish and Christian Theology* [El evangelio según Isaías 53: El descubrimiento de los sufrimientos del siervo de Jehová en la teología judía y cristiana] (Grand Rapids, MI: Kregel, 2012).

513. Hurtado, *Why on Earth Did Anyone Become a Christian in the First Three Centuries?* [¿Por qué motivo alguien se convertiría al cristianismo en los primeros tres siglos de la iglesia?] 108–129.

514. *Idem*, 110–111.

515. Helmut J. Rix y Antony J. S. Spawforth, "Apollonius of Tyana" [Apolonio de Tiana], en Simon Hornblower y Antony Spawforth, eds., *The Oxford Classical Dictionary*, 3.ª ed. (Oxford: Oxford University Press, 1996), 128.

516. Para los ensayos que argumentan que la tradición de Apolonio es muy poco confiable, véase B. F. Harris, "Apollonius of Tyana: Fact or Fiction?" [Apolonio de Tiana: ¿Verdad o ficción?] *Journal of Religious History* [Diario de la historia religiosa], 5 (1969): 189–199; E. L. Bowie, "Apollonius of Tyana: Tradition and Reality," [Apolonio de Tiana: Tradición y realidad] *Aufstieg und Niedergang der römischen Welt* 2.16.2. (1978): 1,652–1,699.

517. Para una comparación crítica de los milagros de Jesús y Apolonio, véase Craig A. Evans, *Jesus and His Contemporaries: Comparative Studies* [Jesús y sus contemporáneos: Ensayos comparativos], AGJU 25 (Leiden: Brill, 1995), 245–250. Se sospecha que Filóstratos exageraba las historias de Apolonio para que sus obras parecieran más impresionantes que las de Jesús. Acerca de la singularidad de Jesús como sanador, véase Jan-Olav Henriksen y Karl Olav Sandnes, *Jesus as Healer* [Jesús, sanador] (Grand Rapids, MI: Eerdmans, 2016), especialmente 21–24, 124–30.

518. Mateo 12:24 y paralelos.

519. Aquí pienso en Celso (c. 140–200), tal como se relata en Origen, *Contra Celsum* 2.48–49.

520. En latín: *non fui, fui, non sum, non curo*. Este dicho era muy común. Para discutirlo, véase J. M. C. Toynbee, *Death and Burial in the Roman World* [La muerte y sepultura en el mundo romano] (Ithaca, NY: Cornell University Press, 1971), 34.

521. La mayoría de los testigos eran amigables, incluidos y especialmente, sus propios discípulos. Sin embargo, Jesús resucitado también fue visto por los no creyentes, como su hermano Jacobo (y probablemente su hermano Judas), e incluso un violento oponente como Saulo de Tarso. Saulo convertido, entonces conocido como Pablo, detalló que en una oportunidad "más de quinientas personas" vieron a Jesús resucitado (1 Corintios 15:6).

522. Las citas y referencias a Celso provienen de Origen, *Contra Celsum* [Contra Celso] 2.55.

523. En Macarius Magnes, *Apocrítico*, del libro *Apocriticus* 2.14, el crítico griego (probablemente Porfirio) identificó a la agitada mujer como María Magdalena, "una mujer grosera que provenía de una aldea miserable," y a la otra mujer como "otra completa desconocida María, quien era una campesina." Para un análisis crítico del pasaje, véase John Granger Cook, *The Interpretation of the New Testament in Greco-Roman Paganism* [La interpretación del Nuevo Testamento en el paganismo grecorromano] (Heidelberg: Mohr Siebeck, 2000), 198–200.

524. Las referencias a Celso provienen de Origen, *Contra Celsum* 2.63. Las objeciones de Porfirio se encuentran en Macarius Magnes, *Apocrítico*, del original *Apocriticus* 2.14. Algunos escritores y apologistas cristianos populares respondieron a las críticas al reescribir y embellecer las narraciones sobre la pasión de Jesús, en los cuales ahora el sumo sacerdote judío, el sanedrín judío, los soldados romanos y el mismo Poncio Pilato, así como también los hombres que siguieron a Jesús, todos fueron testigos directos de los eventos sobrenaturales que sucedieron durante el juicio y la crucifixión de Jesús, así como del día de la resurrección. Dichos escritos populares incluyen *Gospel of Peter* [El evangelio de Pedro] (de mediados a fines del segundo siglo) y *Acts of Pilate* [Los hechos de Pilato] (finales del segundo siglo o principios del tercero). En dichos escritos no faltan testigos confiables de la resurrección de Jesús.

525. Lucas 23:46.

526. Luciano, *De morte Peregrini* 13; véase también 11: los cristianos "adoraban al hombre que había sido crucificado en Palestina porque introdujo este nuevo culto en el mundo."

527. *The Octavius of Minucius Felix* 9: "Escucho que ellos (los cristianos) adoran la cabeza de un asno, la criatura más vulgar de todas, consagrada por no sé qué persuasión insensata."

528. Para un análisis de este importante grafito, véase John Granger Cook, "Envisioning Crucifixion: Light from Several Inscriptions and the Palatine Graffito," [Imaginar la crucifixión: Claridad obtenida a partir de varias inscripciones y del grafito de Palatino] *Novum Testamentum* 50 (2008): 262–285, especialmente 282–285. Cuando no se encuentra

en otros museos, el grafito de Palatino se exhibe en el Museo de Palatino con vista al Foro Romano.

529. 1 Corintios 4:10.

530. Romanos 1:16a.

531. Romanos 1:16b.

532. P. Fayum 137. Para el texto, las notas y la traducción al inglés, véase Bernard P. Grenfell, Arthur S. Hunt y David G. Hogarth, *Fayûm Towns and their Papyri* [Los pueblos de Fayum y sus papiros] (Londres: Egypt Exploration Fund, 1900), 292–293.

533. P. Fayum 138. Para el texto griego, notas y traducción al inglés, véase Grenfell, Hunt, y Hogarth, *Fayûm Towns and their Papyri* [Los pueblos de Fayum y sus papiros], 293.

534. De Oxirrinco, data del primer al segundo siglo d.C. Véase P. Oxy 1,148 y 1,149. Para los textos en griego y las traducciones al inglés, véase A. S. Hunt y C. C. Edgar, *Select Papyri: I. Non-Literary Papyri, Private Affairs* [Selección de papiros: I. Papiros no literarios, asuntos privados], LCL 266 (Cambridge, MA: Harvard University Press; Londres: Heinemann, 1932), 436–437, nn. 193, 194.

Capítulo 15: El cristianismo le puso fin al racismo y a la esclavitud

535. Dan Barry, "A Nation Challenged: The Survivor," [Una nación desafiada: El sobreviviente], *New York Times*, 6 de noviembre, 2001, www.nytimes.com/2001/11/06/nyregion/nation-challenged-survivor-pulpits-grateful-christian-testifies-deliverance.html.

536. Rodney Stark, *For the Glory of God* [Para la gloria de Dios] (Princeton, NJ: Princeton University Press, 2003), 326–327.

537. Platón, *La república* 9.578.d, del original *Respublica*.

538. Frank Cowell, *Life in Ancient Rome* [La vida en la antigua Roma] (Nueva York: Berkley, 1961), 97.

539. Texas State Historical Association [Asociación histórica del estado de Texas], "Slavery," [La esclavitud] https://www.tshaonline.org/handbook/online/articles/yps01.

540. Mateo 19:14.

541. Bill Warner, *The Doctrine of Slavery: An Islamic Institution* [La doctrina de la esclavitud: Una institución islámica] (Nashville: CSPI, 2010), 13. Debería leerse el libro del doctor Warner para una perspectiva completa de la esclavitud dentro del islam y sus efectos.

542. *Idem*, 30-31.

543. Bill Warner, *Ley Sharia para no-musulmanes*, del libro en inglés *Sharia Law for Non-Muslims* (Nashville: CSPI, 2010), 33.

544. Stark, *For the Glory of God* [Para la gloria de Dios], 359–360.

545. *Idem*, 365.

546. Gálatas 3:28.

547. Alvin J. Schmidt, *How Christianity Changed the World* [Cómo el cristianismo cambió el mundo].

548. Para un análisis más detallado, recomiendo a Schmidt, *How Christianity Changed the World* [Cómo el cristianismo cambió el mundo], cap. 2.

549. "Tim Tebow Surprises Inspirational Fan Judy with Prom Dance," [Tim Tebow sorprende a la inspiradora fan Judy con un baile de graduación], https://www.youtube.com/watch?v=h2gq2PngXBQ.

550. 1 Tesalonisenses 2:8.

Capítulo 16: Sin Jesús, las mujeres no serían libres

551. Juan 18:36.

552. Lucas 1:5-7, 13, 24-25, 36, 40-45, 56-61; 1:26-53.

553. Lucas 2:36-38.

554. Lucas 4:38-39.

555. Lucas 7:11-17.

556. Lucas 7:36-50.

557. Lucas 8:1-3.

558. Lucas 8:43-48.

559. Lucas 10:38-42.

560. Lucas 13:10-17.

561. Lucas 15:8-10; 18:1-8; 21:1-4.

562. Lucas 23:49, 55-56.

563. Lucas 24:22-24.

564. Joseph Hoffmann, *Celsus on the True Doctrine* [Celso en la verdadera doctrina] (Nueva York: Oxford University Press, 1987), 61–62. En algún momento entre 175–181 d.C., el filósofo pagano Celso escribió una dura crítica contra la fe cristiana titulada *The True Doctrine* [La verdadera doctrina], una obra que solo existe en la respuesta de Origen del tercer siglo titulada *Contra Celsum* [Contra Celso].

565. Rodney Stark, *The Rise of Christianity* [El origen del cristianismo] (Nueva York: HarperOne, 1996), 101.

566. Hechos 1:14.

567. 2 Timoteo 1:5.

568. Efesios 5:22, 25-33.

Capítulo 17: Sanar lo inimaginable en su propia vida

569. Richard Bauckham, *Jesus: A Very Short Introduction* [Jesús: Una breve introducción] (Oxford: Oxford University Press, 2011), 1.

570. Ferdinand S. Schenck, *Christian Evidences and Ethics* [Evidencias y ética cristianas] (Nueva York: Young Men's Christian Association Press, 1910), 92.

571. *Idem*, 85. Este es un pasaje frecuentemente citado (y mal citado). Sin embargo, al investigar la fuente original, descubrí la cita verdadera, la cual todavía me parece contundente.

572. Kenneth Scott Latourette, *Advance Through Storm: A History of the Expansion of Christianity* [Avanzar a través de la tormenta: La historia de la expansión del cristianismo], vol. VII (Londres: Eyre & Spottiswoode, 1939–45), 480–481.

573. Dan White, "Two Teens Killed in Crash," [Dos adolescentes muertas en accidente automovilístico] *Santa Cruz Sentinel* (CA), 24 de septiembre del 2001.

574. La reflexión personal que Dan compartió conmigo se encuentra en *According to His Purpose* [Conforme a su propósito], pág. 3.

575. Estoy muy agradecido con Dan y Lynn Wagner por haber compartido conmigo su historia, y por haberme proporcionado material e información muy útiles, incluídos el folleto *Not Wasted*, los artículos del diario *Sentinel* y las entrevistas y correos electrónicos subsiguientes.

ACERCA DEL AUTOR

El doctor Jeremiah J. Johnston, es conocido por sus excelentes habilidades de comunicación y su contagioso amor por las personas. Muchos pastores han destacado la efectividad oportuna de su ministerio en sus propias iglesias, muchas veces con una asistencia récord gracias a su contenido convincente y presentación brillante.

Johnston ministra a las naciones en asociación con el Museo de la Biblia y es presidente de Christian Thinkers Society, un instituto residencial de Houston Baptist University (uno de los campus más diversos étnicamente hablando en América del Norte), donde también se desempeña como profesor asociado de la cátedra de Cristianismo Antiguo. A Jeremiah le apasiona trabajar con iglesias locales y pastores, y ayudarlos a equipar a los cristianos con recursos intelectuales para que estos puedan compartir lo que creen.

Jeremías se ha distinguido por haber compartido en iglesias de todas las denominaciones y haber escrito artículos en revistas populares, libros académicos, diarios y programas de televisión. Como teólogo, tiene la capacidad única de conectarse con personas de todas las edades, y como experto en cultura, ha sido entrevistado muchas veces y ha contribuido con artículos en distintos programas nacionales, incluidos: Fox News, CNN, CBS This Morning, *Vanity Fair*, *Premier Christianity Magazine* y Premier radio, *Relevant Magazine*, *Decision*

Magazine, *The Christian Post*, Moody Radio Network, Salem Radio Network, muchas redes afiliadas a estaciones de televisión, y lo citan repetidas veces en *USA Today* y su blog asociado *Faith & Reason*.

Como un erudito del Nuevo Testamento, Johnston ha publicado con Oxford University Press, E.J. Brill, Bloomsbury, T & T Clark, Macmillan y Mohr Siebeck. Completó la residencia de su doctorado en Oxford y recibió su doctorado de la Universidad de Middlesex (Reino Unido). Él también obtuvo títulos avanzados en teología de la Universidad de Acadia y del Seminario Teológico Bautista del Medio Oeste. Jeremiah está casado con Audrey, y ellos son padres de cinco hijos, ¡incluidos trillizos varones!

facebook.com/ChristianThinkersSociety

twitter.com/_jeremiahj

instagram.com/_jeremiahj

www.ChristianThinkers.com

¿LE ENCANTÓ **INIMAGINABLE?**

¡AYÚDENOS A CORRER LA VOZ!

Si disfrutó *Inimaginable*, ayúdenos a compartirlo con los demás con solo dedicar unos minutos para tuitear, darle me gusta, publicar, pinear, o simplemente compartir su apoyo en todas las redes sociales que utiliza.

- Publique información acerca del libro con el hashtag #Inimaginable
- Recomiéndele *Inimaginable* a sus amigos, y en su iglesia o grupos pequeños. *Inimaginable* es ideal para realizar series de sermones, estudios bíblicos, ministerios juveniles, campamentos, conferencias y mucho más. Comente hoy en su iglesia o a su líder de ministerio el impacto que ha tenido este libro para cambiar su visión del mundo.
- Le invito a considerar algunos tuits para publicar:
  - † "Un mundo sin cristianismo sería **#Inimaginable**." Descubra el por qué con el nuevo libro de @_JeremiahJ."
  - † "¿Cómo sería nuestro mundo sin el cristianismo? **#Inimaginable** por @_JeremiahJ"
  - † "¿Es el cristianismo algo bueno para el mundo? En su nuevo libro, @_JeremiahJ revela por qué un mundo sin cristianismo sería **#Inimaginable**."
  - † "Si se preocupa por la justicia social, los derechos de las mujeres y el valor inherente de la vida humana, no puede dejar de leer **#Inimaginable** por @_JeremiahJ."
- Escriba una reseña del libro en línea

A JEREMIAH LE ENCANTARÍA CONECTARSE CON USTED

(Facebook) Christian Thinkers Society

(Twitter) @_JeremiahJ

(Instagram) @_JeremiahJ

(YouTube) Christian Thinkers Society

Página del autor en Amazon: Jeremiah J. Johnston

Visite christianthinkers.com para obtener más información, videos, pensamientos de inspiración, respuestas a preguntas difíciles y material de apologética.

#ChristianThinkersSociety